BABS KIRBY UND JANEY STUBBS

LIEBE UND SEXUALITÄT IM HOROSKOP

Für Aleathea von Babs,

für Orsi von Janey,

neugeboren auf dieser Welt

Babs Kirby und Janey Stubbs

Liebe und Sexualität im Horoskop

Begegnungen mit Venus und Mars

Deutsche Erstveröffentlichung
Hamburg 1994

Die Originalausgabe erschien 1992 bei
Element Books Limited
Longmead, Shaftesbury, Dorset, Great Britain
© Babs Kirby and Janey Stubbs 1992

© der deutschsprachigen Ausgabe Verlag Hier & Jetzt
Hamburg 1994
Alle Rechte vorbehalten

Übersetzung und Lektorat: Rolf Schanzenbach, Hamburg
Herausgeber: Wolfgang Bartolain, Hamburg
Umschlaggestaltung: Uli Breyer
Satz: Verlag Hier & Jetzt, Hamburg
Druck: Fuldaer Verlagsanstalt, Fulda

gedruckt auf chlorfrei gebleichtem Papier
und ohne Folienverpackung ausgeliefert

ISBN 3-926925-15-9

Inhalt

Danksagung 9
Einleitung 10

Kapitel 1
Beziehungen 13

Kapitel 2
Beziehungen aus astrologischer Sicht 28

Kapitel 3
Venus und Mars – eine Einführung 42
Venus 42
Mars 46
Die Vereinigung der Gegensätze 49

Kapitel 4
Venus in den Elementen und Zeichen 52
Venus im Element Feuer 52
Venus im Element Erde 57
Venus im Element Luft 64
Venus im Element Wasser 69

Kapitel 5
Mars in den Elementen und Zeichen 76
Mars im Element Feuer 76
Mars im Element Erde 84
Mars im Element Luft 90
Mars im Element Wasser 96

Kapitel 6
Venus in den Häusern 103

Kapitel 7
Mars in den Häusern 125

Kapitel 8
Aspekte zur Venus und zum Mars 146
Aspekte zur Venus 149
Aspekte zum Mars 174

Kapitel 9
Transite zu Venus und Mars 197
Saturn-Transite 200
Uranus-Transite 211
Neptun-Transite 218
Pluto-Transite 230

Kapitel 10
Mia Farrow und Woody Allen – eine Fallstudie 240

Bibliografie 263

Danksagung

Wir möchten uns bei all denen bedanken, die uns – sowohl direkt als auch indirekt – geholfen haben, dieses Buch zu schreiben. Unsere Klienten, Studenten, Kollegen, Lehrer, Freunde, Familienangehörige, Partner und Liebhaber haben zu unserem Wissen um die Astrologie der Liebe und Sexualität beigetragen.

Besonderen Dank schulden wir: Mike Harding für sein Interesse, für seine Unterstützung und seine Anmerkungen zum ersten Kapitel und Steve Eddy, unserem Verleger, für seine Hilfsbereitschaft und Ermutigung.

Babs möchte sich bedanken bei: Aleathea Lillitos für alles, was sie beigesteuert hat, für die viele Hilfe und Anteilnahme; Marianne Jacoby für ihre Weisheit und ihre Fähigkeit, alles im richtigen Verhältnis zueinander zu sehen; ihren Kindern Paul Kirby und Rachael Beardshaw für ihre Liebe und ihr Interesse; ihrer Mutter und ihrem Vater; ihren Freunden, bei Caroline Schofield für ihre Unterstützung sowie bei den Kollegen von der *Faculty of Astrological Studies* – wobei hier insbesondere Sue Tompkins und Lindsay Radermacher hervorzuheben sind.

Janey bedankt sich vor allem bei: ihren Freunden, die sich damit abgefunden haben, daß sie beschäftigt war; Rosemary Nixon, deren emotionale Unterstützung während dieses Zeitraums von unschätzbarem Wert war; Patrick und Krisztina für ihre warme Hilfsbereitschaft und Ermutigung, und Anders für die Weisheit, die er ihr vermittelte.

Zum Schluß wollen wir uns bei uns gegenseitig bedanken. Dieses Buch zu schreiben war manchmal ein schmerzhafter Prozeß, manchmal ein wahrer Kampf. Zu zweit zu sein und jemanden zu haben, auf den du dich verlassen kannst, ist eine enorme Hilfe. Jeder Teil, der aus der gemeinsamen Arbeit heraus entstand, kam uns wie ein Geschenk vor. Wir haben das Gefühl, daß wir mit diesem Buch etwas geschafft haben – wir haben es geschrieben, während der laufende Saturn im Hinblick auf unser Composit-Horoskop in Opposition zu unserem Mond in Haus 6 sowie der laufende Pluto in Opposition zu unserer Sonne in Haus 3 stand.

Einleitung

In diesem Buch erforschen wir die Themen Liebe und Sexualität, die astrologisch von den Planeten Venus und Mars symbolisiert werden. Unsere Art zu lieben und unsere Sexualität sind für die Verbindungen zu anderen von grundlegender Wichtigkeit – insofern handelt es sich bei dem vorliegenden Werk also auch um ein Buch über Beziehungen, wobei es allerdings nicht um das Thema Synastry* geht. Wir untersuchen also nicht, wie es um die Beziehung im Hinblick auf die Aspekte zwischen zwei Horoskopen bestellt ist. Wir gehen von den – bewußten und unbewußten – individuellen persönlichen Bedürfnissen und Erwartungen aus, wie sie astrologisch angezeigt sind.

Unser Ziel ist es, im Rahmen einer astrologischen Vorgehensweise zu demonstrieren, wie wichtig es ist, daß wir uns selbst und unsere Bedürfnisse kennenlernen und akzeptieren – und merken, in welcher Hinsicht sich die anderen von uns unterscheiden. Dies ist notwendig, um wirklich befriedigende Beziehungen eingehen zu können. Für diejenigen unter euch, die ihr Geburtshoroskop noch nicht kennen, besteht die Möglichkeit, sich an den am Ende dieses Buches angegebenen Berechnungsservice zu wenden.

In *Kapitel 1* zeigen wir einige der heutzutage verbreiteten Beziehungscharakteristiken auf, wobei wir den Bezug zur Astrologie herstellen. Wir erläutern, welche Veränderungen sich in den Beziehungsmustern im Laufe der letzten 20 Jahre, seit dem Beginn der Frauenbewegung, ergeben haben. Neben der heterosexuellen Beziehung wollen wir dabei auch einige charakteristische Merkmale von Partnerschaften zwischen Lesben oder Schwulen beleuchten.

In *Kapitel 2* demonstrieren wir, wie wichtig es ist, bei der Interpretation von Venus und Mars das Horoskop in seiner Gesamtheit zu berücksichtigen. Wir zeigen, welche Rolle die Sonne, der Mond, Merkur, die verschiedenen Aspekte sowie die Mondknoten in Beziehungen spielen. Wir gehen dabei auch auf die Häuser ein, die der Überlieferung nach in Zusammenhang mit Partnerschaften gebracht werden.

Kapitel 3 bringt dann eine in die Tiefe gehende Erläuterung des Venus- und des Mars-Prinzips, insbesondere im Hinblick auf ihre Be-

---

*Bei der Synastrie-Technik werden zwei Horoskope in Beziehung zueinander gesetzt. Es wird untersucht, welche Aspekte aus dem einen zum anderen bestehen und umgekehrt.

deutung für Liebe und Sexualität. Wir zeigen die grundlegende Wichtigkeit dieser beiden Planeten für befriedigende und erfüllende Beziehungen auf.

In *Kapitel 4* und *5* untersuchen wir, wie das Venus- und das Mars-Prinzip in den verschiedenen Elementen und Zeichen zum Ausdruck kommt. Wir beschreiben, welche Neigungen und welche Bedürfnisse mit welcher Stellung verbunden sind.

Die *Kapitel 6* und *7* beziehen sich auf die Stellung von Venus und Mars in den Häuser. Die Hausstellung der Venus zeigt, in welchem Lebensbereich wir am meisten Freude daran haben, mit anderen zusammenzusein oder etwas gemeinsam mit dem Partner zu unternehmen. Mars zeigt, wo wir die Initiative ergreifen wollen. Näheres über die Hausstellung zu wissen ist eine enorme Hilfe zur Erkenntnis anderer wie auch der eigenen Person.

Die schmerzhaftesten Erfahrungen in Beziehungen sind im allgemeinen dann gegeben, wenn ein weiter entfernter Planet im Aspekt zu Venus oder Mars steht. In *Kapitel 8* untersuchen wir die vielfältigen Auswirkungen, die mit einem Aspekt zwischen der Venus oder dem Mars auf der einen und Jupiter, Saturn, Uranus, Neptun oder Pluto auf der anderen Seite verbunden sind. Wenn ein derartiges Wissen zu einer inneren Erkenntnis wird, haben wir die Möglichkeit, den Partner auszuwählen, der wirklich zu uns paßt – statt immer wieder die gleichen negativen und destruktiven Beziehungsmuster zu wiederholen.

Die Zeichen und Häuser von Venus und Mars sowie die Aspekte, die zu diesen Planeten bestehen, können wichtige Hinweise auf individuelle Bedürfnisse nach körperlicher Nähe und Intimität liefern. Das Verkennen von unterschiedlichen Bedürfnissen ist oftmals der Grund für Probleme und Leid in Beziehungen. Ein größeres Verständnis in dieser Hinsicht kann uns helfen, mit einem Verhalten umzugehen, das wir als zunächst als Zurückweisung empfunden haben – ohne daß dies vielleicht so gemeint war.

In *Kapitel 9* beschäftigen wir uns mit den Transiten der äußeren Planeten, indem wir erläutern, welche Wachstums- und Veränderungsmöglichkeiten sie bieten. Wir gehen insbesondere auf die Transite zu Venus und Mars sowie auf die Schwierigkeiten ein, die damit verbunden sein können. Wichtig ist uns dabei, daß es sich hier um dynamische Prozesse handelt und wir in diesen schwierigen Phasen aufgrund der astrologischen Symbolik die Möglichkeit haben, etwas über uns selbst zu lernen. Wir gehen auch darauf ein, was uns in Beziehungen voranbringt und worin der Zweck der verschiedenen Arten von Partnerschaften – gemäß der am Aspekt beteiligten Planeten – liegen könnte. Wir sind der Ansicht, daß zu verschiedenen Zeiten verschiedene Arten von Menschen in unser Leben treten, aus dem Grund, daß wir bestimmte Erfahrungen machen müssen, die wichtig für uns sind. Die Transite geben nähere Informationen über diesen Prozeß.

In *Kapitel 10* fassen wir alle Aussagen zusammen, indem wir die außergewöhnliche Beziehung zwischen Mia Farrow und Woody Allen interpretieren. Wir studieren zunächst die Horoskope der beiden und dann die Transite und Sekundär-Progressionen, die zu Anfang und beim Ende ihrer Beziehung zu beobachten gewesen waren. Wir diskutieren dann, wieweit Projektionen dafür verantwortlich sind, daß die Verbindung ein so bitteres Ende genommen hat.

Kapitel 1

Allgemeines zu Beziehungen

Was ist es, das wir «Liebe» nennen? Es ist viel darüber geschrieben und wenig von ihr verstanden worden. Liebe ist voll von Widersprüchen – Musiker, Schriftsteller und Dichter wurden über die Jahrhunderte hinweg von ihr inspiriert. Neben ihrem Glanz verkörpert sie aber auch etwas ganz Gewöhnliches, etwas Elementares, was zum alltäglichen Leben gehört. Das Kind, das keine Liebe erfährt, kann sich nicht entwickeln. Ohne Liebe können wir nicht überleben. Liebe ist eine mächtige Antriebskraft des Lebens. Sie stellt das gewisse Etwas dar, das, was das Leben erst lebenswert macht. Als Erwachsene sind wir oft auf Liebe im Rahmen sexueller Beziehungen ausgerichtet, obwohl eine enge Freundschaft von ebensogroßer Wichtigkeit für unser Wohlbefinden sein kann. Wir sprechen in diesem Buch zwar in erster Linie von geschlechtlichen Beziehungen, möchten aber darauf hinweisen, daß die Ausführungen auch für Freundschaften insgesamt gelten. Der Unterschied besteht zumeist darin, daß nicht-sexuelle Partnerschaften weniger komplex als geschlechtliche sind; im allgemeinen berühren sie uns nicht in dem Ausmaß wie die geschlechtlichen und rufen in uns weniger Schmerz und Angst hervor. Wir sind also nicht auf eine bestimmte Art von Beziehung festgelegt – du kannst unsere Ausführungen ohne weiteres auf Freundschaften im allgemeinen übertragen.

Beziehungen betreffen jeden von uns. Klienten, die zu uns kommen, wollen in den meisten Fällen etwas zu diesem Thema wissen.

Häufig ist dabei zu beobachten, daß Personen mit Schwierigkeiten in Beziehungen die Probleme bei den anderen sehen. Diese Art, mit Schwierigkeiten umzugehen, ist weit verbreitet und überaus bequem – sie erspart uns die Einsicht, daß wir uns die Partner auswählen, die zu unseren Bedürfnissen passen und daß unsere Partner ungelebte Aspekte von uns darstellen. Die Astrologie bietet uns einen Rahmen, in dem wir einen Sinn in diesen Vorgängen erkennen können. Durch das Studium des Geburtshoroskops können wir die Muster erkennen, die unserem Leben zugrundeliegen, und daran arbeiten, bessere Beziehungen herzustellen.

Die Astrologie kann erhellen, welche Motive uns dazu bringen, eine Beziehung einzugehen. Sowohl das Geburtshoroskop als auch die gerade aktuellen Transite und Progressionen beschreiben, wie eine Beziehung erlebt wird. Von dieser astrologischen Ausgangsbasis aus können wir – Aufrichtigkeit vorausgesetzt – uns vor Augen führen, welche Hoffnungen und Erwartungen wir haben und zu welchem Zweck wir uns mit einem bestimmten Menschen verbinden. Es ist unsere Meinung, daß wir immer wieder auf Menschen stoßen, die uns etwas über uns selbst sagen; ohne daß dies mit einem Vorsatz geschieht, bringen sie uns auf unserer Reise durch das Leben ein Stück vorwärts. Die Astrologie kann uns zeigen, was wir lernen müssen, und insbesondere dann, wenn es sich um schmerzvolle Lektionen handelt, kann dies eine große Hilfe sein.

Im westlichen Kulturkreis beginnen die meisten Liebesbeziehungen damit, daß sich zwei Menschen ineinander verlieben. In astrologischer Hinsicht steht dies in Verbindung mit den Planeten Venus und Mars, wobei auch die äußeren Planeten eine Rolle spielen können. Es geht hier um den «physikalischen» Aspekt der Liebe, um das Prinzip von Anziehung und Abstoßung; es geht darum, was Menschen zueinanderfinden und Partnerschaften entstehen läßt. Diese physikalische oder auch chemische Anziehung ist von elementarer Kraft; sie kann Menschen zusammenführen, die vollkommen verschieden voneinander sind. Wenn wir älter werden, lernen wir es dann, in gewissen «verfänglichen» Situationen «standhaft» zu bleiben und zu prüfen, ob wir dieses Physikalische nicht in einem anderen Bereich zum Ausdruck bringen können.

Verliebt zu sein bedeutet zunächst einen Zustand, in dem wir etwas Unbewußtes von uns auf jemand anderes projizieren. Diese andere Person reflektiert diese Eigenschaft auf eine für uns verführerische und gewissermaßen berauschende Weise. Wir erfreuen uns an jemand anderem; wir verspüren den Wunsch, die andere Person bis in die letzte Facette ihres Wesens kennenzulernen; wir richten unsere ganze Aufmerksamkeit auf sie und sind vollständig von ihr ergriffen. Vielleicht lieben wir gerade die Züge, die wir mit dieser Person teilen – vielleicht ist es von besonderem Reiz, eine gemeinsame Ausgangsbasis zu entdecken. Die Freude besteht dann darin, die Eigenschaften, die wir an uns selbst schätzen, in jemand anderem wiederzuerkennen – als ob es sich dabei um einen Spiegel handelt, der uns ein positives oder schmeichelhaftes Bild unserer selbst zeigt. Wir fühlen uns in diesem Fall erfüllt und als ein Ganzes. Wir sind mit jemand anderem eine Einheit – der Schmerz der Isolation ist aufgehoben. Wir fühlen eine Liebe für das ganze Leben, für alle Menschen. Wenn uns die Welt zuvor auch grau und trist erschien, so sehen wir jetzt alles in glänzenden Farben. Um es mit einem Zitat von Erich Fromm zu sagen:

> *Wenn zwei Menschen, die einander fremd waren – wie wir uns das ja alle sind –, plötzlich die trennende Wand zwischen sich zusammenbrechen lassen, wenn sie sich eng verbunden, wenn sie sich eins fühlen, so ist dieser Augenblick des Einsseins eine der freudigsten, erregendsten Erfahrungen im Leben. Besonders herrlich und wundervoll ist er für Menschen, die bisher abgesondert, isoliert und ohne Liebe gelebt haben.*
>
> *Manche Menschen werden von diesen Gefühlen abhängig und schaffen es dann nicht, Beziehungen über einen längeren Zeitraum aufrechtzuerhalten. Die erste Phase der Euphorie kann sich – dann, wenn die andere Person gar nicht zu uns paßt – über einige wenige Stunden hinziehen und uns jäh in die Wirklichkeit zurückfallen lassen; sie kann sich aber auch über Jahre erstrecken. Wie lange sie im Einzelfall auch dauern mag – festzuhalten ist, daß sie am Anfang fast aller Beziehungen steht.**

Sich zu verlieben hat gewisse Züge von Verrücktheit an sich. Wir können dies als eine Art geistigen Ausnahmezustand betrachten, in dem wir die Ebene des Alltags verlassen haben und zu einer höheren Ebene vorgedrungen sind und außergewöhnliche körperliche und emotionale Wahrnehmungen machen. Der Unterschied zu einer Psychose liegt

---

*Erich Fromm, *Die Kunst des Liebens*. Frankfurt am Main/Berlin 1992 (Ullstein), S. 14.

letztendlich nur in dem Ausmaß der Auswirkungen – verliebt zu sein ist an sich in keiner Weise gefährlich oder destruktiv. Im Grunde ist sowohl für die Verrücktheit als auch für das Verliebtsein der Wunsch nach dem Ganzsein kennzeichnend. Dabei verwechseln manche die anfängliche Betörung aber bereits mit der wahren und dauerhaften Liebe. Oftmals ist dieser Zauber nichts anderes als die Freude darüber, daß der Zustand der Einsamkeit und Isolation überwunden ist. Und wahrscheinlich würde sich niemand auf ein derartig riskantes Unternehmen – mit all der Verletzlichkeit, in der wir uns zeigen, und dem Schmerz, der möglicherweise folgen wird – einlassen, wenn das Gefühl des Verliebtseins dies nicht aufwiegen würde.

Beziehungen, die vom Verstand her eingegangen sind, berühren uns weniger als diejenigen, die aus dem «Bauch» heraus entstanden sind oder in denen das «Herz» die entscheidende Rolle spielt – in denen eine nicht näher zu bestimmende Kraft uns dazu trieb, uns mit einer bestimmten Person zu verbinden. Diese Art von Beziehungen hat ihre eigenen Gesetze, ihren eigenen Rhythmus und Grund und ihre eigene Weisheit, wenn diese vielleicht auch nicht auf den ersten Blick zu erkennen sein mag. Der kritische Moment in einer Beziehung kommt dann, wenn der Zustand des Verliebtseins die Verbindung nicht mehr trägt – wenn es darum geht, ob die Grundlagen für eine dauerhafte Liebe erfüllt sind. An diesem Punkt ziehen wir uns von unserer Projektion (die aus den Teilen von uns besteht, derer wir uns nicht bewußt sind und die wir deshalb jemand anderem zuschreiben) zurück – wir betrachten dann sozusagen die Person, mit der wir zusammen sind, im nüchternen, hellen Tageslicht. Es kann durchaus sein, daß dies erst Jahre nach Beginn der Beziehung geschieht. Ob die Beziehungen, die wir eingehen, wirklich zu uns passen, hat sehr viel damit zu tun, in welchem Ausmaß wir uns selbst mögen, lieben und akzeptieren. Wenn wir bestimmte Züge von uns nicht anerkennen oder sogar verleugnen, werden wir auf Partner verfallen, die nicht zu uns passen. Darin besteht dann die einzige Chance, daß diese Charaktermerkmale zum Ausdruck kommen. Wir sollten uns die schmerzvollen Erfahrungen, die wir in dieser Hinsicht gemacht haben, vor Augen führen. Diesem Schmerz liegt ein Zweck und ein Sinn zugrunde, den zu verstehen wichtig ist.

Natürlich fällt es manchen Leuten leichter als anderen, eine Beziehung anzufangen. Wer in seinem Horoskop Venus- oder Mars-Aspekte zu einem äußeren Planeten hat, wird im allgemeinen über bestimmte

Bedürfnisse und Erwartungen verfügen, welche sich einzugestehen und zu befriedigen schwerfallen kann. Die Aspekte zu den äußeren Planeten bedeuten oftmals ein Beziehungsmuster, in denen der Mensch das Gefühl hat, daß sich die Ereignisse ohne sein Zutun abspielen oder daß immer wieder das Gleiche geschieht. Das Problem liegt in erster Linie darin, sich über sich selbst und seine Erwartungen und Überzeugungen klarzuwerden und dem anderen dies auch mitzuteilen. Die meisten Menschen gehen von der Annahme aus, daß die anderen ihnen ähnlich sind, was aber nicht zutrifft. Eine Sache, die die Astrologie uns vor Augen führt, ist die Vielfältigkeit der menschlichen Erfahrung.

Wenn du jemanden triffst, mit dem du eine Verbindung eingehst, bedeutet das, daß du innerlich bereit für diesen Schritt bist. Kurioserweise ereignet sich ein derartiges Treffen oftmals in dem Moment, wenn wir es aufgegeben haben, nach einem Partner Ausschau zu halten, weil wir gerade glücklich mit uns selbst und unserem Leben sind. Häufig ist auch zu beobachten, daß eine Person, die verzweifelt nach einer Beziehung sucht, alle Mängel ihres Lebens auf ihr Alleinsein schiebt, ohne selbst Veränderungen vorzunehmen. Eine Beziehung, die in diesem Augenblick begonnen würde, könnte von vielen illusionären Annahmen geprägt sein. Die innerliche Bereitschaft des Menschen, eine Partnerschaft einzugehen, wird beschrieben durch Transite und Progressionen sowie durch die am Geburtshoroskop ablesbaren angeborenen Eigenschaften. Wir können am Horoskop in seiner Gesamtheit – nicht nur an den Planeten Venus und Mars – auch erkennen, wie leicht es dem Menschen fällt, eine Beziehung zu beginnen.

Eine Beziehung, die zur Zeit eines wichtigen Transits zu einem äußeren Planeten beginnt, wird von diesem geprägt sein. Ob es sich dabei um eine dauerhafte Verbindung handelt, kann nur die Zeit entscheiden. Es ist denkbar, daß jemand für wenige Wochen oder Monate in unser Leben tritt, damit wir erkennen, in welchem Prozeß wir gerade stecken. Dies ist keine schmeichelhafte Aussage zum Thema Beziehungen – diese Sichtweise ermöglicht es uns aber, die Verantwortung für unsere Entscheidungen und für unsere Fehler zu übernehmen. Sie stellt in den Blickpunkt, daß wir uns selbst fragen müssen, warum wir bestimmte schmerzhafte Erfahrungen gemacht haben. Wenn wir erst einmal Erkenntnisse hierzu gewonnen haben, werden wir diese Schmerzen nicht mehr erleben – wir sind dann frei, erfüllendere und glücklichere Beziehungen einzugehen. Wenn wir uns aber der Herausforderung entziehen, werden wir das Opfer bleiben.

Ob wir zu unserem Bedürfnis nach Liebe und Sexualität stehen, oder ob wir Schwierigkeiten damit haben, es zum Ausdruck zu bringen, hat einen großen Einfluß auf das Muster unserer Beziehungen. Es ist unsere Meinung, daß es für das psychische Wohlbefinden notwendig ist, Gefühle der Liebe und sexuelles Begehren offen zu zeigen und daß sexuelles Interesse eine Form von Liebe zu einer anderen Person ist. Wir verkennen nicht, daß diese Gefühle häufig unterdrückt werden, was wir dann dahingehend interpretieren, daß hier die Haupt-Ursache für Spannungen und Frustrationen in Partnerschaften liegt. Unter bestimmten astrologischen Konstellationen neigen Menschen dazu, Liebe und Sexualität voneinander zu trennen – dazu finden sich in diesem Buch nähere Informationen. Dies kann aus den unterschiedlichsten Gründen geschehen – allerdings spielt bei allen das Bestreben, Schmerz zu vermeiden, eine wichtige Rolle. Paradoxerweise manövriert sich aber gerade der Mensch, der Liebe und Sexualität auseinanderhalten will, oft in Situationen hinein, die ihm Leid und Schmerz bringen. Um noch einmal Erich Fromm zu zitieren:

Die sexuelle Anziehung erzeugt für den Augenblick die Illusion der Einheit, aber ohne Liebe läßt diese «Vereinigung» Fremde einander ebenso fremd bleiben, wie sie es vorher waren. Manchmal schämen sie sich dann voreinander, oder sie hassen sich sogar, weil sie, wenn die Illusion vorüber ist, ihre Fremdheit nur noch deutlicher empfinden als zuvor.[*]

Wir haben die Möglichkeit, diese «Fremdheit» zu überwinden beziehungsweise zu erkennen, daß Sex ohne Liebe nur eine Art Interessengemeinschaft bedeutet. In diesem Fall besteht sowohl Furcht als auch Sehnsucht nach Nähe sowie der Wunsch, irgendwie – auf welch verschlungenen Wegen auch immer – zur Einheit zu gelangen, wobei in dauerhafter Nähe kein Wert gesehen wird. Wahllose Sexualkontakte können für eine gewisse Zeit das Ego befriedigen und jemanden in seinem Selbstwertgefühl bestärken – auf lange Sicht schwächen sie den Menschen, weil sie zu Isolation und Gefühlen der Verzweiflung führen. Auf irgendeine Weise wird aber die Psyche versuchen, einen Zustand der Stabilität und der Harmonie herbeizuführen. So kann sich zum Beispiel eine Krise ereignen, vielleicht indem sich der Mensch in

---

[*] Erich Fromm, *Die Kunst des Liebens*. A. a. O., S. 66.

die Person, die er nur sexuell zu begehren meint, wirklich verliebt und der Wunsch nach Nähe größer als die Furcht vor der Vertrautheit wird. Es ist wichtig, zwischen rein sexueller Intimität und wahrer Nähe zu unterscheiden. Viele Menschen streben nach dem ersteren und verwechseln die beiden Dinge miteinander. Intimität an sich bedeutet einen Zustand der Vertrautheit mit einer anderen Person sowie das Wissen um deren tiefinnerste Wesensart. Naturgemäß ist dies etwas, was Zeit und Kontinuität braucht.

Früher herrschte die Annahme, daß Beziehungen dauerten, bis «daß der Tod euch scheide» – was heutzutage aber eher die Ausnahme ist. Immer weniger Menschen meinen, daß sie ihr Leben mit dem einen Partner verbringen werden. «Und sie lebten glücklich bis ans Ende ihrer Tage» – diese Worte haben auch heute noch einen gewissen Reiz. Allerdings geht die Mehrheit von uns davon aus, daß Beziehungen nur ein paar Jahre dauern, daß Partner sich auf verschiedene Weise entwickeln und es insofern sogar besser ist, sich alsbald zu trennen. Mit Trennungen können große Schmerzen verbunden sein, und besonders schwierig ist es, wenn ein Partner dem anderen seine Karriere oder auch seine Identität geopfert hat. Schwierig ist es auch, wenn Kinder vorhanden sind. Diese Probleme sind in der traditionellen heterosexuellen Beziehung mit ihrer festen Rollenverteilung – die Frauen nicht gerade begünstigt hat – besonders häufig zu beobachten. In einer Untersuchung über den Zusammenhang von Familienstand und Zufriedenheit hat Jesse Bernard herausgefunden, daß alleinstehende Frauen und verheiratete Männer die glücklichsten waren, gefolgt von den alleinstehenden Männern. An letzter Stelle fanden sich die verheirateten Frauen. Es hat den Anschein, als ob die Heirat eher etwas für Männer als für Frauen ist.

Die traditionelle Rollenverteilung, wie sie in vielen heterosexuellen Beziehungen zu beobachten ist, hat sich allmählich geändert. Frauen haben jetzt das Sonne- und das Mars-Prinzip in sich aufgenommen, die Männer sind ihnen gefolgt und nehmen nun ihre Mond- und Venus-Eigenschaften wahr. Diese Veränderung beruht zu einem Gutteil auf der Frauenbewegung, welche für die Frauen – feministisch eingestellt oder nicht – Vorteile gebracht hat. Die herkömmliche Rollenverteilung mag für gewisse Menschen für eine gewisse Zeit gut sein – zum Beispiel, wenn es kleine Kinder gibt. Die Tatsache, daß Frauen im allgemeinen weniger als Männer verdienen, bringt sie oft dazu, sich um die Kinder zu kümmern. Viele Frauen haben den Wunsch, bei ihrem Kind zu sein, wenn es klein ist – für diejenigen, die etwas anderes möchten, hat unsere Gesellschaft kein Angebot parat. Vielleicht ist es von zweifelhaftem Wert, die Betreuung eines Kindes aufzuteilen, vielleicht ist bezahlte Kinderbetreuung zu teuer oder auch negativ für die Entwicklung. Auf jeden Fall aber ist festzuhalten, daß sich die Lebensform Familie in einer Krise befindet. Möglicherweise stehen wir in einer Zeit, in der sich alte Partnerschafts- und Lebensformen auflösen, ohne daß sich bereits neue entwickelt hätten. Wie groß auch der Schmerz ist, den Erwachsene erleiden, wenn Beziehungen scheitern – der Schmerz der Kinder ist wahrscheinlich größer. Aus traditioneller Sicht fällt es schwer, sich mit dem Arrangement der geteilten Betreuung eines Kindes abzufinden. Wir befinden uns in einer Zeit des Übergangs, und vielleicht ist alles jetzt deshalb so schwierig, weil Männer und Frauen neue Rollenverständnisse entwickeln, während die Gesellschaft immer noch auf die alte Weise organisiert ist. Diejenigen unter uns, die sich um gleichberechtigte Partnerschaften bemühen, sind auf sich allein gestellt und erfahren keine äußere Unterstützung.

In diesem Buch unterscheiden wir nicht zwischen heterosexuellen, schwulen oder lesbischen Beziehungen (abgesehen von den Stellen, wo wir dies ausdrücklich ansprechen). Auf welches Geschlecht sich die Zuneigung eines Menschen auch richtet – die sexuellen Eigenschaften werden ohne Einschränkung auf die Weise zum Ausdruck kommen, wie es das Geburtshoroskop anzeigt. Die verschiedenen Beziehungsmuster können durch die Astrologie erhellt werden, und es spielt dabei keine Rolle, ob sich jemand zu Männern oder zu Frauen hingezogen fühlt. Wir glauben auch nicht, daß Homosexualität aus dem Horoskop beziehungsweise aus einem bestimmten Aspekt zu erschließen ist. Erst wenn einige astrologische Faktoren zusammenkommen, kann die Annahme naheliegen, daß ein Mensch die heterosexuelle Bindungsform ablehnt.

Männer und Frauen – wie sie in ihrem Geschlechtsverhalten auch ausgerichtet sein mögen – gehen im allgemeinen auf unterschiedliche Weise an Beziehungen heran, was zumindest zum Teil die Verhaltensmuster von heterosexuellen, von schwulen und von lesbischen Paaren erklärt. Männer werden dazu erzogen, sich mit ihrem Mars-Prinzip zu identifizieren; sie lernen es, sich wohlzufühlen, wenn sie ein traditionell männliches Verhalten zeigen. Der Überlieferung nach ist es am Mann, in sexueller Hinsicht die Initiative zu ergreifen. Eine Frau, die früher den ersten Schritt unternahm, ist auf Ablehnung gestoßen –

möglicherweise hat sich der Mann von der sexuell aktiven Frau bedroht gefühlt. Heutzutage hat der Mann seine vertraute Rolle, die Initiative zu ergreifen (Mars), verloren – jetzt muß er auch Anziehungskraft (Venus) zum Ausdruck bringen. Natürlich kann sich auf der anderen Seite auch heute noch eine Frau unsicher fühlen, wenn der Mann passiv bleibt. Sie kann noch ihre Schwierigkeiten damit haben, die Initiative zu ergreifen – nicht nur aus Furcht vor Zurückweisung (womit ja auch Männer rechnen mußten), sondern mehr noch aus der verinnerlichten Angst vor versteckter Kritik.

Auch heute noch ist es oftmals die Anziehungskraft (Venus), die Frauen in der Gesellschaft ihren Wert (Venus) zuschreibt. Dabei ist es nicht nur die Gesellschaft, die diese Einstufung vornimmt – auch die Frau selbst macht ihren Wert an ihrer Erscheinung fest. Häufig benutzen Frauen ihre maskuline Energie (Mars), um im Hinblick auf ihre Attraktivität in Konkurrenz zu treten. Die Anstrengungen, die unternommen werden, um eine positive Erscheinung zu bieten, belegen dies. Frauen benutzen ihr Aussehen dazu, Vorteile zu erzielen. Eine Frau, die in ihrem eigentlichen Tätigkeitsbereich in Konkurrenz zu anderen tritt, muß dagegen damit rechnen, kritisiert zu werden. Der Tennisspielerin Steffi Graf wurde in den Medien der Vorwurf gemacht, beim Wettkampf auf dem Platz keinen schönen Anblick zu bieten. Zu der Zeit, als sie auf dem Tennisplatz einige Niederlagen einstecken mußten, veröffentlichte das Magazin *Vogue* Fotografien von ihr, die ihre körperliche Anziehungskraft unter Beweis stellten. Steffi Graf hat in ihrem Horoskop eine Venus/Saturn-Konjunktion, was die Unsicherheit über ihr weibliches Selbstverständnis widerspiegelt. Wir vermuten, daß diese Geschehnisse sie getroffen und geschwächt haben.

Beim Mann steht ein machohaftes Auftreten in Verbindung damit, auf welche Weise er sich mit seinem Mars-Prinzip identifiziert. Im allgemeinen ist es so, daß ein betont männliches Verhalten Anerkennung findet. Sogar diejenigen, die von ihrem Bewußtsein her ausgesprochen männliche Verhaltensweisen ablehnen, haben Schwierigkeiten damit, sich ihnen zu entziehen. Es handelt sich hier um Eigenschaften, die tief in unserer Gesellschaft verwurzelt sind. 20 Jahre Frauenbewegung haben noch nicht ausgereicht, eine heilsame Neubestimmung von männlichen und weiblichen Merkmalen im Hinblick auf Sonne/Mars und Mond/Venus durchzuführen.

Luise Eichenbaum und Susie Orbach haben in *Outside In, Inside Out* darauf hingewiesen, daß es der Mann ist, der in der heterosexuel-

Allgemeines zu Beziehungen

len Beziehung bestimmt, wo die Grenzen liegen und welche Freiheiten erlaubt sind. Letztendlich dient die Beziehung dazu, seine Bedürfnisse zu befriedigen. Die Frau ist für die Bereiche der Emotionalität und der Pflege der Beziehung zuständig; sie kann ihrerseits nicht darauf hoffen, daß ihre Bedürfnisse erfüllt werden. Eichenbaum und Orbach belegen diese Erkenntnis damit, daß Mütter ihre Söhne oder Töchter auf unterschiedliche Weise behandeln – zum Teil mit wiederholten subtilen Botschaften, die sie an das Kind aussenden. Unsere Mutter war die Person, die als erste mit unseren Bedürfnissen zu tun gehabt hat. Wir alle erfahren uns zunächst als Einheit mit unserer Mutter, wir gehen aus ihrem Körper hervor und entwickeln erst mit der Zeit ein Bewußtsein unserer Eigenständigkeit. Unsere Gesellschaft macht es den Jungen leichter, sich eine von der Mutter unabhängige eigene Identität zu bilden. Aufgrund dieser Tatsache wird der Unterschied der Geschlechter weiterhin betont – Jungen werden dazu gebracht zu erwarten, daß sie etwas bekommen, während Mädchen sich mit der Mutter und ihrer Rolle der Gebenden zu identifizieren lernen. Diese Beobachtungen haben weitreichende Konsequenzen für das Verhalten von Erwachsenen im Hinblick auf Beziehungen.

Die Projektion ist ein unbewußter Prozeß, in dem wir einen unbewußten Teil von uns in jemand anderem erkennen. Das heißt nicht, daß wir das, was wir projizieren, als negativ erachten – die Projektion richtet sich auf gute und auf schlechte Eigenschaften. Sowohl Männer als auch Frauen neigen dazu, uneingestandene Charaktermerkmale dem Partner zuzuschreiben. Beim Mann ist häufig zu beobachten, daß er sich seines Bedürfnisses nach Nähe und Partnerschaft nicht bewußt ist und dieses projiziert; für die Frau gilt dies hinsichtlich ihres Bedürfnisses nach Unabhängigkeit und Freiheit.

In heterosexuellen Beziehungen müssen sich Frauen oftmals mit der Schwierigkeit auseinandersetzen, ihr Bedürfnis nach Nähe angesichts eines Partners zu befriedigen, der als emotional abgekapselt erlebt wird. Dies kann einen großen Schmerz bedeuten. Wenn aus dem Horoskop hervorgeht, daß Unabhängigkeit wichtig für sie ist, sie selbst dies aber nicht erkennt, wird sie sich möglicherweise an einen Partner binden, der sie emotional ständig auf Abstand hält – der sie nicht «an sich heranläßt». Das unbewußte Bedürfnis nach Unabhängigkeit würde sich in diesem Fall auf eine Art und Weise äußern, die so schmerzhaft wie nur denkbar ist.

Männer zeigen oft Ungeduld gegenüber den emotionalen Anforderungen und wechselhaften Stimmungen ihrer Partnerinnen. Wenn aus ihrem Horoskop Sensibilität und Emotionalität spricht, kann es sein, daß sie eine Partnerin mit mehr oder weniger neurotischen Zügen wählen, die diese für sie zum Ausdruck bringt. Männer sind besser in der Lage als Frauen, das Sonne-, das Mars- und das Uranus-Prinzip auszuleben; Frauen können besser die venusischen und mondischen, zum Teil auch die neptunischen und plutonischen Energien zeigen.

Vielleicht erhebt sich an dieser Stelle der Einwand, daß die Zuordnung der solaren Energie zum männlichen und der lunaren zum weiblichen Geschlecht lediglich die überlieferten sexuellen Werte widerspiegeln. Dem möchten wir entgegenhalten, daß sie weitaus mehr verkörpert. Alle sexuellen Werte sind Teil der Gesellschaft, und sie sind untrennbar mit der Ausbildung einer bestimmten Gesellschaftsform verbunden. Wenn wir unser sexuelles Verhalten definieren, greifen wir auf vorhandene Muster zurück. Dabei ist die Gefahr gegeben, daß es wiederum zu Stereotypen kommt. Vielleicht versuchen wir uns aber auch in sexueller Hinsicht auf eine Art und Weise zum Ausdruck zu bringen, die wir in ihren Auswirkungen gar nicht überschauen.

Unter der Voraussetzung, daß die geschlechtsspezifische Erziehung einen Einfluß auf unsere Beziehungen hat, könnte vermutet werden, daß in lesbischen Partnerschaften niemand die Grenzen und Freiräume definiert. Die beiden Beteiligten könnten hier versuchen, Nähe und Vertrautheit herzustellen, und beide könnten sich schnell abgelehnt oder zurückgewiesen fühlen. Das Endergebnis kann eine sehr tiefe Vereinigung mit einer ungemein großen Vertrautheit sein – das vom kleinen Kind, das noch nicht sprechen konnte, so ersehnte bedingungslose Angenommenwerden. Wunden, die aus frühkindlicher Zeit herrühren, können in einer Beziehung, die diesen emotionalen Rückhalt bietet, geheilt werden – welche sexuelle Ausrichtung diese auch hat. In negativerer Auswirkung wäre ein regressives Verhalten denkbar, das aus einer gewissermaßen symbiotischen Verbindung resultiert – wenn die zu große Nähe zur Klaustrophobie führt.

Eine gesündere und dauerhaftere Ausgangsbasis ist dann vorhanden, wenn männliche und weibliche Qualitäten zwischen den Partnern frei fließen, wenn es zu keinen festen Zuschreibungen kommt, sondern jeder sich über seine maskulinen und seine femininen Züge im klaren ist und sie zum Ausdruck bringt. Wenn sich Frauen in einer lesbischen Partnerschaft zu sehr mit ihrer weiblichen Seite identifizieren

Allgemeines zu Beziehungen

– sozusagen nur Mond und Venus vorhanden sind, keine Sonne, kein Mars –, wird ein Übermaß an Nähe die Folge sein, und es wird kein Sinn für die individuelle Identität oder für Privatsphäre herrschen. Ob es sich um eine Beziehung zwischen zwei Frauen, zwei Männern oder einer Frau und einem Mann handelt – diese Dynamik tritt zwangsläufig immer dann zutage, wenn beide Partner sich mehr oder weniger ausschließlich mit ihren weiblichen Zügen identifizieren.

In der Beziehung zwischen zwei Männern weigern sich möglicherweise beide Partner, sich um die Entwicklung von Nähe sowie des emotionalen Rückhaltes zu kümmern. Hier können wir oftmals sehen, daß die Verbindungen nicht von langer Dauer sind. Oftmals enden sie abrupt und lassen einen oder auch beide Partner enttäuscht oder verbittert zurück. Diese Entwicklung ist auch in heterosexuellen oder lesbischen Beziehungen denkbar – dann, wenn beide Partner in der Hauptsache ihre männliche Energie ausleben. Ein Klischee lautet, daß Schwule zwar leicht sexuell miteinander in Kontakt kommen, aber keine dauerhafte Beziehung führen können. Manche verlieben sich ständig aufs Neue und trennen sich wieder; manche sind dazu verdammt, schnell intim zu werden, um doch sogleich wieder allein zu sein, auf sich gestellt und isoliert, ohne die Fähigkeit, sich dauerhaft an jemanden zu binden.

Manche schwule Beziehung besteht auch dann noch fort, wenn Sex keine Rolle mehr spielt. Das gleiche ist – aus den verschiedensten Gründen – bei lesbischen oder heterosexuellen Partnerschaften möglich. In Partnerschaften zwischen Männern ist häufig zu beobachten, daß emotionale und sexuelle Bedürfnisse in einem Widerspruch zueinander stehen. Schwule neigen oft dazu, sexuelle Befriedigung nicht mehr bei ihrem Partner, sondern bei einer Zufallsbekanntschaft zu suchen, ohne aber ihre Beziehung infragezustellen. Das Motiv für dieses Verhalten mag in der Lust an der Eroberung und in der Ausrichtung auf das Neue liegen. Wir können dies als die Extremform männlicher Sexualität sehen.

Letztlich läßt sich aber keines dieser Muster nur einer Beziehungsart zuschreiben. Die Muster basieren auf der Einteilung in männliche und in weibliche Verhaltensweisen; es bleibt aber festzuhalten, daß jeder Mensch – Frau oder Mann – bestimmte Qualitäten hat. Venus bedeutet ein weibliches, Mars ein männliches Prinzip. Wir müssen dies aber davon unterscheiden, ob es sich um einen Mann oder um eine Frau handelt. Wir alle – Männer wie Frauen – tragen männliche *und* weibliche Züge in uns. Der Mond und die Venus beschreiben das Weibliche – sowohl in Frauen als auch in Männern. Und genauso verhält es sich in bezug auf das Männliche mit der Sonne und Mars. Der Mensch, der fähig ist, seine männlichen und seine weiblichen Eigenschaften zum Ausdruck zu bringen, hat es nicht mehr nötig, sich an vorgegebenen Rollenmustern zu orientieren.

Natürlich gibt es Unterschiede darin, wie Männer und Frauen mit den Eigenschaften, die einem bestimmten Geschlecht zugeschrieben werden, umgehen. Wenn sie dies auf eine erfolgreiche Art und Weise tun, werden ihre Beziehungen erfüllend sein, von einem freien Fluß von Energie zwischen den Partnern gekennzeichnet. Dies gilt in jedem Fall – um was für eine Art von Beziehung es sich auch handelt.

Die meisten Frauen haben Schwierigkeiten damit, Grenzen zu bestimmen sowie sich über ihr Saturn-Prinzip klarzuwerden. Es fällt ihnen schwer, sich ihr Bedürfnis nach Freiraum (Uranus) einzugestehen, sich in ihrer Individualität zum Ausdruck zu bringen (Sonne) sowie sich in einem positiven Sinn egoistisch zu zeigen (Mars). Für Männer dagegen ist es im allgemeinen notwendig, in Kontakt mit ihrem Bedürfnis nach emotionaler Nähe und Zusammengehörigkeit mit jemandem zu kommen (Mond und Venus). Sie müssen die Fähigkeit entwickeln, sich mit ihrer Emotionalität auseinanderzusetzen.

Oftmals projizieren Männer ihre Venus-Eigenschaften – sie glauben, daß ihre Partnerinnen die Merkmale besitzen, die doch ihre eigenen sind. Dieser Sachverhalt ist nicht nur in heterosexuellen, sondern auch in schwulen Beziehungen zu beobachten. Allerdings ist dazu anzumerken, daß diese Männer sehr wohl die Venus auf die Art und Weise, wie es im Horoskop angezeigt ist, zum Ausdruck bringen – nur fehlt es ihnen an der Bereitschaft, sich mit dieser Seite von sich zu identifizieren. Ähnlich ist es bei Frauen im Hinblick auf das Mars-Prinzip – auch sie erkennen häufig nicht, wie sehr sie das sind, was sie projizieren. Was dieses Buch angeht, möchten wir betonen, daß die Beschreibungen der einzelnen Faktoren in jedem Fall gilt. Es ist unnötig, zwischen den Geschlechtern oder den verschiedenen Beziehungsarten einen Unterschied zu machen.

In einem wachsenden Maß identifizieren sich Frauen heute mit ihrem Mars-Prinzip. Sie bringen es jetzt selbst zum Ausdruck – so wie Männer sich darüber klarwerden, daß sie weibliche Züge in sich haben. Wenn wir vom «neuen Mann» sprechen, meinen wir jemanden, der Zugang zum Weiblichen in sich hat. Die Frauenbewegung hat diese Entwicklung vorangetrieben; sie hat es möglich gemacht, daß Frauen größere Rechte in der Gesellschaft und in den Beziehungen haben. Sie hat dabei männliche Energie eingesetzt und gefordert, daß Männer die alten Positionen freimachen. Mit diesem Verhalten forderten sie die Männer zu Veränderungen auf – was diese als Bedrohung empfanden. Viele Männer haben Vorbehalte gegenüber den Versicherungen, daß das Aufgeben der alten Positionen ihnen Vorteile bringen würde. Der augenfälligste Vorteil besteht in dem reicheren Gefühlsleben beziehungsweise der Fähigkeit, Emotionen anzuerkennen und damit nicht länger gezwungen zu sein, stark, autoritär und unbesiegbar erscheinen zu müssen. Wahrscheinlich sind hier die Männer der Alternativbewegung an erster Stelle zu nennen, die sich in Gruppen zusammenschlossen, um sich gemeinsam über ihre Gefühle und ihr Rollenverhalten klarzuwerden – was die Frauen bereits Ende der 60er und Anfang der 70er Jahre gemacht hatten.

Was die Frau in der heterosexuellen Beziehung angeht, muß gefragt werden, ob sie ihre männlichen Eigenschaften auf ihren Partner projiziert. Analog ist in bezug auf schwule und lesbische Partnerschaften zu verfahren. Alles, was unbewußt ist, kann projiziert werden, und es gibt keine Projektion, die auf ein Geschlecht beschränkt wäre. Wir alle projizieren diejenigen Züge, die uns am wenigsten bewußt sind – die Geschlechtszugehörigkeit beeinflußt diesen Prozeß nicht. Eine heterosexuelle Beziehung kann auch davon geprägt sein, daß eine Frau ihre weiblichen Eigenschaften auf den Mann projiziert – oder dieser seine männlichen Züge auf die Frau. Eine ähnliche Übertragung ist auch zwischen den Partnern der homosexuellen Beziehung möglich. Allerdings muß hierzu bemerkt werden, daß in der heutigen Zeit, in der Männer nicht mehr ausschließlich männliche und Frauen nicht nur weibliche Qualitäten zum Ausdruck bringen, der Partner als Projektionsfläche der uneingestandenen geschlechtsspezifischen Eigenschaften ausgedient hat.

In dauerhaften Beziehungen gibt es verschiedene Arten von Liebe. Das Verliebtsein ist dabei ein Zustand der Eigenliebe, der den Bindungsprozeß einleitet. Wenn die Bindung eingegangen ist, fangen wir an, Unterschiede wahrzunehmen – was aus psychologischer Sicht zeigt, daß wir reifer werden. Wir werden dann fähig, die andere Person so zu lieben, wie sie ist – ohne ihr weiterhin unsere Fantasievorstellungen überzustülpen. Diese Unterscheidungsfähigkeit – sie bedeutet das Vermögen, die Getrenntheit zu erkennen – muß sich erst entwickeln, und hierbei spielt es wieder keine Rolle, um was für eine Art von Beziehung es sich handelt. Gereifte Liebe bedeutet keine diffuse Einheit – sie geht von einem Zustand der Zuneigung für den Partner als eigenständiges menschliches Wesen aus. Dieser Zustand kann sowohl in Beziehungen, an deren Anfang das Verliebtsein stand, als auch in denen, auf die das nicht zutrifft (zum Beispiel die «arrangierten» Ehen), erreicht werden. Liebe ist im Idealfall etwas, was du fühlst und gibst und was dich Freude empfinden läßt – nichts, was du beanspruchen kannst. Um eine Liebesbeziehung zu erhalten, müssen beide Partner in der Lage sein, Liebe zu geben. Oftmals ist es die Frau, die sucht – nach Liebe beziehungsweise nach dem Menschen, der sie versteht und begehrt, so wie sie ist. Nur zu oft aber findet sie sich dann als diejenige wieder, die die Liebe gibt. Zwischen Liebe und Bedürfnis besteht ein großer Unterschied. Das wird von vielen Menschen verkannt, die glauben, daß Liebe etwas ist, was außerhalb von ihnen liegt. Liebe ist etwas Innerliches, und es ist wunderbar, wenn du jemanden findest, mit dem du sie teilen kannst.

Kapitel 2

Beziehungen aus astrologischer Sicht

Das Geburtshoroskop ist eine Blaupause all dessen, was in unserem Leben eine Rolle spielt. Es zeigt das, was uns interessiert und antreibt, unsere Fertigkeiten und die Art und Weise, auf die wir auf die Geschehnisse reagieren. Das Horoskop stellt dar, was wir werden müssen, um unserem Dasein gerechtzuwerden. Wir müssen bestrebt sein, soviele Horoskop-Merkmale wie nur möglich in unser Leben und in unsere Beziehungen einzubringen. Je besser uns das gelingt, desto vollständiger und wohler werden wir uns fühlen und desto besser werden die Beziehungen für uns sein. Das soll nicht heißen, daß Partnerschaften, die im wesentlichen auf nur ein Horoskop-Merkmal gegründet sind, keinen Wert haben. Es ist denkbar, daß zu einer gewissen Zeit eine bestimmte Energie von alles überragender Wichtigkeit ist. Allerdings ist in diesem Fall davon auszugehen, daß es in dem Moment, wenn die damit zusammenhängende Lektion gelernt ist, äußerst schwierig wird, die Beziehung beizubehalten.

Wir konzentrieren uns in diesem Buch auf Venus und Mars – wir müssen aber noch einmal mit Nachdruck darauf hinweisen, daß zunächst das Horoskop in seiner Gesamtheit betrachtet werden muß. Jeder Faktor muß vor dessen Hintergrund untersucht werden. Kein Planet kann für sich allein gesehen werden – alles ist Bestandteil des einen Musters. Einige Faktoren stehen zueinander in einer harmonischen Beziehung, andere widersprechen einander oder stellen Antriebskräfte dar, die Konflikte bedeuten. Wenn wir eine Partnerschaft eingehen, sind es nicht nur unsere venusischen und marsischen Eigenschaften, die zählen – wir bringen alles ein, was uns ausmacht. Eine wahrhaft befriedigende Beziehung ist die, in der das ganze Horoskop zum Ausdruck kommt – in der wir die Gelegenheit haben, unser volles Potential zu erschließen. Um wirklich zufrieden zu sein, brauchen wir Rückhalt und Ermutigung dafür, daß wir versuchen, unser Horoskop vollständig auszuleben und zu ganzheitlichen Menschen zu werden.

Bevor wir in Erwägung ziehen, wie sich jemand in Beziehungen gibt, müssen wir untersuchen, wie die Verbindung zum eigenen Wesen beschaffen ist. Dies ist deshalb notwendig, weil Beziehungen eine genaue Abbildung der inneren Prozesse darstellen. Der Mensch, der sich mit sich selbst im Kriegszustand befindet, wird auch auf äußerer Ebene in Konflikte verwickelt sein. Menschen, die wir anziehen, spiegeln Aspekte von uns selbst wider. Diese Reflektion kann uns helfen, uns im Laufe der Zeit besser kennenzulernen. Wenn wir Zugang zu den vielen unterschiedlichen Facetten von uns gewinnen, werden wir zu ganzheitlicheren und reiferen Menschen werden. Und dies kann uns wiederum dazu befähigen, Beziehungen zu führen, in denen noch mehr Nähe möglich ist und die noch belohnender sind.

Um zu verstehen, welche Bedürfnisse jemand durch seine Beziehungen befriedigen will, müssen wir als erstes das Horoskop als Ganzes betrachten. Wenn eine Beziehung von Dauer und befriedigend sein soll, müssen in ihr die wichtigen Horoskop-Themen zum Tragen kommen. Allerdings spielt auch der Reiz der Andersartigkeit eine Rolle. In der ausgewogenen Kombination von gemeinsamen Charakteristiken und stimulierenden Unterschieden liegt das dynamische Element der Verbindung zweier Menschen.

Die in ihrer Bedeutung alles andere überragende Elementeverteilung liefert eine erste Skizze des Menschen. Sie stellt dar, ob die Yin- und die Yang-Energien in einem ausgewogenen Verhältnis zueinander stehen. Eine Person mit viel Yin-Energie und einer starken Betonung des Elementes Wasser im Horoskop wird – unabhängig von ihrem Geschlecht – charakteristische weibliche Merkmale zum Ausdruck bringen. Sie wird mitfühlend und beschützend veranlagt sein und das starke Bedürfnis verspüren, die Dinge und die Menschen, die ihr wichtig sind, bei sich zu behalten. Die Anziehung wird in diesem Falle zu jemandem bestehen, der viel Yang-Energie verkörpert – vielleicht ein Mensch, aus dessen Horoskop Leidenschaft und Impulsivität spricht und der möglicherweise damit droht, die Beziehung zu beenden. In dieser Verbindung würde die Aufgabe für beide Partner darin liegen, etwas über die Qualitäten, die der andere verkörpert, zu lernen. Die Gefahr besteht darin, daß jeder das, was er selbst nicht zum Ausdruck bringt, dem anderen zuschreibt, was zur Folge hätte, daß jeder ein für allemal auf ein bestimmtes Verhaltensmuster festgelegt wäre.

Wenn in einem Horoskop ein Element betont ist, können sich Probleme ergeben. Wenn sich zum Beispiel die Sonne, der Mond, Merkur und der Aszendent im Element Feuer befinden und Venus und Mars in Wasserzeichen stehen, ist es denkbar, daß sich der Mensch mehr oder weniger ausschließlich mit dem Feuer-Element identifiziert und sich nicht darüber im klaren ist, was er von Beziehungen eigentlich erwartet. Handelt es sich – um das Beispiel fortzuführen – bei dem Feuer-Element um das Zeichen Schütze und stehen Venus und Mars im Zeichen Skorpion, wird möglicherweise eine tiefe Unzufriedenheit mit der Intensität der Beziehung vorhanden sein. Der Mensch mag hier das, was er als negative emotionale Eigenschaften ansieht – zum Beispiel Eifersucht –, auf den Partner projizieren. Solange sich dieser Mensch nicht mit seiner Skorpion-Energie auseinandersetzt, wird er Situationen erschaffen, in denen Eifersucht sowie das Streben nach Dominanz ein Thema ist. Wenn er seine Skorpion-Energie in sich aufgenommen hat, wird er in der Lage sein, die emotional tiefgründigen Beziehungen zu führen, nach denen er sich innerlich so sehnt.

Es ist notwendig zu erkennen, was die Betonung eines Horoskops ausmacht, um gegenzusteuern zu können. Wer beispielsweise sehr erdbetont oder saturnisch veranlagt ist, braucht jemanden, der das Bedürfnis nach Sicherheit und Anerkennung unterstützt – der aber auch dazu ermutigt, sich risikobereiter zu zeigen. Im Gegensatz dazu wird eine Person mit viel Luft im Horoskop oder einem starken Uranus nach einem Partner suchen, der auf der einen Seite das Bedürfnis nach Freiheit und Abwechslung akzeptiert, der zugleich aber dazu beiträgt, mehr Realitätssinn und mehr Selbstzentriertheit zu entwickeln.

Wir werden nun damit beginnen, die Horoskop-Faktoren im einzelnen zu besprechen.

☉ Die Sonne

Die Sonne stellt den Ursprung und die Quelle unserer Lebenskraft dar. Sie muß in der Beziehung zum Ausdruck kommen, damit wir uns ganzheitlich fühlen und die Verbindung wachsen und gedeihen kann. Wenn wir die solare Energie nicht in die Beziehung einbringen können, wird diese nicht lebendig und bestärkend sein. Sie wird uns dann im Gegenteil unserer Kräfte berauben. Ist die Sonne beteiligt, fühlen wir uns kraftvoll und energiegeladen; unsere Kreativität kann dann frei fließen. Ohne Beteiligung der Sonne entsteht in uns das Gefühl, daß die Beziehung uns nicht wirklich entspricht – daß wir uns in ihr nicht zeigen können, wie wir wirklich sind, oder daß der Partner uns in unserer Individualität gar nicht erkennt. Wir fühlen uns dann unverstanden und ungeliebt.

Die Bedürfnisse, wie sie von der Sonne im Horoskop verkörpert sind, müssen in einer funktionierenden Beziehung befriedigt werden – wie in anderen wichtigen Lebensbereichen wie zum Beispiel dem Beruf auch. Wer die Sonne in den Zwillingen hat, braucht beispielsweise jemanden, mit dem er sich über Ideen und das, was er erfährt, austauschen kann, einen Partner, mit dem er über alles und jeden reden kann. Es ist eine grundlegende Notwendigkeit für ihn, über seine Gefühle, seine Wünsche und Träume zu sprechen. Kann der Partner diesem Bedürfnis nicht nachkommen, bleiben die zwillingshaften Bedürfnisse unbefriedigt, und die Partnerschaft wird einen frustrierenden Lauf nehmen. Der Zwillings-Mensch braucht den Austausch wie das Wasser zum Leben – ohne diesen trocknet sein Geist aus.

Wenn wir davon sprechen, daß die Sonne im Rahmen der Beziehung zum Ausdruck kommen muß, soll das nicht heißen, daß zwischen den Sonnen-Stellungen der Partner Aspekte bestehen müssen. Allerdings ist hierzu anzumerken, daß letzteres eine große Hilfe sein kann und daß in vielen dauerhaften Beziehungen tatsächlich enge Sonne/Sonne-Aspekte vorhanden sind. Eine enge Konjunktion scheint ein außerordentlich bindungsträchtiger Faktor zu sein – vielleicht gilt in diesem Falle in besonders starkem Maße, daß der Mensch seine «andere Hälfte» gefunden hat und es zur Verbindung mit einem Teil von sich selbst gekommen ist. Kritische Aspekte zwischen den Sonnen in zwei Horoskopen stellen sicher, daß die Beziehung lebendig und anregend bleibt. Hier ist davon auszugehen, daß die Beziehung eine wichtige Rolle im Plan des Lebens *beider* Partner spielt. Allerdings könnte auch ein Übermaß an Konkurrenzstreben oder Konflikten auftreten. Bei fortwährenden wütenden Auseinandersetzungen mögen es beide Partner vielleicht als das Beste erachten, sich wieder zu trennen.

Aspekte sind wichtig – das Entscheidende in bezug auf die Sonne aber ist das Zeichen, in dem sie steht. Die Bedürfnisse, die diese Stellung symbolisiert, müssen erfüllt werden. Das kann bei einer Person mit der Sonne im Widder durch einen Partner geschehen, dessen Horoskop eine Sonne/Mars-Konjunktion aufweist oder dessen Sonne im 1. Haus steht. Auf diese Weise kann das mit der Sonne verbundene Bedürfnis erfüllt werden, ohne daß ein Sonne/Sonne-Aspekt vorhanden ist.

Wir dürfen aber unseren Blick nicht nur auf das Zeichen der Sonne beschränken, sondern müssen auch in Betracht ziehen, in welchem Haus diese steht und an welchen Aspekten sie beteiligt ist. Auch die Lebensziele im allgemeinen spielen im Hinblick auf die Beziehung eine Rolle. Wenn beispielsweise die Sonne mit Saturn und Uranus verbunden ist, wird der Mensch nach einer Beziehung suchen, die auf der einen Seite anregend und immer wieder überraschend ist, die aber auf der anderen Seite doch viel Sicherheit bietet. Wenn die Sonne im 9. Haus steht, wird das Bedürfnis herrschen, sich dem Leben gegenüber offen zu zeigen sowie sich mit der Beziehung auf etwas hin zu entwickeln. Gehen wir dann noch davon aus, daß sich die Sonne im Zeichen Krebs befindet, wird es von grundlegender Wichtigkeit sein, in der Beziehung tiefe emotionale Erfahrungen zu machen und sich beim Partner geborgen zu fühlen.

Wenn wir im Horoskop einen oder mehrere kritische Aspekte zur Sonne haben, die den Fluß der schöpferischen Energie behindern, fällt es uns schwer, Beziehungen mit Kreativität zu erfüllen. Verursacht durch dieses Problem, kann es dazu kommen, daß wir Frustrationen zum Ausdruck bringen – weil wir das Gefühl haben, unserem Zweck im Leben nicht gerechtzuwerden. Das klassische Beispiel dafür ist die Unzufriedenheit mit dem eigenen Leben, die am Partner ausgelassen beziehungsweise diesem zum Vorwurf gemacht wird. »Wenn ich dich nicht getroffen hätte, wäre ich jetzt...« Die Person, die diesen Ausspruch tätigt, drückt sich vor der schmerzvollen Erkenntnis, daß sie zuwenig Mut gehabt hat, das in Angriff zu nehmen, was sie interessiert hat. Der Mut, den sie jetzt aufbringt, trägt dazu bei, die Beziehung zu zerstören. So kann das, was die Erfüllung im Beruf verhindert hat, sich auch auf das persönliche Glück auswirken.

Wenn eine Beziehung wirklich befriedigend ablaufen soll, müssen – wie sonst auch – Verpflichtungen eingegangen werden. Alles, was wir nur halbherzig angehen, hinterläßt ein schales Gefühl – egal, was schließlich herauskommt. Um in dem Prozeß der Entfaltung unseres Lebenszweckes das Potential der Beziehungen wirklich auszuschöpfen, müssen wir die lebensspendende Energie der Sonne voll und ganz einbringen.

☽ *Der Mond*

Der Mond ist hinsichtlich der Beziehung von sehr großer Wichtigkeit, weil er für unsere Gefühle sowie die instinktive Seite unseres Wesens steht. Er zeigt, auf welche Art wir uns binden, was wir brauchen, um uns wohl und geborgen zu fühlen, und auf welche Weise wir Anteil an anderen nehmen. Wenn der Mond in einer Beziehung nicht zum Ausdruck kommt, ist keine wirkliche Nähe möglich. In dem Fall, daß sich das lunare Prinzip zu stark bemerkbar macht, ist andererseits eine Eltern-Kind-Beziehung zu erwarten, eine Partnerschaft, die von einem Übermaß an emotionaler Abhängigkeit und Bedürftigkeit gekennzeichnet ist. Hier könnte es einer der Partner übernehmen, den anderen fortwährend zu «bemuttern», was bedeutet, daß sich beide nicht in gleichrangiger Position gegenüberstehen. Wenn der Mond in der Beziehung nicht oder nur am Rande zum Ausdruck kommt, ist ein Mangel an emotionaler Sicherheit die Auswirkung – mit der Folge, daß das Wohlbefinden der Partner leidet.

Wenn in einer Beziehung die lunaren Bedürfnisse befriedigt werden sollen, ist es notwendig, daß wir uns bei unserem Partner wohlfühlen und daß wir genügend emotionale Anteilnahme und Unterstützung empfangen. Damit die Beziehung stabil und dauerhaft ist, müssen beide Partner das Gefühl haben, Unterstützung zu finden. In Partnerschaften, in denen dies nicht der Fall ist – in denen in der Hauptsache nur einer gibt, der andere nur empfängt –, werden sich allmählich Spannungen aufbauen, die im Extremfall zur Trennung führen können.

Der Mond zeigt unsere Gewohnheitsmuster sowie das, was uns unser Zuhause bieten soll – insofern ist er für jede Form des Zusammenlebens von besonderer Bedeutung. Es ist wichtig zu untersuchen, wieweit Einigkeit darüber besteht, wozu das Zuhause dienen soll, und es ist genauso wichtig zu erkennen, welche Bedürfnisse im Alltag bestehen.

An dieser Stelle möchten wir davor warnen, der Verträglichkeit der Mond-Zeichen, wie sie überliefert ist, zuviel Glauben zu schenken. In der Praxis können sich ganz andere Auswirkungen ergeben. So harmonieren zum Beispiel trotz des vermeintlich günstigen Sextil-Aspektes der Stier- und der Krebs-Mond nicht sonderlich gut miteinander – die wechselhafte Kardinalität des letzteren ist nichts für den Stier-Mond, der alle Routineabläufe in einem festen Schema organisiert. Sogar bei Mondstellungen im gleichen Element kann es zu Problemen kommen – beispielsweise zu beobachten bei dem Menschen mit einem Skorpion-Mond, der bei seiner eigenen emotionalen Tiefe und Bestimmtheit Schwierigkeiten damit hat, sich mit dem vagen und häufig diffusen Gefühlsleben, wie es vom Fische-Mond repräsentiert wird, auseinanderzusetzen.

Weiterhin ist anzumerken, daß manche Stellungen gegen alle Erwartungen gut miteinander harmonieren, so zu sehen bei dem Paar mit dem Jungfrau- und dem Waage-Mond. Vielleicht liegt das in diesem Fall daran, daß beide in sehr großem Maße auf den anderen ausgerichtet sind, wenn auch auf unterschiedliche Art: Jungfrau in praktisch-anteilnehmender, Waage mehr in einer abstrakten, auf das Wort bezogenen Weise. Für beide ist jedenfalls kennzeichnend, daß sie den anderen an die erste Stelle setzen, und beide haben das Bedürfnis, in einer ästhetischen und geordneten Umgebung zu leben. Die Tatsache, daß sie zusammen das perfekte Zuhause gestalten können, gibt ihnen möglicherweise viel emotionale Sicherheit.

Wie wir es schon bei der Sonne gesehen haben, muß in der Beziehung berücksichtigt werden, wie der Mond im Hinblick auf Zeichen, Haus und Aspekte gestellt ist. Es ist notwendig, daß die Bedürfnisse, die damit zusammenhängen, befriedigt werden. Jemand, der der Mond im Zeichen Skorpion im 2. Haus sowie im Kontakt zu Uranus hat, braucht eine Beziehung, die sich durch emotionale Tiefe, durch materielle Sicherheit sowie durch Aufregung und Überraschungen auszeichnet. Dieser Mensch wird nach intensiven und gewissermaßen elektrisierenden Kontakten suchen, auf der Grundlage einer festen Basis und eines ausgeprägten Sinns für Besitz.

Kritische Aspekte zum Mond stehen mit Problemen in Verbindung, uns über unsere Gefühle klarzuwerden und uns emotional zum Ausdruck zu bringen, was zur Folge haben kann, daß wir Angst vor Nähe entwickeln. Keinen Kontakt zu den eigenen Gefühlen zu haben bedeutet, keinem anderen zu trauen beziehungsweise niemanden an sich heranzulassen. Wenn zum Beispiel ein Aspekt zu Saturn besteht, wird es uns als das Wichtigste erscheinen, niemals die Beherrschung zu verlieren; wir reagieren dann, wenn wir Zeuge einer lebhaften Gefühlsbekundung werden, mit Befremden oder auch mit Angst. Das kann dazu führen, daß wir uns gegenüber jemandem, der uns verletzen könnte, kalt und abweisend zeigen. Wir verleugnen dann, daß wir Unterstützung und Anteilnahme brauchen – wir leben in diesem Fall in der Überzeugung, daß andere uns nur Schmerzen bringen. Solange wir nicht erkennen, daß die Zurückweisung von uns ausgeht, werden wir den Teufelskreis aus verletzten Gefühlen und emotionaler Kälte nicht durchbrechen können.

Der Mond stellt dar, welche emotionalen Erfahrungen wir gesammelt haben. Wenn wir eine Bindung zu jemandem eingehen, werden viele unserer schmerzhaften Erfahrungen wieder aufsteigen. Was das enge Zusammensein oftmals so schwierig macht, ist die Verbindung zu den Verletzungen, die wir als Kind erlitten haben – was vielleicht sogar dazu führen kann, daß wir in ein kindisches Verhalten zurückfallen. Wenn wir uns aber diese Verhaltensmuster erst einmal bewußt gemacht haben, verfügen wir über die Möglichkeit, sie zu verändern – um uns dann auf eine reifere und belohnendere Weise mit einem anderen Menschen verbinden zu können.

☿ *Der Merkur*

Die Bedeutung Merkurs im Hinblick auf Partnerschaften wird oftmals unterschätzt. Es ist Merkur, der in seiner Funktion als Botschafter die Verbindung zu den anderen Planeten herstellt, womit er eine wichtige Rolle dabei spielt, auf welche Weise wir uns selbst darstellen und wie wir in Verbindung zu anderen treten. Wenn wir uns nicht auf der Merkur-Ebene mit unserem Partner verständigen können, bedeutet das, daß in geistiger Hinsicht kein Kontakt besteht. In diesem Falle haben wir Schwierigkeiten damit, dem Partner zu vermitteln, wer wir sind und was wir wollen, und wir merken, daß das, was uns wirklich wichtig ist, auf Unverständnis stößt. Wenn wir jemanden wirklich kennenlernen wollen, muß es eine gemeinsame Basis geben – damit wir uns über das austauschen können, was wir fühlen und denken, und damit das, was wir sagen, auch wirklich ankommt. Indem wir immer wieder etwas von uns zu erkennen geben, legen wir den Grundstock für wahre Nähe.

In einer Beziehung, die funktioniert, sprechen beide Partner «dieselbe Sprache». Anders formuliert: Wir brauchen die Gewißheit, daß der Partner versteht, was wir sagen – daß er nicht die Worte für sich nimmt, sondern daß er sie so auffaßt, wie wir sie gemeint haben. Wenn dies nicht gewährleistet ist, kann es zu keiner Verständigung kommen. Dann werden wir nicht wissen, wie es in unserem Partner aussieht, und Mißverständnisse werden die Folge sein. Die meisten der Geschichten, die wir im Fernsehen anschauen können, basieren auf diesem Sachverhalt beziehungsweise darauf, daß keine Verständigung zustandekommt. Aussagen werden falsch interpretiert, nichtzutreffende Schlußfolgerungen gezogen und falsche Schritte eingeleitet. In manchen Serien scheinen die Akteure unfähig zur Kommunikation zu sein – sie sind nicht imstande, das zu sagen, was sie meinen, oder haben auch nur keine Lust dazu. Wenn es sich bei diesem Beispiel auch um Produkte des menschlichen Geistes handelt, müssen wir doch die Feststellung machen, daß es viele Beziehungen gibt, in denen derartige Schwierigkeiten bestehen.

Merkur bringt zusammen und trennt. Die Kommunikation einzustellen ist das Grausamste, was wir tun können. Viele Menschen bestrafen ihren Partner, wenn sie wütend sind, dadurch, daß sie nichts sagen. Die daraus resultierende Verletzung ist oftmals größer als die, die dieses Verhalten ausgelöst hat. In der Fähigkeit, Schmerz und Zorn in Worte zu bringen, die keinen Vorwurf enthalten, liegt ein Grundstein zum Aufbau einer intimen und befriedigenden Beziehung.

Merkur zeigt, wie wir unsere Erfahrungen in eine sprachliche Form bringen, um mit anderen in Austausch zu treten. Je besser wir dies können, desto besser sind wir in geistiger Hinsicht entwickelt und desto besser werden die Beziehungen sein, die wir eingehen. Diese Fähigkeit ist das Entscheidende – nicht, ob die Merkurstellungen der beiden Horoskope miteinander harmonieren. Auch hier gilt, daß möglichst viele Facetten dieses Planeten-Prinzips in der Beziehung angesprochen sein sollten, wobei anzumerken ist, daß der Spielraum größer ist. Grundsätzlich notwendig ist aber, daß eine gemeinsame Basis sowie eine Verwandtschaft in der Art zu denken vorhanden ist, daß die wichtigsten Züge des anderen erkannt werden sowie, daß gemeinsame Interessen bestehen. Merkur bedeutet Spaß, Spiel und Lachen – ein gemeinsamer Sinn für Humor ist ein wichtiger Faktor für eine Beziehung. Wenn zwei Menschen zusammen lachen und spielen, verstärken sie das Band, das zwischen ihnen besteht.

Wenn im Horoskop kritische Aspekte zu Merkur vorhanden sind, fällt es uns schwer, das in Worte zu kleiden, was wir sagen wollen. Mit einem Aspekt zwischen Merkur und Saturn beispielsweise kann die Tendenz verbunden sein, die eigenen Worte ständig auf die Goldwaage zu legen. Wir haben dann möglicherweise Schwierigkeiten damit, etwas zu sagen, weil wir uns vor Spott oder vor Zurückweisung fürchten. Das behindert den Prozeß, jemanden kennenzulernen – wir beschränken uns dann auf unpersönliche Themen, um keinen Grund für eine Abweisung zu liefern. Wir haben dabei Angst, über unsere Gefühle zu reden, weil wir damit unsere Verletzlichkeit erkennen lassen. Wir müssen hier – wie es auch bei den anderen kritischen Aspekten der Fall ist – einen schmerzvollen Lernprozeß durchlaufen: Wir müssen lernen, uns selbst zu enthüllen, wenn wir wollen, daß uns jemand wirklich kennenlernt.

☊ ☋ *Die Mondknoten*

Die Mondknoten sind ebenfalls ein wichtiger Faktor, wenn wir untersuchen, welche Bedürfnisse in der Beziehung bestehen. Der aufsteigende Mondknoten verkörpert die Eigenschaften, auf die wir bauen können, um uns zu dem zu entwickeln, was wir als unser ideales Selbst ansehen. Wenn uns ein anderer zu diesem idealen Selbst führen soll, muß er diese Eigenschaften in sich tragen – aus dem Grund, daß wir diese kennenlernen müssen. Je mehr eine andere Person die Eigenschaften unseres aufsteigenden Mondknotens verkörpert, desto stärker werden wir uns zu ihr hingezogen fühlen. Das geschieht aus dem Grund, daß sie unsere Zukunft repräsentiert.

Das Zeichen sowie das Haus des aufsteigenden Mondknotens müssen zum Ausdruck kommen, wenn wir uns weiterentwickeln wollen. Angenommen, unser aufsteigender Mondknoten steht im Zeichen Löwe im 9. Haus. In diesem Fall werden wir uns von jemandem angezogen fühlen, der sonnen- und jupiterhafte Eigenschaften zur Schau trägt. Diese Eigenschaften sind es dann, die wir selbst ausbilden müssen. Mit dieser Stellung könnten wir ständig auf Menschen verfallen, die eine Jupiter-Betonung haben – vielleicht steht die Sonne im Zeichen Schütze, oder es ist eine Sonne/Jupiter-Konjunktion vorhanden, und vielleicht steht die Sonne auch noch im 5. Haus, oder Löwe ist das aufsteigende Zeichen. Ebenfalls denkbar wäre natürlich die Kombination von Löwe-Sonne, Schütze-Aszendent und einer Mond/Jupiter-Konjunktion in Haus 9. Es gibt viele Arten, auf die zwei Prinzipien miteinander kombiniert sein können, und die Horoskope der Menschen, die eine Bedeutung für uns haben, werden in der einen oder anderen Form das Thema unseres aufsteigenden Mondknotens widerspiegeln.

Die Eckpunkte

Die Eckpunkte des Horoskops sind natürlich von überaus großer Bedeutung dafür, welche Einstellung und welche Bedürfnisse im Hinblick auf Beziehungen vorhanden sind. Der *Aszendent* zeigt, auf welche Weise wir auf Neues reagieren und wie wir überhaupt an das Leben herangehen. Er ist gewissermaßen das Fenster, durch das wir die Welt sehen – wobei dessen Form und die Art des Glases darüber entscheiden, was wir wahrnehmen. Jemand mit einem Schütze-Aszendenten wird das Leben als eine Aneinanderreihung von aufregenden Herausforderungen empfinden. Wenn ein solcher Mensch eine Beziehung eingeht, muß diese ihm die Möglichkeit bieten, sich weiterzuentwickeln und neue Erkenntnisse zu gewinnen. Glaubt er, daß dies möglich ist, geht er die Bindung impulsiv und mit Enthusiasmus ein, in der Erwartung, daß beide viel Spaß und Abwechslung haben werden. Im Gegensatz dazu sieht der mit einem Steinbock-Aszendenten Geborene die Welt als einen gefährlichen Ort an, dem nur mit großer Vorsicht näherzutreten ist. Er sucht nicht nach Spannung und Aufregung in der Beziehung, sondern nach Sicherheit. Für ihn spielen langfristige Überlegungen eine wichtige Rolle. Wenn er sich bindet, dann auf behutsame Art und Weise. Es ist sein Bedürfnis, etwas Stabiles und Tragfähiges und wirklich Wertvolles aufzubauen.

In einer Beziehung, die Bestand haben soll, sollten die Aszendenten mehr oder weniger miteinander harmonieren. In vielen dauerhaften Beziehungen ist zu beobachten, daß beide Partner entweder den gleichen Aszendenten haben oder daß beide Aszendenten im gleichen Element oder in der gleichen Qualität stehen (zum Beispiel im Element Feuer oder in der kardinalen Qualität). Ein häufiges Merkmal stabiler Beziehungen ist auch, daß die Eckpunkte vertauscht sind – daß zum Beispiel ein Partner einen Widder-Aszendenten und ein Steinbock-MC und der andere einen Steinbock-Aszendenten sowie ein Waage-MC hat. Diese Stellung bedeutet ein starkes Band zwischen zwei Menschen – die Reisen ihres Lebens sind aufs engste miteinander verknüpft.

Der *Deszendent* zeigt auf direkte Art und Weise, was wir uns von Beziehungen erwarten. Er bringt zum Ausdruck, was wir entwickeln und geben müssen, damit unsere Bedürfnisse befriedigt werden können. Wer das Zeichen Widder am Deszendenten hat, braucht das Gefühl der Freiheit – auch in der Beziehung. Hier wird ein Partner gesucht, der unabhängig ist und der selbst weiß, was er will. Dieser Mensch wird seine Freude daran haben, wenn es in der Beziehung hin und wieder kracht, und er genießt es, wenn ihm genug Widerstand entgegengebracht wird, daß er seine Kräfte erproben kann.

Der Deszendent bringt auch zum Ausdruck, wie wir Beziehungen wahrnehmen. Wie der Aszendent das Fenster zum Leben überhaupt ist, ist der Deszendent der Rahmen, in dem wir die Verbindungen zu anderen im allgemeinen sowie die Beziehung zu der einen Person im besonderen sehen. Der Mensch mit dem Zeichen Krebs am Deszendenten wird in der Hauptsache von seinen Beziehungen erwarten, daß diese ihn in emotionaler Hinsicht nähren. Im Gegensatz dazu betrachtet die Person mit dem Löwe-Deszendenten die Beziehung als ein Mittel des Selbstausdrucks.

Ein Planet, der in Konjunktion zum Aszendenten oder zum Deszendenten steht, hat natürlich einen großen Einfluß darauf, wie wir an das Leben oder an Partnerschaften herangehen. Mit Saturn am Aszendenten scheuen wir vor jedem Risiko zurück, neigen dazu, uns hinter einer undurchdringlichen Barriere zu verstecken und haben Schwierigkeiten damit, die Initiative zu ergreifen – was sich auch auf Beziehungen erstreckt. Mit Saturn am Deszendenten zeigen wir vielleicht nicht diese grundsätzliche Zurückhaltung, zögern aber doch, jemanden an uns heranzulassen oder Verpflichtungen einzugehen. Beide Stellungen bedeuten Probleme und Schmerzen bei dem Prozeß, sich anderen zu nähern, ein Problem, dem sich der Mensch stellen muß.

Auch das *MC* hat seine Bedeutung im Rahmen einer dauerhaften Beziehung. Es zeigt, welche Ziele wir in unserem Leben haben – was wir erreichen und wofür wir Anerkennung erhalten möchten. Es beschreibt darüber hinaus, was unserer Meinung nach unser Beitrag für die Gesellschaft ist und wie wir angesehen sind – über welches «Image» wir verfügen. Wir möchten natürlich, daß unser Partner im großen und ganzen die gleichen Ziele wie wir hat und daß er uns hilft, das zu erreichen, was wir anstreben. Wie sollte auch bei vollkommen unterschiedlichen Zielen zweier Menschen ein dauerhaftes Zusammenleben möglich sein?

Die Häuser

Die Verteilung der Planeten auf die verschiedenen Häuser des Horoskops zeigt, wo die Energien zum Ausdruck kommen und welches die Bereiche sind, mit denen wir uns auseinandersetzen müssen. Wenn sich in den Häusern, die für Liebe, Partnerschaft und Intimität stehen – die Häuser 5, 7 und 8 –, viele Planeten befinden, bedeutet das, daß hier unsere Aufmerksamkeit gefordert ist. In diesem Fall ist davon auszugehen, daß wir viel Energie auf unsere Beziehungen richten und zugleich erwarten werden, daß diese uns viel geben. Wenn in einem anderen Haus viele Planeten stehen, könnte darin ein Grund für einen Konflikt zwischen dem Bereich, der von diesem verkörpert wird, und der Beziehung liegen. Der Mensch beispielsweise, der mehrere Planeten im 10. Haus stehen hat, macht vielleicht die Erfahrung, daß seine beruflichen Pflichten und Ziele Probleme in der Partnerschaft sowie im häuslichen Leben schaffen.

♀♂ *Venus und Mars*

Wie fügen sich Venus und Mars in all das ein, was wir angeführt haben? Diese beiden Planeten sind Bestandteil des Horoskops – sie haben ihren Anteil daran, wie leicht oder schwer es uns fällt, uns darzustellen. Jeder kritische Aspekt, der zu einem persönlichen Planeten besteht, hat seine Auswirkung auf das ganze Horoskop. Um auch dies zu erläutern: Ein Aspekt zwischen dem Mond und Saturn beschreibt, daß wir eine Hemmung im Hinblick auf unsere emotionalen Reaktionen verspüren, in der Form, daß wir bei jeder unerwarteten Entwicklung aufschrecken und uns zurückziehen. Wenn wir auf diese Art und Weise reagieren und uns einschließen, können wir die anderen Merkmale unseres Horoskops nicht zum Ausdruck bringen – welch positiven Aspekte auch immer vorhanden sein mögen.

In gleicher Weise beeinträchtigt ein kritischer Aspekt zu Mars nicht nur das Geschlechtsleben. Indem er es uns erschwert, die richtigen Entscheidungen zu treffen oder das eigene Interesse zu verfolgen, wirkt er sich auf jeden Bereich des Lebens aus. Ist die Venus an kritischen Aspekten beteiligt, sind nicht nur Beziehungsprobleme zu erwarten – es bestehen dann auch Schwierigkeiten, sich selbst zu lieben und sich selbst zu gestatten, glücklich zu sein.

Wie wichtig sind Venus und Mars im Hinblick auf unsere Liebesfähigkeit? Das Horoskop in seiner Gesamtheit zeigt uns in unserer vollen Persönlichkeit; es bringt zum Ausdruck, ob es leicht oder schwierig für uns ist, uns selbst zu verwirklichen. Die Untersuchung der einzelnen Horoskop-Faktoren zeigt uns, wie es um die verschiedenen Energien bestellt ist – welche Rolle sie dabei spielen, das Potential des Horoskops zur Realisation zu bringen.

Wenn wir unseren Blick auf Venus und Mars richten, können wir Näheres darüber erfahren, wie wir uns in Beziehungen verhalten. Diese beiden Planeten liefern Informationen über die Faktoren, die wesentlich für Nähe und Intimität in der Beziehung sind. Sie stellen die Anziehungskräfte dar, die zur Begegnung führen. Und diese hat zum Zweck, das Leben vollständiger und freudiger zu gestalten.

Venus und Mars zeigen, was anziehend auf uns wirkt. Sie stellen dar, wie wir vorgehen, um unser Bedürfnis nach Nähe zu befriedigen, was Liebe und Sexualität wirklich für uns bedeuten, wie das Ideal aussieht, das uns vorschwebt, ob wir dieses Ideal wirklich anstreben oder es uns selbst verwehren. Wenn wir zunächst Venus und dann Mars im Detail untersuchen und dann das, was wir herausgefunden haben, zusammenfügen, werden wir erkennen, was wir uns von der Liebe und von der Sexualität versprechen. Wir werden dann sehen, ob die beiden Bedürfnisse miteinander in Übereinstimmung stehen oder einander beeinträchtigen. Venus und Mars zeigen, wie wir mit einer der größten Herausforderungen des Lebens umgehen – nämlich der, von Nähe und Lebendigkeit erfüllte Beziehungen herzustellen.

Kapitel 3

Venus und Mars – eine Einführung

Bevor wir uns damit beschäftigen, was die verschiedenen Stellungen von Venus und Mars bedeuten, wollen wir einen Blick darauf werfen, wofür diese beiden Planeten im Geburtshoroskop stehen.

♀ *Die Venus*

Der Planet Venus verkörpert das Prinzip von Liebe und Anziehung. Es geht hier darum, daß gegensätzliche Eigenschaften zueinander kommen, zu dem Zweck, daß eine Einheit entsteht, die größer ist als die Summe der Teile. Die Venus bedeutet nicht nur Liebe – alles, was mit Vergnügungen und Freude zusammenhängt, wird ihr zugeordnet. Sie repräsentiert unser Herz und unsere Bedürfnisse. In der orientalischen Medizin ist der Herz-Meridian mit der Freude verbunden – das Fehlen von Freude im Leben wird als ernsthafte Gefahr für die Gesundheit sowie das Leben überhaupt angesehen. Auch die westliche Gesellschaft hat inzwischen erkannt, daß der Mensch an «gebrochenem» Herzen sterben kann, zum Beispiel dann, wenn der Partner, auf den die gesamte Herz-Energie gerichtet war, tot ist.

Es ist das Venus-Prinzip, das uns dazu drängt, unseren Sinn für unsere Identität und unseren Selbst-Ausdruck zu entwickeln. Das versetzt uns in die Lage, das zu werden, was wir eigentlich sind. In diesem Zusammenhang steht auch der Drang, Beziehungen einzugehen.

Wir werden von denjenigen Menschen angezogen, die uns Vergnügen bereiten und in deren Gesellschaft wir uns wohlfühlen. Unsere Entscheidungen erscheinen hier nicht immer vernünftig – das Herz ist aber im allgemeinen weiser als der Kopf. Wir erkennen dies in dem Moment an, wenn wir die Aussage machen: »Mein Herz sagt mir das!« In diesem Fall sind wir uns unserer Worte sicher – anders als bei der Formulierung: «Ich denke...», in welcher immer ein Moment der Unentschiedenheit und des Zweifels mitschwingt. Wie dem auch sei – wir fühlen uns hingezogen zu denjenigen, die unseren langfristigen Bedürfnissen nach Wachstum gerechtwerden. Der kurzfristige Genuß tritt demgegenüber in den Hintergrund.

Die Venus verkörpert, was Freude für uns bedeutet – was für uns mit Vergnügen verbunden ist. Sie steht sowohl für die Dinge selbst, die uns erfreuen, als auch für das Gefühl an sich. Mit ihr hängt zusammen, was uns lächeln läßt – ob es sich dabei um eine Person, einen Ort, ein Ding oder etwas handelt, das wir machen. Wir fühlen uns hingezogen zu den Menschen und Dingen, die uns in unserem Wohlbefinden stärken und uns zu reicheren Persönlichkeiten machen.

Die Venus wird oftmals mit Werten in Verbindung gebracht. In Wirklichkeit aber liegt hier das Prinzip der Liebe zugrunde. Das Ausmaß, in dem wir jemanden oder etwas lieben, bestimmt den Wert, den diese Person oder diese Sache für uns hat. Es geht hier um Austausch – auf allen Ebenen. Je höher wir jemanden oder etwas schätzen, desto mehr sind wir bereit zu geben. Dem Menschen, den wir lieben, etwas zu schenken, ist ein allgemein verbreitetes Verhalten. Dabei handelt es sich die äußerliche Manifestation des innerlichen Bedürfnisses, etwas von sich zu geben. Je größer unsere Liebe ist, desto mehr wollen wir geben. Die Venus zeigt, wie leicht oder schwer uns dies fällt. In einer engen Beziehung sollte ein Zustand erreicht werden, in dem gleichermaßen gegeben und genommen wird. Wenn es nicht dazu kommt, ist die Beziehung nicht ausgewogen, und es wird schwierig sein, sie aufrechtzuerhalten.

Voraussetzung für das Geben ist das Gefühl, etwas zu geben zu haben. Die Venus zeigt auch, wie wertvoll wir uns selbst finden. Wenn wir uns selbst nicht in ausreichendem Maße lieben, werden wir uns nicht reich genug fühlen, anderen etwas zu geben, und wir werden dann bestrebt sein, daß andere uns wertvoller machen. In diesem Fall haben wir vielleicht Angst vor dem Geben, weil wir der Ansicht sind, daß wir dies uns gar nicht leisten können. Wir fühlen uns nur reich genug, unsere Liebe freizügig zu verschenken, wenn wir uns selbst wirklich mögen.

Die Venus verkörpert auch das Prinzip des Teilens und des Zusammenarbeitens. Dieser Planet symbolisiert, daß eine geteilte Erfahrung oder Aktivität für etwas Größeres steht. In den meisten Fällen ist es so, daß eine Unternehmung – zum Beispiel der Besuch eines Films oder eines Konzerts – uns mehr Spaß macht, wenn wir in der Gesellschaft einer Person sind, die wir schätzen. Dieses Erlebnis gemeinsam zu machen stellt eine Bereicherung dar. Und wenn wir gemeinsam mit jemand anderem etwas erschaffen, können wir die Feststellung machen, daß etwas entstanden ist, was keiner allein hätte hervorbringen können und was mehr ist als die Summe der Einzelteile.

Wenn wir eine gute Neuigkeit hören oder uns etwas Besonderes gelungen ist, wollen wir sofort die Nachricht mit dem Menschen, den wir lieben, teilen. Manchmal erkennen wir gerade in den Augenblicken, in denen wir einen großen Erfolg erleben, daß es niemanden gibt, mit dem wir unsere Empfindungen teilen könnten. Traurigkeit und ein Gefühl der Verlorenheit können dann die Folge sein. Vielleicht ziehen wir es vor, schlechte Nachrichten allein zu verarbeiten – wenn sich etwas Positives ereignet hat, brauchen wir jemanden, mit dem wir uns freuen können.

Das Schönheitsempfinden gehört ebenfalls zur Venus. Schönheit in ihrer reinsten Form berührt uns tief. Künstler bedienen sich ihrer, um eine Wahrheit auf ihre Weise zum Ausdruck zu bringen. Dieser Sachverhalt läßt die Kunst als etwas Wunderbares erscheinen. Ein Kunstwerk wirkt auf unsere Gefühlswelt ein – der Künstler ist fähig, eine tiefere Ebene in uns als die verstandesmäßige anzusprechen. Das kann so weit gehen, daß wir uns von unserem Bewußtsein her vielleicht gar nicht im klaren sind über die Botschaft, die wir erhalten. Der wirklich große Künstler verbindet Wahrheit und Schönheit miteinander; er erschafft eine Vision, die dem Menschen hilft, sich selbst und seine Welt besser zu verstehen. Der Künstler bereichert unser Leben, indem er uns mit einer Erfahrung verbindet, in der er Wirklichkeit auf seine Weise zum Ausdruck gebracht hat.

Auch die Schönheit auf der persönlichen Ebene wird vom Venus-Prinzip verkörpert, welches zeigt, wen wir schön finden und was andere an uns schön finden. Das Venus-Prinzip ist die Kraft der Anziehung, die Menschen zueinander finden und Bande zwischen unterschiedlichen Wesenheiten entstehen läßt. Wenn sich das Band als dauerhaft herausstellen soll, muß ein ausgewogenes Verhältnis zwischen dynamischen Unterschieden und harmonischen Ähnlichkeiten – ein Zusammenwirken in einer kreativen Einheit – vorhanden sein. Zuviele Differenzen bedeuten zuviel Reibung und zuwenig Verbindung und damit die Gefahr des Scheiterns der Beziehung. Wenn es zuviele Gemeinsamkeiten gibt, wird die Verbindung aber schal sein und wenig Dynamik haben. Auch in diesem Fall ist keine feste Bande vorhanden.

Die Venus zeigt auch die Dinge, die uns in unserem Alltagsleben Freude machen und uns gefallen: Unser Geschmack, die Art, wie wir uns kleiden und uns einrichten, unsere Lieblingsfarben. Die Dinge, mit denen wir uns umgeben, um uns wohlzufühlen, sagen sehr viel über uns aus. Sie bewirken, daß wir zufrieden mit uns selbst sind, und sie zeigen den anderen das Bild, das wir selbst von uns haben.

Im Horoskop zeigt die Venus durch ihr Zeichen, ihr Haus und ihre Aspekte die Sorte Mensch, zu der wir uns hingezogen fühlen, die Art und Weise, auf die wir Liebe geben sowie die Eigenschaften, die wir liebenswert finden. Alle diese Faktoren müssen in Rechnung gestellt werden, wenn wir uns darüber klar werden wollen, was wir brauchen, um uns geliebt zu fühlen. Es geht hierbei um die Eigenschaften, die wir an uns selbst schätzen und die auch unser Partner anerkennen soll. Falls das letztere nicht zutrifft, fühlen wir uns vielleicht akzeptiert oder auch bewundert – nicht aber geliebt. Wenn das Venus-Prinzip nicht richtig zum Ausdruck kommt, sind wir nicht in der Lage, unsere eigenen Venus-Eigenschaften anzunehmen – mit der Konsequenz, daß wir die Liebe, die uns andere entgegenbringen, gar nicht wahrnehmen. Selbstzweifel und Selbstanklagen mögen dann denjenigen, der uns liebt, von uns wegtreiben. Wir alle haben das Bedürfnis, daß die Liebe, die wir einem anderen gegenüber zeigen, angenommen und erwidert wird. Wenn einer der Partner – oder auch beide – sich unfähig zeigen, die Liebe des anderen anzunehmen, wird die Beziehung nicht besonders eng sein und nicht befriedigend verlaufen; sie hat dann keine Möglichkeit zu gedeihen. In diesem Falle besteht eine Kluft zwischen den beiden Partnern, die auch durch äußerliche Liebesbeweise nicht zu überbrücken ist. Geschenke oder Blumen oder übereifrige Aktionen können nicht helfen, wenn das Band der Beziehung zu schwach ist.

Unsere venusischen Eigenschaften sind ein wichtiger Bestandteil im Hinblick auf jede Art von Freundschaft. Wenn das Venus-Prinzip in einer Beziehung zum Ausdruck kommt, ist zwischen den beiden Partnern ein freier Fluß der Anziehungskraft sowie die Fähigkeit vorhanden, den anderen uneingeschränkt zu schätzen und zu lieben. Dann besteht die Möglichkeit, sich an der Wesensart sowohl des Partners als auch der eigenen zu erfreuen.

♂ Der Mars

Während die Venus für das Prinzip des Teilens, der Verbindung, der Harmonie und der Liebe steht, bedeutet Mars Teilung und Bestimmtheit, Wettbewerb und Begierde.

Der Mars bringt zum Ausdruck, wie wir uns selbst definieren und worin wir den Unterschied von uns zu anderen sehen. »Wißt ihr, mit wem ihr es zu tun habt – ich bin es, und dieses oder jenes will ich!« Auf der Mars-Ebene geht es uns, wenn wir etwas wollen, nicht ums Teilen – das Ausschlaggebende ist hier das Moment der Selbstbestätigung. »Die Person, die ich begehre, gibt mir neues Leben. Sie läßt mich zu dem werden, der ich wirklich bin. Sie bereichert mich in meinem Gefühl meiner Identität.« Wenn wir jemanden findet, der uns «anmacht», fühlen wir uns von neuem Leben und neuem Schwung erfüllt – wir glauben dann, Bäume ausreißen zu können.

Der Mars steht für den Kampf ums Überleben. Dieses Prinzip hat seine Wurzeln in der Zeit, als das Überleben noch von Faktoren wie Schnelligkeit, Stärke oder auch Gerissenheit abhing – als es darauf ankam, sich Nahrung zu verschaffen und nicht als Mahlzeit von etwas anderem zu enden. Das physische Überleben ist heutzutage kein Thema mehr – auf psychischer Ebene müssen wir aber sehr wohl Anstrengungen unternehmen, um uns zu behaupten. Von dem Augenblick unserer Geburt an versuchen andere Menschen, uns unter Druck zu setzen; sie drängen uns ein Bild auf, wie wir zu sein und uns zu verhalten haben. Wenn dabei auch nicht mehr das biologische Moment im Vordergrund steht, können wir doch den Eindruck gewinnen, daß ein Kampf auf Leben und Tod stattfindet.

Der Planet Mars steht für unseren Kampfgeist; er zeigt, wie wir kämpfen für das, was wir begehren, brauchen oder behalten wollen. Er bringt zum Ausdruck, wie wir uns einsetzen für unsere Rechte und die Rechte derer, für die wir uns verantwortlich fühlen oder mit denen wir uns identifizieren.

Sexualität ist für das Überleben der Gattung von der gleichen Wichtigkeit wie Nahrung. Eine sexuelle Zurückweisung kann ein Gefühl auslösen, als stünde die Existenz auf dem Spiel. Das Bedürfnis nach Sexualität ist tief verwurzelt und drängend, und es überrascht nicht, daß mit ihr Spannungen und Ängste verbunden sind.

Der Mars stellt dar, auf welche Weise wir handeln und unsere Energie und Identität zum Ausdruck bringen. Er zeigt das, was wir wollen, und die Art, wie wir in diesem Zusammenhang vorgehen. Auf welche Weise wir uns unseres Körpers bedienen, können wir ebenfalls an ihm ablesen – er steht für die Muskeln und die Antriebskraft, die uns bewegt. Ein starker Mars bedeutet, daß körperliche Aktivität Bedürfnis und Vergnügen zugleich ist. Bei ihrer Untersuchung von Planeten-Positionen fanden Michel und Françoise Gauquelin heraus, daß eine große Anzahl von prominenten Sportlern den Mars in starker Stellung in einem Eckhaus hat. Kommt das Mars-Prinzip zum Ausdruck, besteht Spaß an Wettbewerb, Risikofreude sowie die Neigung, Herausforderungen zu suchen. Ein schwächerer Mars tritt vielleicht in Wettbewerb, um sich zu beweisen, daß er anderen nicht unterlegen ist – der starke Mars kämpft, um sich zu erproben und um das Perfekte zu erreichen. Wenn Mars schwach gestellt ist oder kritische Aspekte vorhanden sind, kommt es zu einem Mangel an Selbstvertrauen, welches sich in einem übertrieben aggressiven oder tyrannischen Verhalten oder auch in einem Maulheldentum äußern kann. Wenn wir auf unsere eigene Stärke vertrauen, können wir andere akzeptieren, wie sie sind – wenn wir ängstlich sind und uns schwach fühlen, mögen wir uns aufdringlich oder tyrannisch verhalten, weil wir glauben, nur bestehen zu können, wenn wir anderen unseren Willen aufzwingen oder auf eine manipulative Weise vorgehen. Vielleicht sind wir dann bemüht, Schuldgefühle in anderen oder aber auch Mitleid für unsere Lage zu wecken.

Wenn uns etwas in den Weg kommt, werden wir ärgerlich. Die Mars-Stellung zeigt auch, wie es um unseren Ärger bestellt ist, wie leicht es uns fällt, ihn zum Ausdruck zu bringen und ob wir vielleicht über das Ziel hinausschießen, wenn wir Aggressionen hinauslassen. Wenn wir dazu neigen, ihn in uns zu verschließen, stauen sich Energien an – die entweder in einem denkbar ungeeigneten Moment zum Ausdruck kommen oder zu einer zynischen Einstellung führen. Die schlimmere Variante ist dabei die, den Ärger in sich einzuschließen. Menschen, die dies tun, laufen Gefahr, körperlich Schaden zu nehmen. Schwerwiegende Krankheiten oder auch Zustände, die nicht bedrohlich, aber sehr schmerzhaft sind (zum Beispiel Arthritis), können die Folge sein. Ärger und Sexualität sind beides Mars-Funktionen, und sie haben viel miteinander zu tun. Wenn wir jemand begehren, befinden wir uns im einem Zustand der Über-Erregung; wir geraten alsbald außer uns und sind verletzlicher als sonst, und wir haben schnell das Gefühl, daß jemand oder etwas uns bedroht. Der Sex selbst kann zu einem Mittel der Bestrafung werden – wenn er jemandem aufgezwungen oder vorenthalten wird.

Der junge Erwachsene erlebt eine turbulente Zeit, wenn er seine Sexualität entdeckt. Oftmals kommt es bei dem Versuch, sich von seinen Eltern zu lösen und sich als unabhängiges Individuum zu behaupten, zu Auseinandersetzungen. Was seinen Freiraum angeht, zeigt sich der Heranwachsende in den meisten Fällen als dickköpfig – er bekämpft jegliche Einmischung seitens der Eltern mit wütender Entschlossenheit. Mars verkörpert unsere Fähigkeit, ein Territorium zu unserem Besitz zu erklären und zu verteidigen. Ein männliches Tier, das sein Revier mit Duftmarken markiert, bringt seine Mars-Funktion zum Ausdruck. Auch wir brauchen die Mars-Funktion, um unser Gebiet abzustecken und es zu verteidigen.

Der Mars stellt das natürliche Verlangen dar – seine Stellung im Horoskop verkörpert, was wir wünschen, wie unsere Leidenschaft aussieht und was unsere Begierde erweckt. Er zeigt, was uns aktiv werden läßt und was wir unternehmen, um unsere sexuellen Bedürfnisse zu befriedigen. Es ist das Mars-Prinzip, das unsere Beziehung mit Leidenschaft und Spannung erfüllt und das für die emotionalen Risiken verantwortlich ist. Wenn wir bis über beide Ohren in jemanden verliebt sind, bekommen wir vielleicht das Gefühl, daß wir ohne diese Person nicht mehr weiterleben können.

Wir können anhand der Stellung des Planeten Mars im Hinblick auf Zeichen, Haus und Aspekte erkennen, welche Möglichkeiten bestehen, uns in unserem Körper wohlzufühlen. Nicht genutzte Mars-Energie führt zu einem Gefühl der Frustration und des Ärgers; sie kann uns auf eine Weise tätig werden lassen, die sowohl für uns selbst als auch für andere schädlich ist. Je umfassender wir das Mars-Prinzip zum Ausdruck bringen, desto energievoller und besser fühlen wir uns.

Die marsische Leidenschaft ist es, welche uns die Schwierigkeiten zu überwinden hilft, die am Anfang der engen und dauerhaften Beziehung stehen.

Vereinigung der Gegensätze

Wenn unser Verlangen (Mars) auf jemanden gerichtet ist, für den wir Liebe empfinden (Venus), ist eine außerordentlich starke emotionale Mischung gegeben. Diese zwei Planeten fungieren als Pole – sie verkörpern einander entgegengesetzte Prinzipien. Venus stellt eine Form von Yin-Energie dar – sie bedeutet Liebe, das Teilen und die Verbindung zu dem oder den anderen. Mars als eine Yang-Energie steht für Aktion, Leidenschaft und Verlangen. Wir müssen mit diesen beiden Polen in uns in Kontakt sein, um uns als vollständiger Mensch zu präsentieren. Bevor wir eine Beziehung begründen, die wirklich befriedigend ist und die auf vollständiger Gleichberechtigung beruht, müssen wir uns darüber im klaren sein, wer wir sind – wir müssen unsere Individualität und Selbständigkeit unter Beweis stellen. Die wahre Liebes-Beziehung ist die Verbindung zweier Menschen – zweier eigenständiger Persönlichkeiten –, die füreinander Liebe und Anteilnahme empfinden, die einander schätzen und zugleich begehren, die Leidenschaft füreinander spüren und Freude an der Sexualität haben und wissen, daß es dem anderen genauso geht. Damit dies der Fall sein kann, müssen Venus und Mars auf angemessene Weise zum Ausdruck kommen.

Wenn Schwierigkeiten bestehen, eines der beiden Prinzipien umzusetzen, wird sich das auch auf den anderen Planeten auswirken. Wenn der Mars zu schwach ist, wird es zu einem Mangel an Verbindungen kommen – die Antriebslosigkeit und emotionale Kargheit bedeutet dann die Schwierigkeit, eine Wahl zu treffen, auf der Basis von Gefühlen zu handeln oder den Willen in die Tat umzusetzen. Mit einem schwachen Mars gelingt es uns nicht, Eindruck auf die Welt zu machen. In diesem Falle scheint es uns, daß diese von uns Besitz ergreift und uns zu einem willfährigen und passiven Etwas macht. Wir geben dann zuviel von uns selbst weg. Mit einer schwachen Venus zeigen wir uns zu anspruchsvoll – wir haben dann keinen Blick für die anderen. Wir neigen dann dazu, aufdringlich zu sein und andere nicht richtig wahrzunehmen. Und vielleicht verspüren wir wegen unserer Unfähigkeit, eine wirkliche Verbindung herzustellen, ein innerliches Gefühl der Einsamkeit. Die daraus resultierende Verzweiflung kann dazu führen, daß wir uns immer besitzergreifender präsentieren – vielleicht mit der Konsequenz, daß wir damit unsere Freunde vertreiben und unsere Einsamkeit zunimmt. Wenn in einer Beziehung ein

Partner einen starken Mars, der andere eine starke Venus hat, ist das klassische Muster gegeben, daß der eine den anderen «ausnutzt» und auf dessen Gefühlen «herumtrampelt». Ein anderes Muster können wir bei dem Paar beobachten, in dem beide eine schwache Venus haben – wenn immer Streit herrscht und niemals Zuneigung zum Ausdruck gebracht wird. Wenn beide Partner einen schwachen Mars haben, wird die Beziehung fade und langweilig sein. Sie wird nur aus dem Grund fortbestehen, daß beiden der Mut fehlt, den Schlußstrich zu ziehen.

Bei der Untersuchung von Venus und Mars im Horoskop müssen wir auch in Betracht ziehen, ob die beiden Planetenstellungen miteinander harmonieren. Wenn das nicht der Fall ist, kann es schwierig für uns sein, befriedigende Partnerschaften einzugehen. Ein Mensch, der diesen Konflikt in sich trägt, wird möglicherweise viele schmerzhafte Erfahrungen machen. Erst dann, wenn er sich selbst wirklich kennengelernt hat, wird er in der Lage sein, eine Beziehung einzugehen, die seinen Bedürfnissen entspricht.

Wenn es im Hinblick auf zwei Planeten zu einem inneren Konflikt kommt, neigen wir dazu, uns mit dem einen zu identifizieren und den anderen zu verleugnen. Das Wesen des Horoskops bringt zum Ausdruck, welche Energien der Mensch wahrscheinlich mit seinem Bewußtsein anerkennt. Die Eigenschaften, die mit dem verleugneten Planeten zusammenhängen, werden möglicherweise auf den Partner projiziert – mit der Folge, daß das Problem nicht als etwas Innerliches, sondern als etwas Äußeres erlebt wird. Zum Beispiel könnte der Mensch mit einem Widder-Mars, der im Quadrat zum Jupiter steht, die Eigenschaft haben, sich ohne langes Nachdenken in jedes sexuelle Abenteuer zu stürzen. Wenn aber daneben eine Venus/Saturn-Konjunktion im Zeichen Krebs vorhanden ist, besteht die Neigung, sich gefühlsmäßig zurückzuhalten und keine Verpflichtungen einzugehen. Wenn dieser Mensch sich mit seinem Mars identifiziert, dürfte er sein Venus-Bedürfnis nach Nähe und Sicherheit nach außen projizieren und den Eindruck bekommen, daß andere Menschen ihn in seiner Handlungsfreiheit beschränken wollen. Steht er zu seiner Venus-Funktion und projiziert den Mars, wird er glauben, daß alle anderen selbstsüchtig und unzuverlässig sind. Dieser Mensch wird solange unfähig sein, eine dauerhafte Verpflichtung einzugehen, bis er den Zwiespalt in sich selbst anerkennt und merkt, daß er sowohl Freiheit als auch Sicherheit braucht. Wir müssen uns darüber im klaren sein, daß diese zwei Planeten entgegengesetzte Prinzipien vertreten. Es geht hier darum, in uns einen Ausgleich zu schaffen.

Wenn zwischen Venus und Mars ein ausgewogenes Verhältnis besteht, sind wir uns unserer Individualität bewußt; wir können uns dann aussuchen, mit wem wir in Beziehung treten. Die Voraussetzung dafür, eine Partnerschaft mit jemandem zu begründen, den wir mögen und begehren, ist, daß wir uns selbst akzeptieren. Wir sollten einen Menschen in seinem Wesen erkennen und lieben – nicht aus dem Grund, ihn zur Kompensation eines Mangels von uns selbst zu benutzen. Es geht darum, an einem anderen Menschen Anteil zu nehmen, mit jemandem zu teilen. Natürlich müssen wir hier auch zur Sprache bringen, was wir wollen – aber wir dürfen doch nicht nur unsere Bedürfnisse im Auge haben. Wir können unser Leben bereichern, indem wir es mit demjenigen teilen, der uns liebt – was aber nicht heißt, daß wir unsere Autonomie aufgeben oder erwarten, daß dies der andere tut. Worauf es ankommt, ist, sich an den Unterschieden zu erfreuen und den anderen in seiner Individualität anzuerkennen.

Kapitel 4

Venus in den Elementen und Zeichen

♀△ *Venus im Element Feuer*

Menschen, deren Venus in einem Feuerzeichen steht, sind Romantiker. Ihre Art zu lieben weist leidenschaftliche, dramatische sowie extravagante Züge auf. Um sich geliebt zu fühlen, müssen sie bewundert und anerkannt werden und viel Beachtung finden. Wenn sich der Partner nicht um sie kümmert, fühlen sie sich vernachlässigt. Das Schlimmste, was sie sich vorstellen können, ist, ignoriert zu werden. Gegenüber dem Partner, den sie lieben, zeigen sie sich warmherzig und großzügig – sie überhäufen ihn mit Aufmerksamkeit und Geschenken.

Wer die Venus in einem Feuerzeichen hat, ist in die Liebe verliebt – vielleicht mehr als in den Liebespartner. Die Beziehung soll wild und wunderbar sein. Vielleicht hat dieser Mensch Fantasien darüber, wie herrlich eine Beziehung im allgemeinen ist und wie schön es wäre, mit dieser oder jener Person zusammenzusein, wobei diese Vorstellung möglicherweise nichts mit der Realität zu tun hat. Vielleicht fällt es diesem Menschen aber überhaupt schwer, sich mit der Wirklichkeit anzufreunden. Daran kann es auch liegen, daß er die Neigung hat, mehr in seinen Beziehungen und Freundschaften zu sehen, als diese tatsächlich hergeben.

Der warmherzige und manchmal impulsive Mensch mit der Venus im Element Feuer ist in den meisten Fällen beliebt. Er mag öffentliche Versammlungen, und er genießt es, in einer Gruppe von Freunden auszugehen, zum Beispiel, um gemeinsam eine Unterhaltungsveranstaltung zu besuchen. Wo immer etwas los ist – er muß daran teilhaben, und er gefällt sich in der Rolle, immer am Puls der Zeit zu sein. Großzügig bis zur Verschwendung, liebt es dieser Mensch, andere zu unterhalten – wenn du einen Abend bei ihm zu Hause zu Gast bist, wirst du dir einen Begriff von seiner Freigiebigkeit machen können. Er hat Schwierigkeiten damit, allein zu sein – er braucht die Gegenwart anderer, um sich seiner Vitalität gewiß zu sein. Das kann so weit reichen, daß er sich nur dann wirklich lebendig fühlt, wenn er mit einem oder mehreren Menschen zusammen ist. Ausbleibende Anerkennung oder Ignorierung entmutigen ihn aufs Tiefste.

Bei aller Warmherzigkeit dieser Menschen – es fällt schwer, sie wirklich kennenzulernen. Kontakte werden hier nicht leicht geschlossen, und manchmal wirkt es so, daß diese Menschen sich anders geben, als sie tatsächlich sind. Sie sind in hohem Maße sensibel und intuitiv, und sie geben – ähnlich dem Kerzenlicht – Licht und Wärme auf eine sich fortwährend verändernde Art und Weise. Es ist unmöglich, sie genau einzuordnen. Nur selten enthüllen sie etwas Persönliches, was bedeuten kann, daß nicht einmal alte Freunde alles von ihnen wissen. Ihre Wärme wird oftmals mit Charme oder Zuneigung verwechselt – in Wirklichkeit ist sie eine allgemeine Charaktereigenschaft, die jedem gegenüber gezeigt wird. Wenn sie sich aber von jemandem angezogen fühlen, zeigen sie ihr Interesse und ihre Zuneigung auf deutliche Art und Weise. Ihre vielfältigen Gunstbezeugungen werden nicht zu übersehen sein.

Mit ihrer scharfen Wahrnehmung und großen Sensibilität merken sie es sofort, wenn ihnen Kälte entgegenschlägt. In diesem Fall fühlen sie sich schnell zurückgesetzt. Um ihren Wert zu demonstrieren, setzen sie sich dem Zwang aus, gleichbleibend warmherzig und freundlich zu reagieren. Ihre zur Schau getragene Zuversichtlichkeit entpuppt sich dabei oftmals als Maske, die innere Unsicherheit verbergen soll. Das ist auch der Grund, warum diese Menschen so schnell verletzt sind. Jede Ablehnung oder Kritik trifft sie im Innersten, was selbst für eine im Spaß gemachte Bemerkung gelten kann

Seiner eigenen Gefühle ist sich dieser Mensch gewiß. Er neigt zu der «Liebe auf den ersten Blick», mit einer dramatischen Zurschaustellung seiner Gefühle, vergleichbar einer Flamme, die in einem Windstoß auflodert. Es fällt schwer, sich von der Leidenschaftlichkeit dieser Menschen unbeeindruckt zu zeigen, und manch einer läßt sich nur zu gern von ihrem Temperament mitreißen. Menschen mit der Venus im Element Feuer lassen denjenigen, den sie lieben, an der Wärme teilhaben, die diese Stellung bedeutet. Sie erfüllen das Leben der anderen mit Energie und mit Enthusiasmus.

♀♈ Venus im Widder

Das Zeichen Widder ist für die Venus die leidenschaftlichste Stellung, die es gibt. Unter ihr fällt es leicht, Beziehungen anzuknüpfen, und für gewöhnlich spielt dabei eine starke emotionale Anziehung eine wichtige Rolle. Praktische Erwägungen sind nicht von großer Wichtigkeit für diese Menschen. Sie haben etwas vom Ritter in der strahlenden Rüstung an sich – sie sehen sich selbst gerne als denjenigen, der jemand anderes aus einem stumpfsinnigen Dasein in ein Leben voller Licht bringt.

Diese Menschen sind gutgläubig und in mancherlei Hinsicht sogar naiv – sie denken von allen nur das Beste. Sie sind geradeheraus und bis zur Brüskheit offen – Hinterlist und Manipulation sind ihrem Wesen vollständig fremd. Wenn sie von jemandem hintergangen werden, bedeutet das für sie eine schreckliche Verletzung.

Mit der Widder-Venus neigt der Mensch dazu, die Initiative zu übernehmen und geradewegs auf das zuzugehen, was er begehrt – was für schüchternere Personen etwas Bedrohliches haben kann. Die Widder-Energie gibt sich nicht mit langsamen Entwicklungen und einem allmählichen Kennenlernen ab – die Dinge sollen hier und jetzt geschehen und Entscheidungen sofort getroffen werden.

Venus steht für Verbindung und Widder dafür, daß der Mensch er selbst ist. Das hat zur Folge, daß hier ein gewisser Widerspruch vorhanden ist zwischen dem Selbst und dem anderen. Es kann dem Menschen mit der Widder-Venus schwerfallen, einen Ausgleich zwischen dem Bedürfnis nach Unabhängigkeit und dem Ausdruck der eigenen Persönlichkeit auf der einen und dem Wunsch nach dem Zusammensein und Teilen auf der anderen Seite herzustellen.

Menschen mit der Venus im Zeichen Widder brauchen in ihren Beziehungen Freiraum; sie schätzen es, wenn ihre Partner unabhängig sind. Als Liebhaber sind sie warm und offenherzig – sie geben ihre

Liebe freizügig. Sie brauchen – und erzeugen gleichermaßen – ein Spannungsmoment in der Beziehung, was bedeutet, daß es mit ihnen niemals langweilig wird.

Der Mensch mit der Widder-Venus verlangt nach Aufmerksamkeit, und er stellt den Anspruch, im Leben des Partners die Hauptrolle zu spielen. Seine Liebe ist heiß und intensiv – fühlt er sich verletzt, kann es zu fürchterlichen Wutanfällen kommen. Die vielfältigen Auswirkungen, die mit dieser Stellung möglich sind, umfassen Leidenschaft und Theatralik, Romantik und Naivität. Es geht hier, um es mit den Worten von Samuel Johnson zu sagen, um »den Triumph der Hoffnung über die Erfahrung«. Für den Menschen mit der Widder-Venus ist es die ewig brennende Flamme der Hoffnung, die das Leben lebenswert macht. Er wird seine Vorstellung von der idealen Liebe niemals aufgeben.

♀♌ *Venus im Löwen*

Von warmherzigem, gütigem und romantischem Wesen, neigt der Mensch mit einer Löwe-Venus dazu, diejenigen, die er liebt, zu verwöhnen. Mit seinem Stolz und seiner Empfindlichkeit bestehen allerdings feste Vorstellungen im Hinblick auf Loyalität. Dieser Mensch ist von Natur aus vertrauensvoll. Enttäuscht zu werden, verletzt ihn aufs Äußerste – er fühlt sich dann erniedrigt und gedemütigt, und sein Selbstwertgefühl nimmt Schaden. Das Löwe-Zeichen steht für Großmut und die Bereitschaft, Entschuldigungen zu akzeptieren. Allerdings hinterlassen Untreue und Betrug tiefe Wunden. Auch wenn sie vergeben werden: Vergessen werden sie nie.

Voraussetzung dafür, daß sich der Mensch mit der Löwe-Venus geliebt fühlt, ist die Anerkennung und Wertschätzung seines Wesens. Er braucht das Gefühl, für etwas Besonderes gehalten zu werden. Romantische Verhaltensweisen und lebhafte Zuneigungsbekundungen bestärken ihn, und wesentlicher Bestandteil der Liebe ist für ihn Leidenschaft und Temperament.

Dieser Mensch ist in seinem Stolz leicht verletzbar. Er braucht immer wieder aufs Neue Aufmerksamkeit und Zustimmung, wenn er sich geliebt fühlen soll. Der schnellste Weg, ihn in die Arme von jemand anderem zu treiben, besteht darin, ihn nur beiläufig oder gar nicht zur Kenntnis zu nehmen.

Bei all dem ist der Mensch mit der Löwe-Venus zu großer Treue und Anteilnahme und zu großzügiger Unterstützung der Menschen fähig, denen seine Liebe gilt. Er fühlt sich angezogen von Personen, die er bewundern und respektieren kann und deren Gegenwart auf das Ansehen, das er genießt, einen positiven Einfluß hat. Wenn du von jemandem geliebt wirst, der die Venus im Löwen hat, ist das in gewisser Weise eine Auszeichnung für dich.

Dieser Mensch verfügt über ein reiches Liebesleben sowie über eine starke und dauerhafte Leidenschaft. Wenn er jemanden liebt, hat das zur Folge, daß sich das Gefühl seines Selbstwertes erhöht. Jede Affäre erweckt in ihm sofort die große Leidenschaft – und diese ist das Wichtigste, was es für ihn gibt. Seine Liebe gibt er von ganzem Herzen. Alles andere wäre dem Löwe-Zeichen auch gar nicht angemessen.

♀♐ Venus im Schützen

Die Venus im Zeichen Schütze haben Menschen, die im Leben alles mitmachen wollen. In dem Bestreben, Spaß zu haben und immer auf dem Laufenden zu sein, sind sie bei allem dabei: Sie kennen die neuesten Filme, alle In-Lokale und wissen, welches gerade die beste Disko ist. Wo immer es etwas Spannendes oder Neues gibt – der Mensch mit der Schütze-Venus ist dabei. Er liebt die Geselligkeit, und er übernimmt es gern, andere zu unterhalten und zum Lachen zu bringen. Nicht wenige dieser Menschen haben damit ihr Leben lang zu tun, indem sie die Unterhaltung zu ihrem Beruf machen. Wie wir es schon bei der Löwe-Venus gesehen haben, besteht hier die Neigung, die Gefühle auf theatralische und manchmal übertriebene Weise zum Ausdruck zu bringen. Das kann zur Folge haben, daß in der Beziehung ein Drama nach dem anderen zur Aufführung kommt.

Vergnügungen nachzujagen ist diesem Menschen wichtiger, als gemütlich zu Hause zu sitzen. Er hat den Anspruch, daß die Beziehung Spaß macht und dabei genügend Freiräume bestehen bleiben. Wird das Ganze zu etwas Ernsterem, kann es sein, daß er seine Sachen packt und sich davonmacht. Eine andere mögliche Entwicklung ist, daß er vor Problemen die Augen verschließt und eine Vogel-Strauß-Politik betreibt. Es fällt ihm leicht, sich zu verlieben, aber er hat seine Schwierigkeiten damit, sich auf eine Beziehung wirklich einzulassen und eine Verpflichtung einzugehen. Die Impulsivität seines Wesens bringt ihn dazu, ins tiefe Wasser zu springen – und nur zu oft hat er dann seine Probleme damit, wieder ans rettende Ufer zu kommen.

Von hoffnungslos idealistischem Wesen, erwartet die Person mit der Schütze-Venus viel von ihren Partnerschaften – was es schwierig macht, sie zufriedenzustellen und was eine Wurzel für mancherlei Enttäuschung oder Bitterkeit sein kann. Voller sehnsüchtiger Hoffnung, wechselt sie möglicherweise von Beziehung zu Beziehung, um endlich den idealen Partner zu finden. Das Schütze-Prinzip bedeutet in gewisser Weise, in der Zukunft zu leben, und möglicherweise fällt es diesem Menschen schwer, sich im Hier und Jetzt zu arrangieren. Er wartet fortwährend darauf, daß sich ihm die ideale Liebe zeigt.

Menschen mit der Schütze-Venus müssen ihre Interessen und Visionen mit jemandem teilen können, und sie brauchen darüber hinaus viel Freiraum. Wenn diese Voraussetzungen in der Beziehung erfüllt sind, sind sie wunderbare, optimistische und großherzige Liebhaber, die über die Fähigkeit verfügen, jeden Tag zu etwas Besonderem zu machen. Sie gestalten das Leben ihrer Partner abwechslungsreich und erfüllen es mit Wärme.

♀▽ *Venus im Element Erde*

Der Mensch, dessen Venus im Element Erde steht, bezieht Freude und Befriedigung aus dem Bereich des Materiellen und Konkreten. Im allgemeinen spielt das Sinnliche ein wichtige Rolle. Das Bedürfnis nach körperlichem Kontakt ist stark.

Die Liebe bedeutet diesem Menschen etwas überaus Ernstes. Das Eingehen einer Beziehung erfolgt hier gewissermaßen unter Vorbehalt – Erdzeichen stehen in den meisten Fällen für Vorsicht und Kontrolliertheit. Stephen Arroyo sagt von den Erdzeichen, daß sie eine Art Kruste bedeuten, hinter der, wenn sie durchbrochen wird, das Sinnliche in Erscheinung tritt. Diese Kruste verheißt zunächst einmal Schutz. In dem Moment aber, wenn sie durchbrochen wird, kommt die eigentliche Persönlichkeit zum Vorschein.

Der Mensch mit einer Erd-Venus braucht Zeit, um sich für einen Partner zu entscheiden. Er möchte sichergehen und das Risiko vor dem Eingehen der Beziehung so gering wie möglich halten. Sich zu verpflichten bedeutet ihm sehr viel, und er erwartet, daß es dem Partner genauso geht. Nur wenn über diesen Punkt Einigkeit herrscht, enthüllt er sein Inneres. Wer die Venus in einem Erdzeichen hat, braucht in der Beziehung Sicherheit – ohne die feste Überzeugung, daß er seinem Partner vertrauen kann, wird er nicht viel in die Partnerschaft investieren.

Mit der Venus in einem Erdzeichen (was sogar für das Zeichen Jungfrau gilt) ist eine ungemein starke Sinnlichkeit gegeben. Körperlicher Kontakt im Rahmen einer stabilen Partnerschaft hat einen sehr hohen Stellenwert. Der Mensch mit dieser Stellung ist sich seines Bedürfnisses, angefaßt und gestreichelt zu werden, sehr bewußt, und er selbst wird seinerseits den Partner auf eine intensive Weise berühren. Es besteht ein instinktives Wissen um das Bedürfnis nach körperlichem Kontakt, und wenn dies nicht befriedigt wird, kann es zu Frustrationen kommen. Dies muß sich nicht unbedingt auf die Sexualität beziehen – es geht ganz allgemein um den Wunsch, jemandem körperlich nahzusein.

Der Mensch mit der Erd-Venus zeigt seine Zuneigung auf deutlich sichtbare Weise. Es macht ihm Spaß, sich darum zu kümmern, was der Partner braucht, und oftmals unterstützt er ihn auf der ganzen Linie – auch dann, wenn es den Anschein hat, daß er von eher kargem und abweisendem Wesen ist. In gleicher Weise erwartet er vom Partner Unterstützung, und er schätzt es, wenn er seinerseits konkrete Liebesbeweise erhält.

Wer die Venus im Element Erde hat, sieht in der Liebe möglicherweise eine Art Pflichterfüllung – vielleicht opfert er sich auf für denjenigen, den er liebt. Dies kann auch dann der Fall sein, wenn in der Beziehung die Liebe erkaltet ist und praktische Erwägungen in den Vordergrund getreten sind. Vielleicht wird dann nur deshalb an der Beziehung festgehalten, weil eine Trennung verschiedene Nachteile bedeuten würde.

Mit dieser Stellung könnte der Mensch aus materiellen Gründen heiraten oder es sehr schwierig finden, eine materielle befriedigende Beziehung zu beenden. Es besteht die Tendenz, Komfort und Sicherheit hochzuschätzen. Oftmals nimmt dieser Mensch ein gewisses Ausmaß an Unzufriedenheit in Kauf, wenn die materielle Sicherheit gewährleistet ist. Komfort spielt eine wichtige Rolle, und es besteht das Talent, es anderen bequem zu machen. Wer die Venus in einem Erdzeichen hat, schätzt eine behagliche Umgebung. Wird dieses Bedürfnis nicht erfüllt, kommt es zu einer Beeinträchtigung des emotionalen

Wohlbefindens. Wenn dem Partner das Geld ausgeht, kann das eine Gefahr für die Beziehung darstellen. Das gilt zumindest in den Fällen, in denen der Partner dafür verantwortlich gemacht wird, einen bestimmten materiellen Standard zu gewährleisten.

Mit dieser Stellung richtet der Mensch viele Gefühle auf materielle Dinge. Dies ist insbesondere der Fall bei den eigenen Besitztümern, die in gewisser Weise eine Ausweitung der eigenen Persönlichkeit darstellen. Es kann sein, daß bestimmte Gegenstände diesem Menschen Gefühle von Sicherheit und Wohlbefinden vermitteln.

Wer die Venus in einem Erdzeichen hat, weiß um die Freuden, die mit dem Materiellen verbunden sein können. Es geht diesem Menschen darum, zwischen diesen Freuden und seiner persönlichen materiellen Sicherheit und Zufriedenheit einen Ausgleich zu finden. Manchmal kann das zur Folge haben, daß er als eher konservativ und vielleicht sogar als langweilig eingeschätzt wird – insbesondere von der Warte impulsiverer Menschen aus. Wie auch immer – der Mensch mit einer Erd-Venus geht an Beziehungen auf eine vernünftige Weise und mit realistischen Erwartungen heran. Seine Auffassungen von der wahren Liebe orientieren sich am gesunden Menschenverstand. Was ihn auszeichnet, ist seine angeborene sinnliche Sensibilität.

♀♉ *Venus im Stier*

Hier steht die Venus in ihrem eigenen Zeichen, was zur Folge hat, daß mit dieser Stellung ein Höchstmaß an Sinnlichkeit gegeben ist. Wer die Venus im Stier hat, hat Freude an seinem Körper, und er ist eingestimmt auf alle körperlichen Bedürfnisse: auf das Essen, auf Wärme, auf Behaglichkeit sowie auf körperlichen Kontakt. Es besteht eine besondere Sensibilität für alles, was mit Berührungen zusammenhängt. Dieser Mensch fühlt den Drang, andere immer wieder anzufassen, um seine Liebe, Freude oder Anteilnahme zu zeigen. Er wird Bestärkung geben und Behaglichkeit schaffen. Dabei wird er von dem Wunsch gelenkt, ein angenehmes Leben zu führen.

Wie bei den anderen Erdzeichen auch nähert sich der Mensch mit der Stier-Venus der Beziehung eher vorsichtig. Das Moment der Verpflichtung ist sehr wichtig für ihn, und Loyalität zwischen den Partnern bedeutet ihm sehr viel. Wenn es einmal zu einer Beziehung gekommen ist, bleibt die Zuneigung bestehen. Menschen mit einer

Stier-Venus zeigen sich manchmal von sehr besitzergreifendem Wesen, und Eifersucht ist kein seltener Zug. Diese Menschen neigen dazu, den Partner als ein Besitztum anzusehen. Für sie handelt es sich bei dem Partner gewissermaßen auch um eine Erwerbung, die sie nicht wieder «hergeben» möchten. Wenn sie sich einmal gebunden haben, fällt es ihnen schwer, wieder den Ausstieg zu finden, was selbst dann seine Gültigkeit hat, wenn die Partnerschaft nicht funktioniert.

Der körperliche Kontakt ist diesem Mensch sehr wichtig. Es besteht eine Neigung, sich der Trägheit oder auch gewissen Ausschweifungen hinzugeben – nichts zu tun, sondern einfach nur «zu sein». Wenn jemand «Fachmann» auf diesem Gebiet ist, dann derjenige mit der Venus im Zeichen Stier.

Sicherheit – insbesondere in materieller Hinsicht – ist ein großes Anliegen. Die Verhältnisse sollen stabil und dauerhaft sein und das Umfeld dem Bedürfnis nach Komfort und Behaglichkeit Rechnung tragen. In manchen Fallen ist das Bedürfnis nach Komfort außerordentlich stark ausgeprägt und streift vielleicht schon das Luxuriöse. Ein anderes Mal kann die Fähigkeit bestehen, schon mit den einfachsten Mitteln ein behagliches Zuhause zu schaffen. Im Rahmen der Beziehung kommt Liebe und Zuneigung dadurch zum Ausdruck, daß für die Bequemlichkeit des Partners gesorgt wird.

Mit einer Stier-Venus kann ein exquisiter Geschmack verbunden sein, mit einer Vorliebe für kostspielige Restaurants und ausgefallene Nahrungsmittel oder das exklusivste Parfum oder Rasierwasser. Vielleicht üben hier die «schönen Dinge des Lebens» einen besonderen Reiz aus. Dieser Mensch weiß um seine natürliche Anziehungskraft, und er beschäftigt sich damit, diese noch zu verstärken. Er bevorzugt qualitativ hochwertige, gutgeschnittene Kleidung aus natürlichen Stoffen. Die Sensibilität gegenüber der Berührung macht sich hier bemerkbar in der Auswahl von Stoffen wie Seide, Kaschmir-, Lamm- oder auch Baumwolle. Dieser Mensch sieht, wie ein Kleidungsstück sitzt und fällt, was vielleicht heißt, daß er sich seine Kleidung nach Maß anfertigen läßt – wenn er sich das leisten kann.

Geld und der Wohlstand des zukünftigen Partners können auf den Menschen mit der Stier-Venus einen großen Reiz ausüben. Das gilt besonders insofern, als dies ihm das Gefühl vermitteln kann, geschätzt und geachtet zu werden. Er schätzt konkrete Liebesbeweise beziehungsweise Geschenke, die von Dauer sind – damit er etwas hat, an das er sich halten kann, und was ihm zeigt, wie sehr er geliebt ist. Das

Geschenk muß aber nicht unbedingt teuer sein. Das, was zählt, sind die Gefühle, die darauf gerichtet sind. Allerdings könnten die Worte «Diamonds are a girls best friend» sehr wohl von einer Frau mit einer Stier-Venus gesprochen worden sein.

♀♍ *Venus in der Jungfrau*

Der Mensch mit einer Jungfrau-Venus ist oftmals außerordentlich romantisch veranlagt und von dem Wunsch nach dem perfekten Partner erfüllt. Hier besteht die Neigung, den Partner auf ein Podest zu stellen und ihn im Extremfall anzubeten. Das Bild, mit dem diese Stellung beschrieben werden könnte, ist das einer Göttin, die in fließende weiße Gewänder gekleidet ist. Für den Menschen mit der Jungfrau-Venus stellt dies das Ideal dar, das er entweder in seiner eigenen Persönlichkeit verwirklichen oder bei jemand anderem finden will. Allerdings handelt es sich hier um eine Idealvorstellung im Hinblick auf Reinheit und Perfektion, das nicht verwirklicht werden kann. Jeder gewöhnliche Sterbliche muß letztendlich eine Enttäuschung sein. Als Folge davon wählt der Mensch mit der Jungfrau-Venus vielleicht ein Leben in Keuschheit – das Alleinbleiben für mehr oder weniger lange Zeiträume kann es ihm ersparen, von seinen Idealvorstellungen abgehen zu müssen. Sich mit jemandem zu verbinden ist mit dieser Stellung eine möglicherweise enttäuschende Erfahrung.

In der Beziehung aber kann das Moment der Keuschheit durchaus zurücktreten und einem ausgeprägten Bedürfnis nach Sinnlichkeit Platz machen – ähnlich, wie wir es bereits bei der Stier-Venus gesehen haben. Mit der Venus in der Jungfrau aber bestehen in dieser Hinsicht im allgemeinen gewisse Probleme – es fällt diesem Menschen schwer, sich auf die Sexualität einzulassen. Die Jungfrau-Venus stellt hohe Anforderungen, der niemand gerecht werden kann. Dies führt dann möglicherweise dazu, daß dieser Mensch sich selbst genug ist und sich nur auf sich selbst konzentriert.

Der Mensch mit der Jungfrau-Venus geht mit Vorbehalten an Beziehungen heran. Um es mit deutlicheren Worten zu sagen: Das Zeichen Jungfrau ist bekannt für Pedanterie und Kritiksucht. Wir haben bereits angeführt, was es ist, daß ihn so wählerisch macht: die Sehnsucht nach dem Perfekten – in sich selbst oder in dem Partner. Die Pedanterie kann sich in der Partnerschaft auf zweierlei Art äußern: In einer fürsorglichen Betreuung des Partners, was ein Ausdruck ihrer Zuneigung ist, oder aber in einer übermäßig kritischen Haltung. Dieser Mensch kann sich bis ins Detail mit den Unzulänglichkeiten des Partners beschäftigen und jede kleine Verfehlung in aller Ausführlichkeit zum Thema machen. Er kann auf seinen Partner «einhacken» und ihn Stück für Stück «demontieren». Vielleicht ist das, was er beobachtet, durchaus richtig – allerdings ist anzunehmen, daß den Partner die Worte eher verletzen als unterstützen werden. Der Mensch mit der Jungfrau-Venus neigt dazu, seine Kritikfähigkeit in dem Moment, in dem er sich angegriffen oder enttäuscht fühlt, auf eine destruktive Art und Weise zum Einsatz zu bringen.

In konstruktiver Hinsicht zeigt sich dieser Mensch stets dazu bereit, über Probleme in der Beziehung zu reden. Er liebt es, sich und den Partner zu analysieren, und er will verstehen, was der Beziehung zugrundeliegt. Er hat einen exzellenten Verstand und geht an Probleme auf eine pragmatische Art heran.

Der Mensch mit der Jungfrau-Venus ist von dem Wunsch beseelt, demjenigen, den er liebt, zu helfen. Umgekehrt erwartet er das Gleiche von seinem Partner. Er kann in praktischer Hinsicht große Unterstützung bieten und sich um die Dinge kümmern, die erledigt werden müssen, ohne dafür große Anerkennung zu erwarten. Es macht ihm Spaß, dienstbereit zu sein, und wenn die Beziehung gut ist, hilft er demjenigen, der er liebt, auf selbstlose Art und Weise.

♀♑ *Venus im Steinbock*

Venus in einem Erdzeichen heißt, daß Liebe eine ernste Sache ist. Im Zeichen Steinbock bekommt dieser Ernst etwas Heiliges. Es besteht hier eine extreme Vorsicht im Hinblick auf Bindungen. Bevor eine Partnerschaft eingegangen wird, ist eine lange Zeit des Kennenlernens notwendig, eine Zeit, in der sich der Mensch über die Glaubwürdigkeit des angehenden Partners klarwerden muß. Wenn die Ergebnisse dieser Überprüfung nicht gut ausfallen, wird es zu keiner Verbindung kommen. In seiner praktischen und zielorientierten Ausrichtung möchte der Mensch mit der Steinbock-Venus es vermeiden, seine Zeit auf etwas zu verwenden, was von vornherein zum Scheitern verurteilt ist.

Derjenige mit einer Steinbock-Venus hat den Wunsch, mit der Beziehung eine tiefgehende Verpflichtung einzugehen – unter der Voraussetzung, daß diese ihn befriedigt. Vielleicht weigert er sich, sich auf die sinnliche Seite des Zusammenseins einzulassen, bevor diese Verpflichtung eingegangen ist. Er will sich seines Partners sicher sein, und er möchte es vermeiden, seine Gefühle zu zeigen, bevor er nicht genau weiß, woran er ist.

In der Beziehung ist praktische Sicherheit von großer Wichtigkeit. Wer die Venus im Zeichen Steinbock hat, braucht das Gefühl, daß alles geordnet ist, um sich entspannen zu können. Aller Wahrscheinlichkeit nach ist dieser Mensch nicht glücklich, wenn in seiner Umgebung Unstimmigkeiten herrschen. Er könnte von seinem Partner erwarten, daß dieser für stabile Verhältnisse sorgt oder daß dieser zumindest die Verhältnisse, die beide zusammen geschaffen haben, nicht infragestellt. Auf jeden Fall kann die finanzielle Situation des Partners von großer Wichtigkeit für diesen Menschen sein. Venus im Steinbock steht im Ruf, auf eine Geldheirat abzuzielen. Dabei ist es nicht unbedingt das Geld, was im Vordergrund steht – das, was diesen Menschen anzieht, ist der Eindruck von Stabilität und Sicherheit.

Wer die Venus im Zeichen Steinbock hat, fühlt sich zu jemandem hingezogen, der über einen gewissen Status oder ein bestimmtes Ansehen verfügt, möglicherweise in der Hoffnung, daß davon etwas auf ihn selbst zurückfällt. Vornehmheit oder ein würdevolles Auftreten können ebenfalls anziehend wirken. Die eigene Würde gilt diesem Menschen sehr viel, und er unternimmt große Anstrengung, um hier keine Kompromisse eingehen zu müssen. Auch dann, wenn die Beziehung fest etabliert ist, wird er sich in der Öffentlichkeit auf kontrollierte Weise und mit Anstand verhalten. Er ist ein sehr guter Partner für jemanden, der von großem Ehrgeiz ist und eine Person braucht, die Repräsentationspflichten nachkommen kann. Er weiß, wie wichtig dieser Aspekt sein kann, um im Leben voranzukommen, was in vielerlei Hinsicht eine große Unterstützung für die Karriere des Partners sein kann.

♌︎△ *Venus im Element Luft*

Der Mensch mit der Venus im Element Luft sucht nach Einheit und Verschmelzung auf dem Gebiet der Ideen. Er braucht einen Partner, mit dem er sich auf der geistigen Ebene verbinden kann. Er sucht nach einem Gefährten und nach geistiger Anregung; er erhofft sich von der Beziehung den Austausch von Ideen. Trifft dies nicht zu, ist er unzufrieden und frustriert. Die körperliche Anziehung ist für diesen Menschen zweitrangig – das geistige Moment ist es, das für ihn in der Beziehung zählt.

Im allgemeinen ist mit dieser Stellung ein freundliches und geselliges Wesen verbunden, mit großem Interesse an den Mitmenschen. Es besteht die Neigung, an allem teilhaben und ständig neue Kontakte knüpfen oder auch immer mit Freunden unterwegs sein zu wollen. Ruhige Abende zu Hause sind nichts für diesen Menschen, was unter Umständen auf einen Partner, der – vielleicht mit einer Wasser-Venus – von gefühlvollerem Charakter ist, verletzend oder abweisend wirken kann. Wie dem auch sei – wer die Venus im Element ~~Erde~~ [Luft] hat, zeigt seine Liebe dadurch, daß er seine Interessen mit seinem Partner teilt und diesen in seine Unternehmungen einbezieht.

Dieser Mensch fühlt sich angezogen von Personen, die einen lebhaften Verstand haben und am Weltgeschehen interessiert sind. Am glücklichsten ist er, wenn er teilhat an geistig stimulierenden Aktivitäten. Einen Großteil seiner Zeit widmet er kulturellen Belangen. Dabei hat er das Bedürfnis, diesen Interessen zusammen mit dem Partner nachzugehen, wobei ihm die Diskussion über das Erlebte eine besondere Freude bedeutet. Er fühlt sich zurückgewiesen und verletzt, wenn der Partner sich nicht für das interessiert, was er unternimmt – für ihn ist dies gleichbedeutend mit einem Desinteresse an seiner Person. Er braucht es, angesprochen und angehört zu werden, und erst, wenn er Fragen zu seiner eigenen Person gestellt bekommt, fühlt er sich wirklich geliebt. Liebe muß für ihn in Worten ausgedrückt werden – diese sind es, die für ihn zählen.

Der körperliche Kontakt oder teure Geschenke haben keine große Bedeutung für diesen Menschen – manchmal hat es den Anschein, als würde er diese gar nicht wahrnehmen. Er sucht beständig nach verbaler Bestätigung der Liebe – weil es ihm außerordentlich schwerfällt, Gefühlen zu trauen. Das liegt daran, daß er in gewisser Weise keine

Verbindung zu seiner emotionalen Natur hat – er ist ein Kopfmensch, der seine Gefühle seinem Denken unterordnet. Diese Tatsache ist auch dafür verantwortlich, daß er sich unbehaglich fügt, wenn er Zeuge emotionaler Ausbrüche wird. Vielleicht flüchtet er, wenn er in einer bestimmten Situation die Feststellung macht, daß eigenartige Gefühle in ihm aufsteigen – was seinen Ruf, kühl und distanziert zu sein, begründet. Er kann auch große Schwierigkeiten damit haben, sich seinen Ärger und seine Eifersucht einzugestehen. Vielleicht leugnet er das Vorhandensein dieser Gefühle und projiziert sie auf andere und verbindet dies womöglich mit dem Vorwurf eines unvernünftigen und irrationalen Verhaltens.

Der Mensch mit dieser Stellung braucht Freiraum – fühlt er, daß der Partner zuviel Nähe von ihm erwartet, bekommt er Platzangst. Er hat den Wunsch, mit den unterschiedlichsten Leuten in Kontakt zu sein. In der Beziehung kann das zu einem Problem werden, wenn der Partner dies als eine Bedrohung auffaßt und versucht, ihn einzuengen.

Mit der Venus im Element Luft bestehen im allgemeinen ausgeprägte Vorstellungen darüber, wie eine Beziehung zu sein hat. Insbesondere gilt das im Hinblick auf Freiheit und Gleichberechtigung. Weil dieser Mensch aber dazu neigt, seine Gefühle zu rationalisieren, erkennt er oftmals nicht, wie wichtig die grundlegenden instinktiven Bedürfnisse sind. Es macht ihm Angst, wenn seine logisch begründeten Planungen plötzlich durch unkontrollierbare Gefühle gestört werden.

Für denjenigen mit der Venus im Element Luft ist es das Wichtigste, einen aufrichtigen und ertragreichen Dialog zu führen. Dieser Mensch ist bestrebt, all seine Gedanken und Gefühle mit seinem Partner zu teilen. Kommunikation bedeutet ihm soviel wie die Luft zum Atmen.

♀Ⅱ *Venus in den Zwillingen*

Der Mensch mit der Venus im Zeichen Zwillinge hat etwas Helles und außerordentlich Lebhaftes an sich. Er liebt Geselligkeit und ist von freundlichem und aufrichtigem Wesen. Der soziale Umgang fällt ihm leicht, und seine natürliche Neugier begünstigt den Kontakt zu den Mitmenschen. Im allgemeinen verfügt er über einen breit gestreuten Freundeskreis.

Mit dieser Stellung besteht die Neigung, den verschiedensten Leuten die verschiedensten Fragen zu stellen. Mit seinem geistreichen und lebhaften Wesen ist dieser Mensch ein gesuchter Gesellschafter. Die Erkenntnis, daß er auf andere eine so große Anziehungskraft ausübt, kann zur Folge haben, daß er sich auf einen Flirt nach dem anderen einläßt. Die Gegenwart anderer Menschen bedeutet ihm sehr viel – sich auf eine Person zu beschränken macht ihm Angst und läßt ihn seine Ausweichmanöver starten. Er hat die Neigung, vor Problemen davonzulaufen – es ist schwer, ihn dazu zu bringen, zu bleiben und die Dinge auszudiskutieren. Was er sucht, ist eine unbeschwerte und nicht zu feste Partnerschaft, und es ist ohne weiteres denkbar, daß er zu gleicher Zeit mehrere Beziehungen von dieser Art führt. Er gleicht in gewisser Weise dem Schmetterling, der von Blüte zu Blüte flattert.

Die Zwillings-Venus fühlt sich angezogen von Menschen, die kommunikativ sind, die Ideen haben und die es genießen, über diese zu reden. Sie liebt es, wenn der Mensch immer wieder für Überraschungen gut ist – wer in seinem Verhalten genau auszurechnen ist, langweilt sie bald. Abwechslung und Bewegung in der Beziehung ist ein wichtiges Anliegen. Sie kann es nicht ertragen, wenn die Dinge statisch werden und alles fixiert ist.

Was die Liebe angeht, äußert sich das Verlangen der Zwillings-Venus in Worten. Grundsätzlich bedeutet Liebe für diesen Menschen enge Kommunikation. Er braucht das fortwährende Feedback von seinem Partner, und er fühlt sich unsicher und abgewiesen, wenn er dieses nicht bekommt. Ihrerseits sind diese Menschen gegenüber denjenigen, die sie lieben, sehr aufmerksam; sie hören dem, was ihre Partner sagen, genau zu. Wenn dich eine Person mit einer Zwillings-Venus geliebt wirst, machst du die Feststellung, daß du mit Briefen, Karten und Telefonanrufen nur so überschüttet wirst. Liebesbriefe zu schreiben liegt in der Natur des Menschen mit einer Zwillings-Venus.

Im Rahmen der Beziehung ist Freundschaft ein wichtiges Element. Das, wonach diese Menschen suchen, sind Weggefährten – Personen, mit denen sie gerne reden und mit denen sie ihre Ideen und Interessen teilen können. Manchmal hat es den Anschein, daß Menschen mit der Zwillings-Venus von unbeständigem Wesen sind. Es muß doch aber festgestellt werden, daß es ihnen im allgemeinen sehr unangenehm ist, den Partner, den sie lieben, zu verlieren. Und das bedeutet, daß viel Energie dafür eingesetzt wird, um die Bande der Freundschaft und Liebe aufrechtzuerhalten.

♀︎♎︎ Venus in der Waage

Das Zeichen Waage steht für Ausgleich, und Menschen mit der Venus in diesem Zeichen haben damit zu kämpfen, einen Kompromiß zwischen zu großer Anpassung und einer zu abrupten Abgrenzung gegenüber anderen zu finden. Das kann dazu führen, daß sie sich zu manchen Zeiten unbeholfen und in anderen Momenten wiederum sehr selbstbewußt aufführen.

Im allgemeinen von höflichem und charmantem Wesen, haben Menschen mit einer Waage-Venus gute Umgangsformen. Möglicherweise sind sie aber so sehr damit beschäftigt, nett zu sein, daß sie gar nicht wissen, wie es in ihrem Inneren aussieht. Sie fühlen sich unbehaglich in der Gegenwart von Menschen, die sie nicht mögen. Weil sie sich deshalb schuldig fühlen, kann das eine Überkompensation in Form eines überfreundlichen Verhaltens zur Folge haben. Daraus können Mißverständnisse und heikle Situationen entstehen, die zu immer größeren Problemen führen. Diese Menschen sind nicht dazu in der Lage, anderen etwas Unfreundliches zu sagen – so lavieren sie oftmals durchs Leben, statt ehrlich zu sagen, was sie denken.

Es besteht ein ausgesprochenes Bedürfnis nach Frieden und Harmonie in der Beziehung – Heftigkeit und Aggressivität ist diesen Menschen ein Greuel. Wer die Venus im Zeichen Waage hat, wird sich ungeliebt fühlen, wenn der Partner nicht nett zu ihm ist und seine Wünsche berücksichtigt. Waage fühlt sich angezogen von Menschen, die Kultiviertheit und Anmut ausstrahlen und die einen guten Geschmack haben. Sie kann das Häßliche nicht ertragen.

Als Liebhaber zeigen sich diese Menschen aufmerksam und rücksichtsvoll. Sie wissen, was sich in der Beziehung gehört und was schicklich ist. Allerdings übertreiben sie es auch manchmal, dem Partner zu gefallen, was eine Quelle der Irritation sein und die Beziehung untergraben kann, wenn es an Substanz fehlt. Wie dem auch sei – im allgemeinen jedenfalls sind diese Menschen romantisch und fürsorgliche Liebhaber, denen es Freude macht, ihre Partner zu unterhalten.

Mit der Venus im Zeichen Waage besteht ein tiefes Verlangen danach, mit jemandem das Leben zu teilen. Und im Teilen mit dieser besonderen Person liegt für diesen Menschen das Glück.

♀♒ Venus im Wassermann

Wer die Venus im Zeichen Wassermann hat, möchte, daß die Beziehung auf einer rationalen und abgeklärten Basis beruht. Mehr noch als bei den anderen Luftzeichen besteht eine Abneigung gegenüber intensiven Emotionen. Nähe ist für diesen Menschen ein unbekanntes Gebiet – aus Angst, jemanden eng an sich heranzulassen, erscheint er kühl und distanziert. Mehr als in einer Zweierbeziehung fühlt er sich in Freundschaften wohl.

Es fällt diesen Menschen schwer, Besitzansprüche zu ertragen. Eifersuchtsausbrüche erschrecken sie zutiefst. Sie haben Probleme damit, sich ihre eigenen dunklen Gefühle wie Ärger oder Eifersucht einzugestehen. Werden sie einmal verletzt, könnte ihre Reaktion darin bestehen, sich einfach abzuwenden.

Für diese Menschen ist es wichtig, daß diejenigen, mit denen sie sich verbinden, die gleichen Ideale und politischen Ansichten haben. Sie haben dabei die Tendenz, das, was sie sagen, für die einzige Wahrheit zu halten – woraus dann wiederum das Problem erwächst, daß sie sich nur schwer in jemand anderen einfühlen können. Im allgemeinen aber ist davon auszugehen, daß der Partner den gleichen oder zumindest einen ähnlichen ideologischen Hintergrund hat, und vielleicht gehören beide der gleichen Gruppe an. Gemeinsam mit dem Partner Gruppenaktivitäten nachzugehen bedeutet diesen Menschen jedenfalls sehr viel.

Für das Zeichen Wassermann sind die Prinzipien von Gleichheit und Chancengerechtigkeit sehr wichtig. Menschen, die die Venus in diesem Zeichen haben, besitzen denn auch im Hinblick auf Beziehungen ausgeprägte Vorstellungen und Ideale. Sie glauben an Aufrichtigkeit und Offenheit und verabscheuen jede Form von Hinterlist und Argwohn. Es ist ein stark entwickelter Sinn für Loyalität vorhanden – Menschen mit der Venus im Zeichen Wassermann sind denjenigen, die sie lieben, aufrichtige und verläßliche Freunde.

♂▽ *Venus im Element Wasser*

Mit der Venus in einem Wasserzeichen ist ein hohes Ausmaß an Sensibilität verbunden. Menschen mit dieser Stellung sind fähig, untergründige Strömungen in Beziehungen und Freundschaften wahrzunehmen. Das Element Wasser hat mit den verborgenen Strömungen des Lebens zu tun und damit, wie sehr wir uns in dem unbestimmten Bereich der Gefühle zu Hause fühlen. Planeten in diesem Element zeigen, daß der Mensch um das Untergründige und die Strömungen des Lebens weiß, daß er eine Vorstellung hat von der Verbindung zwischen sich und der Welt, die – wie Ebbe und Flut – Veränderungen unterworfen ist. Mit dieser Stellung ist ein instinktives Wissen um das, was Menschen miteinander verbindet und was sie voneinander trennt, vorhanden.

Der Mensch mit der Wasser-Venus erkennt, was die Beziehung auf dem Gebiet der Gefühle wert ist. Er nimmt sehr deutlich wahr, was sich in dem Zusammensein abspielt, und er kann im allgemeinen sehr genau abschätzen, was er selbst und was der Partner will. Worte haben damit nicht viel zu tun – worum es geht, ist die zugrundeliegende emotionale Situation. Das, was vorgeht oder was zur Sprache gebracht wird, ist also nicht das Entscheidende. Wer die Venus in einem Wasserzeichen hat, kann sich durch Gesten und Berührungen zum Ausdruck bringen. Im Vordergrund steht bei ihm ein nur schwer zu erfassender Austausch, ein ruhiges, sensibles Eingestimmtsein.

Der Atmosphäre kommt hier ein alles entscheidender Wert zu. Mit dieser Stellung wird weniger auf Worte als auf die emotionale Situation reagiert; dieser Mensch merkt, was gerade los ist und welche Gefühle vorhanden sind. Wenn die Signale, die gegeben werden, nicht stimmen, wird er mit Rückzug reagieren. Mit dieser Venus-Stellung besteht die Neigung, sich einfach abzuschotten, wenn die empfangene Botschaft mißfällt. Allerdings muß hierzu gesagt werden, daß dieser Rückzug auf subtile Weise erfolgt und für die anderen nicht sogleich zu erkennen sein muß. Für denjenigen, der über diese Sensibilität verfügt, kann es ein Problem sein, sie sich bewußt zu machen. Vielleicht besteht ein Mißtrauen gegenüber diesen Empfindungen. Bei allen diesbezüglichen Schwierigkeiten: Der Mensch wird – bewußt oder nicht – auf diese Botschaften reagieren. Allerdings kann es ihm schwerfallen, seine eigenen Handlungen zu verstehen und sie anderen zu erklären.

Wer die Venus im Element Wasser hat, muß gegenüber dem, was in seinem Inneren vorgeht, offen sein, weil darin seine angeborene Art und Weise liegt, Situationen und Menschen zu beurteilen. Je besser die Fähigkeit, die eigenen Gefühle zu berücksichtigen, ist, desto leichter fällt es dem Menschen, diese auch in seinen Handlungen zum Ausdruck zu bringen. Diese Fähigkeit wird ihn mit Zuversicht erfüllen, weil sie ihn Vertrauen in sich selbst entwickeln läßt. Ohne diese fühlt sich der Mensch verloren wie auf einem Ozean; er geht dann an die Dinge auf nicht angemessene und vielleicht paranoide Art und Weise heran.

Insbesondere für den Menschen, der außer der Venus keinen anderen Planeten im Element Wasser hat, können sich gewisse Schwierigkeiten ergeben. Wenn er in der Beziehung keine bestärkenden Signale empfängt, kann er eine starke Unsicherheit verspüren. Möglicherweise kommt es dann zu Mißverständnissen, die das innere Gefühl des Wohlbefindens berühren. Vielleicht ist der Partner nur müde oder in einer schlechten Laune, und vielleicht ist die Vermutung, daß er der Beziehung überdrüssig und lieber allein oder in Gesellschaft von jemand anderem wäre, vollkommen gegenstandslos. Es kann dem Menschen mit einer Wasser-Venus außerordentlich schwerfallen, zwischen diesen Möglichkeiten zu unterscheiden. Er ist vielleicht von übergroßer Ängstlichkeit und interpretiert alles als eine Bedrohung für sich und die Beziehung. Jede atmosphärische Veränderung im Zusammensein kann Gefühle der Zurückweisung und Verlustängste auslösen – mit dem Resultat, daß sich dieser Mensch seinerseits zurückzieht, was dann wiederum den Partner überraschen oder verletzen könnte. Und vielleicht ist dann wieder der Mensch mit der Wasser-Venus verblüfft über das, was sich abspielt. Dieses Handlungsmuster können wir vor allem bei Menschen mit Horoskopen beobachten, die vorwiegend luft- oder feuerbetont sind. Die Beziehung kann hier große Probleme bedeuten, weil sie diesen Menschen mit emotionalen Abgründen konfrontiert, die zu bewältigen ihm schwerfällt. Möglicherweise setzt das partnerschaftliche Zusammensein hier etwas frei, was das emotionale Gleichgewicht in seinen Grundfesten erschüttert.

Für alle diejenigen, deren Venus im Element Wasser steht, liegt die Betonung in der Beziehung auf dem Bereich der Gefühle. Auch in den Fällen, in denen Menschen den Stimmungsschwankungen ihrer Partner mit größerer Gelassenheit zu begegnen vermögen, gilt, daß atmosphärische Störungen das Zusammensein trüben können. Wenn – aus welchem Grund auch immer – die Stimmung schlecht und keine Liebe oder Anteilnahme zu erkennen ist, wird das diesen Menschen zutiefst verletzen.

Menschen mit einer Wasser-Venus brauchen ein gewisses Maß an aufmunternder Zustimmung. Erhalten sie dies, werden sie auch den Partner unterstützen. Sie haben eine große Sensibilität gegenüber den kleinen Gesten und Gefühlen, die ihnen entgegengebracht werden, und stimmen sich ihrerseits intensiv auf den Gegenüber ein. Sie sind sehr schnell gekränkt. Die Signale, die der Partner aussendet, bedeuten ihnen mehr als seine Worte. Worte und theatralische Bekundungen haben etwas Grobes und Peinliches für sie, und sie legen nicht den geringsten Wert auf sie.

Wer die Venus im Element Wasser hat, ist im allgemeinen romantisch veranlagt und von dem Wunsch beseelt, daß die Liebe perfekt sein soll. Nichts soll das friedliche Zusammensein und die harmonische Übereinstimmung stören. Diese Menschen haben große Erwartungen. Sie schätzen Nähe und Liebe sehr hoch; sie tun viel dafür, die Liebe, die sie empfangen, zu schützen und zu bewahren. Das bedeutet auch indirekte Methoden, sich des Menschen, der ihnen wichtig ist, zu versichern. Menschen mit der Venus im Element Wasser zeigen in Beziehungen nicht geradeheraus, was sie wollen. Das kann dazu führen, daß der Partner von Zeit zu Zeit immer wieder neue Überraschungen erlebt.

Mit dieser Stellung fällt es dem Menschen schwer, einen Schlußstrich unter eine Beziehung zu ziehen. Die Gefühle überdauern das Ende der Partnerschaft, und in irgendeiner Form werden sich diese Menschen auch weiterhin dem ehemaligen Partner verbunden fühlen. Das gilt sogar in den Fällen, in denen es sich um eine eher schwierige Beziehung gehandelt hat. Es ist diesen Menschen von ihrem Wesen her wichtig, Verbindungen aufrechtzuerhalten. Dabei handeln sie nicht rational – worauf es ihnen ankommt, ist, den Fluß der Dinge nicht zu behindern.

Die Venus im Element Wasser kann die Gefahr bedeuten, sich kritiklos einer anderen Person auszuliefern. Jeder, der in Not ist, kann sich darauf einstellen, von diesem Menschen eine freundliche Antwort zu erhalten. Das heißt, daß sein Mitleid schnell geweckt ist, und es ist möglich, daß dies ausgenutzt wird. Diese Menschen kennen keine Vorurteile; sie sind gute Zuhörer und Ratgeber. Was sie lernen müssen, ist, sich selbst zu schützen.

♀♋ Venus im Krebs

Was das Element Wasser betrifft, ist es vor allem das Zeichen Krebs, das für Fürsorglichkeit und Anteilnahme in der Beziehung steht. Menschen mit der Venus in diesem Zeichen sind aufmerksam gegenüber den Bedürfnissen ihrer Partner; es ist ihnen wichtig, daß diese sich wohlfühlen. Sie sind in der Lage, sich in die Stimmungen ihrer Partner einzufühlen, und sie bieten selbstlose emotionale Unterstützung.

Die Venus im Krebs kann in vielerlei Hinsicht eine «Bemutterung» des Partners bedeuten. Vielleicht handelt es sich hier in einer wörtlichen Entsprechung darum, daß der Partner mit seinen Lieblingsspeisen bekocht und insofern «gefüttert» wird. Das ruhige Beisammensein im Zuhause hat für diese Menschen einen hohen Wert. Das Glück in dieser Beziehung ruht oftmals auf dem tief empfundenen Gefühl, zusammenzugehören. Die Überzeugung, daß die Beziehung stabil und sicher ist, gewährt eine tiefe Zufriedenheit – allerdings unter der Voraussetzung, daß deren Zuverlässigkeit von Zeit zu Zeit eine Bestätigung erfährt (Krebs ist ein kardinales Zeichen).

Wer die Venus im Zeichen Krebs hat, ist in der Lage, auf die Person, die er liebt, wirklich einzugehen; seine Anteilnahme und Besorgtheit sind dabei Ausdruck seiner Liebe. In der Partnerschaft möchten diese Menschen viele zärtliche und liebevolle Gesten geben und empfangen. Sie haben das Bedürfnis, umarmt und gestreichelt zu werden; sie wollen eine Form der Intimität schaffen und ihre Partner an der Tiefe ihres Gefühls teilhaben lassen (es handelt sich um das Element Wasser). Die Partner dieser Menschen, die in ihrem Horoskop eine Feuer- oder eine Luft-Betonung haben, mögen manchmal Angst bekommen, unterzugehen und auf dem Boden eines Sees zu ertrinken. Wie dem auch sein mag – das, was Menschen mit einer Krebs-Venus brauchen, ist das nicht auf Worten beruhende Gefühl von Nähe, Vertrautheit und Sicherheit.

♀♏ Venus im Skorpion

Mit der Skorpion-Venus ist eine außerordentlich tiefe Liebesfähigkeit gegeben, wobei es manchmal schwerfällt, diese zum Ausdruck zu bringen. Zu manchen Zeiten kann Liebe diesen Menschen in eine tiefe

Krise stürzen. Mit der Venus im Zeichen Skorpion besteht die Tendenz, im Hinblick auf Beziehungen in Extreme zu verfallen. Das Durchleben einer Krise kann diesen Menschen aber sogar bestärken – er braucht die Intensität, die mit dieser verbunden ist. Was er haßt, ist das Leere und Nichtssagende. Er ist von leidenschaftlichem Wesen, und wenn eine Beziehung langweilig geworden ist, wird er sie wieder mit Leidenschaft erfüllen wollen – mit allen Mitteln, die ihm dafür zur Verfügung stehen.

Menschen mit einer Skorpion-Venus sind oftmals entweder selbst besitzergreifend und eifersüchtig oder suchen sich Partner, die diese Eigenschaften verkörpern. Sie haben ein genaues Gespür dafür, ob in der Beziehung etwas falsch läuft, und vielleicht merken sie dies, lange bevor der Partner die Probleme erkennt. Allerdings können sie selbst es sein, die die Probleme verursachen – dann nämlich, wenn sie hartnäckig darauf bestehen, daß das, was ihnen nicht paßt, seinen Grund in der Beziehung hat. Sie besitzen eine große Empfindlichkeit, die manchmal auch mit Zügen von Argwohn und Mißtrauen einhergehen. Manchmal können die Partner dieser Menschen das Gefühl haben, angeklagt zu sein und eine Erklärung liefern zu müssen für etwas, was sich ihrer Erkenntnis entzieht. Der Mensch mit der Skorpion-Venus kann über einen sechsten Sinn verfügen, gleichzeitig aber paranoid sein. Wie sich dies im einzelnen auswirkt, ist abzulesen daran, wie das Element Wasser im Horoskop besetzt ist. Stehen noch mehr Planeten in diesem Element, hat der Mensch die ausgeprägte Fähigkeit, Situationen gefühlsmäßig zu erfassen. Vor allem aber wird das Urteil in diesem Fall zuverlässiger sein, als wenn sich nur die Venus im Element Wasser befindet.

Menschen mit dieser Stellung haben ein starkes Verlangen, und sie verspüren das Bedürfnis, Liebe und Zuneigung durch sexuelle Intimität zum Ausdruck zu bringen. Das, was sie suchen, ist das Verschmelzen mit dem Partner und das Herstellen eines Seelenkontaktes. Liebe hat für sie immer etwas Sexuelles, und es kann sein, daß sie auf ihrer Suche nach der absoluten Vereinigung ihren Partner an dunkle Stellen und an Abgründe führen.

♀♓ Venus in den Fischen

Die Venus steht in allen Wasserzeichen für Vorurteilslosigkeit – insbesondere gilt dies aber für die Stellung im Zeichen Fische. Menschen, die die Venus in diesem Zeichen haben, sind zu einem außerordentlich großen Maße zu Mitleid und Selbstlosigkeit und zu hingebungsvoller Liebe fähig. Mehr als bei den anderen Wasserzeichen fehlt ihnen die Gabe, Unterscheidungen zu machen, was zur Folge haben kann, daß ihre Gefühle ausgenutzt werden. Sie nehmen immer das Beste von den anderen an und sind nur zu leicht zu enttäuschen; ihre große Sensibilität läßt sie diesen Schmerz nur zu deutlich empfinden. Wenn sie eine Verletzung davongetragen haben, verhalten sie sich wie ein verwundetes Tier: Sie ziehen sich so weit wie möglich zurück. Es fällt dann schwer, sie wieder zu erreichen, und es kann sein, daß jemand seinen Partner auf diese Weise «verliert».

Mit der Venus in diesem Zeichen ist eine romantische und idealistische Einstellung verbunden. Es besteht die Sehnsucht nach der vollkommenen Liebe – die aber schwer zu finden sein dürfte. Weil diese Menschen soviel erwarten, fühlen sie sich in der Beziehung schnell frustriert und enttäuscht. Als Konsequenz entschließen sie sich dann vielleicht, über längere Zeit hinweg allein zu leben – sich mit nichts zufriedenzugeben, was ihrem Ideal von Liebe nicht hundertprozentig entspricht. Möglicherweise bescheiden sie sich mit der Erinnerung an eine kurze und ekstatische Liaison, die sie einmal gehabt haben, bewahren dies für ewig als Schatz in ihrem Herzen und ziehen dies einer neuerlichen Verbindung vor. Vielleicht entwickeln sie im Hinblick auf Liebe aber auch Fantasien, die nichts mit der Realität zu tun haben. Möglicherweise projizieren sie ihre Idealvorstellungen auf jemanden, den sie kennen, vielleicht aber auch auf einen fremden Menschen wie einen Filmstar oder einen Charakter, den sie in ihrem Kopf geschaffen haben. Ob es sich nun um Realität oder Fantasie handelt – die Liebe des Menschen mit der Fische-Venus wird niemals erkalten. Ewige Liebe ist das, was er ersehnt. Hier haben wir den Stoff, aus dem Märchen gemacht sind.

Wenn seine Fähigkeit zur selbstlosen Hingabe in die falsche Richtung gelenkt wird, ist dieser Mensch in der Gefahr, Opferbereitschaft und Märtyrertum mit Liebe zu verwechseln – vielleicht, indem er sich zum «Fußabtreter» der Beziehung macht. Menschen mit der Venus in den Fischen können eine Art verborgene Macht ausüben, indem sie sich als Opfer präsentieren, dem hart mitgespielt worden ist, und damit an das Schuldbewußtsein des Partners appellieren.

Mit dieser Stellung hat der Mensch im allgemeinen spirituelle Überzeugungen oder zumindest den Wunsch, daß in seinen Beziehungen ein gewisses spirituelles Moment zum Ausdruck kommt. Die Liebe, die er seinem Partner entgegenbringt, hat manchmal etwas von der Verehrung eines Schülers für den weisen Lehrer. Wenn diese auf einen gewöhnlichen Sterblichen gerichtet wird, kann es zu Schmerzen und Kummer kommen. Im Idealfall aber bedeutet Venus in den Fischen Liebe mit einer spirituellen Komponente, Liebe, die über das normale Leben hinausgeht und die die Vereinigung auf einer höheren Ebene zum Inhalt hat.

Kapitel 5

Mars in den Elementen und Zeichen

♂△ *Mars im Element Feuer*

Der Mars im Element Feuer bedeutet ein leidenschaftliches, enthusiastisches und intuitives Wesen. Mit dieser Stellung weiß der Mensch genau, was er will, und er unternimmt alle Anstrengungen, das, was er anstrebt, auch zu erhalten. Wer den Mars in einem Feuerzeichen hat, ist von einer Sache ganz ergriffen – oder gar nicht. Wenn es nicht in dem Augenblick «funkt», in dem diese Menschen jemanden treffen, können wir davon ausgehen, daß es niemals geschieht. Sie vertrauen ihrem Urteilsvermögen und neigen dazu, sich impulsiv auf sexuelle Abenteuer einzulassen, wobei sie sich von ihrem Verlangen leiten lassen und keinen Gedanken an mögliche Konsequenzen verschwenden. Von kühner und spontaner Wesensart, halten sie nichts davon, sich die Stimmung des Augenblicks durch praktische Erwägungen zu verderben – was zum Beispiel bedeutet, daß sie sich nicht allzuviele Gedanken über Empfängnisverhütung machen. Im Extremfall macht sogar das Risiko einen besonderen Reiz für sie aus.

Menschen, die den Mars im Element Feuer haben, fühlen sich angezogen von Personen mit ähnlichen Hoffnungen und Träumen. Leute, die eine Vision haben, faszinieren sie, weil sie spüren, daß diese etwas Größeres verkörpert und ihr Leben bereichern kann. So ist es möglich, daß sie sich hingezogen fühlen zu jemandem, der vollkommen anders ist als sie selbst, vielleicht, weil er einem anderen Kulturkreis entstammt oder deutlich älter oder jünger ist. Wenn sich hier Probleme erheben sollten, erhöht das den Reiz nur noch – Mars im Element Feuer liebt die Herausforderung. Mit seinem unbeirrbar optimistischen Wesen ist er der Ansicht, daß alle Probleme zu lösen sind.

Die Fantasie ist für Menschen mit dieser Mars-Stellung sehr wichtig. Vorausahnungen, Vorstellungskraft und Hoffnungen – das sind die Dinge, die ihm Vergnügen bereiten. Das kann so weit gehen, daß es diesen Menschen mehr Spaß macht, sich mit Erwartungen zu beschäftigen als mit der Gegenwart, mit der Auswirkung, daß das, was sie sexuell im Hier und Jetzt erleben, hinter den Erwartungen zurückbleibt. Aus diesem Grund macht es ihnen nicht allzuviel aus, abgewiesen zu werden – hat ein Mensch erst einmal ihre Begierde erregt, können sie lange warten. Das Warten erhöht noch die Vorfreude, und mit der ihnen eigenen Zuversicht glauben sie fest daran, daß sie schließlich ans Ziel ihrer Wünsche gelangen werden. Das Element Feuer ist auf die Zukunft ausgerichtet; es kann ein Leben bedeuten, das mehr oder weniger vollständig auf Hoffnungen gebaut ist.

Das, was der Mensch mit einem Feuer-Mars braucht, ist ein spirituell ausgerichteter Seelenverwandter, und vielleicht verbringt er sein Leben mit der rastlosen Suche nach diesem Gefährten. Dabei besteht allerdings immer eine Anfälligkeit für leidenschaftliche Abenteuer. Wenn der Rausch der ersten Gefühle verflogen ist, verliert dieser Mensch schnell das Interesse und macht sich wieder auf die Suche. Wenn Sexualität etwas Routinehaftes bekommt, läßt sein Begehren schlagartig nach. Der Feuer-Mars kann nur dann auf positive Weise zum Ausdruck kommen, wenn Spontanität und Enthusiasmus ihren Platz im Leben haben – was insbesondere auch für die Sexualität gilt. Fühlt er, daß bestimmte Erwartungen auf ihn gerichtet sind, erschreckt ihn das. Wenn diese Menschen aber den richtigen Partner finden, zeigen sie sich als idealistische, loyale und vertrauenswürdige Liebhaber. Dabei kommt es ihnen mehr auf eine Art Treue des Herzens als dem Beachten von Konventionen an.

Menschen mit dem Mars im Element Feuer schenken denjenigen, die ihre Begierde erregt haben, viel Aufmerksamkeit. Gleichermaßen brauchen sie ein großes Ausmaß an Zuwendung, um sich geliebt zu fühlen. Erhalten sie dies nicht, fühlen sie sich verletzt und zurückgewiesen.

Feuer hat mit dem Abstrakten zu tun, was bedeutet, daß diese Menschen sich möglicherweise mit ihrem Körper nicht sehr wohlfühlen. Er kann für sie eine Quelle der Beschwerden und Begrenzung sein. Das kann zur Folge haben, daß sie dem Sex mit Vorbehalten gegenüberstehen – vielleicht ist dieser für sie zu konkret oder zu körperlich oder wird ihrem Bedürfnis nach spiritueller Einheit nicht gerecht. Diesen Menschen ist die physische Befriedigung nicht genug – sie sehnen sich nach dem Moment der reinen Ekstase, wenn der Geist von zwei Menschen verschmilzt und zu einem wird.

♂♈ *Mars im Widder*

Wenn sich der Mars in seinem eigenen Zeichen befindet, besteht eine große Sicherheit über das, was gewünscht wird. Seine Leidenschaft brennt hell, und er weiß genau, was und wen er will. Es handelt sich um ein kardinales Zeichen – Mars im Widder ergreift die Initiative und geht auf die Leute zu, manchmal auf eine Art und Weise, die etwas Brüskes und Abruptes hat, und die die Menschen, die ihre Entscheidungen langsamer zu treffen gewohnt sind, vor den Kopf stoßen kann. Wer den Mars im Widder hat, ist fasziniert von der Jagd – Zurückweisung und Ausweichmanöver bedeuten ihm nur zusätzlichen Ansporn. Er hat seine Schwierigkeit damit, sich eine Niederlage einzugestehen – er kann sich nicht damit abfinden, daß er nicht bekommt, was er will, und er nimmt das kleinste Zeichen, um seinen Optimismus zu nähren. Mit dieser Stellung ist es im Grunde mehr das Jagen selbst als das Resultat der Bemühungen, was den Reiz ausmacht – was heißen kann, daß dieser Mensch das Interesse verliert, wenn er erst einmal das Objekt seiner Begierde «zur Strecke» gebracht hat. In diesem Fall kann das Tempo, mit dem er flüchtet, genauso groß sein wie das, das er bei der Verfolgung vorgelegt hat. Wer das Interesse dieses Menschen aufrechterhalten will, muß sich darum bemühen, ihm immer wieder neue Rätsel aufzugeben.

Menschen mit einem Widder-Mars fühlen sich von Kraft und Energie erfüllt, wenn ihr sexuelles Begehren geweckt ist. Selbst dann, wenn das Verlangen keine Erfüllung findet, bringt es Vitalität und Lebensfreude in ihr Dasein. Von großer Sensibilität gegenüber dem eigenen Inneren und den instinktiven Empfindungen, wissen diese Menschen, was gut für sie ist, und sie weigern sich, in dieser Beziehung irgendwelche Kompromisse einzugehen. Wenn sie eine Person treffen, werden sie sie im gleichen Moment begehren – oder niemals. Es gibt keine Ungewißheit und keinen Zweifel bei demjenigen, der den Mars in dieser Stellung hat.

Es kann sein, daß diese Menschen nach außen hin selbstsicherer scheinen als sie wirklich sind. Möglicherweise suchen sie nach einem Partner, der sie in ihrer Identität bestärkt. Vielleicht haben sie auch den Wunsch, sich selbst durch Sexualität zu beweisen. Sie unternehmen große Anstrengungen, um ihre Unabhängigkeit zu demonstrieren, was auch für den Fall gilt, daß sie sich durch Sexualität zum Ausdruck bringen wollen. Sexualität kann für diese Menschen eine enorme symbolische Bedeutung haben, nämlich dann, wenn sie dem Objekt ihrer Begierde einen schon fast mythischen Status zuschreiben. Diese Menschen suchen nach dem Helden, der sie anfeuert und mitreißt, um den Helden in sich selbst entdecken zu können. Um hier ans Ziel zu gelangen, kann eine lange und beschwerliche Reise notwendig sein, in der sie sich mit vielen Schwierigkeiten und Zurückweisungen auseinandersetzen müssen. Wenn sie diese aber erfolgreich bewältigen, können sie schließlich das unabhängige und selbständige Individuum werden, das sie schon immer hatten sein wollen. Das Leben hält für sie viele schmerzhafte Lektionen bereit. Immer wieder stürzen sie sich in sexuelle Abenteuer, immer in der Annahme, daß nun alles einfacher sein würde als beim letzten Mal. Sie lassen dabei außer acht, daß das Widder-Zeichen die Auseinandersetzung mit Widerständen bedeutet. Nur auf diese Art und Weise können Stärke und Selbstvertrauen entwickelt werden.

Menschen, die den Mars im Zeichen Widder haben, fühlen sich angezogen von Personen, die sich als ausgeprägte Individualisten präsentieren. Sie schätzen es, wenn ihre Liebespartner ein gewisses Maß an Kampfbereitschaft und Wettbewerbsgeist zeigen. Oftmals ist zu beobachten, daß sie gerade zu denjenigen, die sie anziehend finden, grob sind oder sarkastische Bemerkungen machen. Sexuelles Verlangen kann bei ihnen Ungeduld oder auch Ärger aufsteigen lassen. Wenn das der Fall ist, ziehen es diese Menschen vor, diesen nicht bei irgend jemand, sondern bei ihrem Liebespartner abzuladen. Dabei ist es aber wichtig für sie, daß der Partner stark genug ist, damit umgehen zu können. In dem Maße, in dem diese Menschen austeilen, können sie auch einstecken. Sie haben das Bedürfnis, sich mit jemandem zu verbinden, der so stark ist wie sie selbst – es irritiert sie und läßt ihr Interesse sofort schwinden, wenn der andere sich ständig geschlagen gibt und sich ihnen unterwirft. Es ist unmöglich, sie dazu zu bringen, etwas zu tun, was ihnen widerstrebt. Für Menschen, die dies mit sich machen lassen, haben sie nur Verachtung übrig. Und obwohl sie selbst ihren Partner immer wieder kritisieren, verteidigen sie ihn mit aller Entschiedenheit, wenn ein anderer ihm etwas zum Vorwurf macht.

Mit dem Widder-Mars ist viel Ehrlichkeit und Direktheit verbunden. Es besteht das Bedürfnis, den potentiellen Partner über die Gefühle vollständig aufzuklären, und es ist diesen Menschen sehr wichtig, daß keine Unklarheit herrscht. Sie legen ihrerseits großen Wert darauf, genau zu wissen, woran sie sind, und es bereitet ihnen viel Schmerz, wenn sie enttäuscht werden. Was die Sexualität angeht, neigen sie zu eher romantischen Ansichten. Diese Menschen müssen sich selbst treu bleiben, und es schwächt sie, wenn sie mit jemandem intim werden, ohne es wirklich zu wollen.

Der Widder-Mars bedeutet weniger den Wunsch nach der körperlichen Empfindung als die Sehnsucht, durch Sexualität spirituelle Erfüllung zu erfahren. Menschen mit dieser Stellung im Horoskop suchen spirituelle Gemeinsamkeit und das Verschmelzen mit der Person, die sie lieben, welches mehr ist als der rein körperliche Akt. Auf dieser Ebene erhoffen sie, Momente der Seligkeit zu erleben, in dem die Getrenntheit überwunden werden kann und sie wirklich eins sind mit ihrem Partner.

♂♌ Mars im Löwen

Das Verlangen von Menschen mit einem Löwe-Mars ist von leidenschaftlicher Intensität. Wie wir es schon beim Zeichen Widder gesehen haben, besteht auch hier die Neigung, dem Objekt der Begierde mehr oder weniger mythische Eigenschaften zuzuschreiben. Diese Menschen suchen nach einem Partner, der größer ist als das Leben selbst, jemanden, den sie voll und ganz bewundern können – kurz gesagt: Sie erwarten eine ganze Menge. Wenn sie sich mit aller Leidenschaft in den Menschen verliebt haben, der die gewünschten Eigenschaften verkörpert, gibt es für sie nur noch diesen einen. Während dieser Phase werden sie den Partner als vollkommen betrachten und laute Lobeslieder auf ihn singen. Alle ihre Energie und Aufmerksamkeit wird auf diesen Partner gerichtet werden, bis zu dem Moment, in dem sich die ersten Unzulänglichkeiten zeigen. Dann wird Ärger in ihnen aufsteigen; sie werden sich betrogen fühlen und dem Partner den Vorwurf machen, sie mit Bedacht hinters Licht geführt zu haben. Die Tendenz geht dann dahin, überkritisch zu sein und dort, wo zuvor nur Gutes zu sein schien, nur noch das Negative zu sehen. Menschen mit dem Löwe-Mars dramatisieren gerne, und sie haben ihre Freude daran, wenn sie aufgrund ihrer Selbstdarstellung Mitgefühl und Anteilnahme ernten. Bei den gleichzeitig vorhandenen Charaktereigenschaften Stolz und Unnachgiebigkeit kann es sein, daß sich das Verhaltensmuster, andere bloßzustellen und sich über Kränkungen zu beklagen, einige Male wiederholen könnte. Es besteht aber die Chance, schließlich zur Einsicht zu kommen, daß es die eigenen unrealistischen Erwartungen waren, die zu der Enttäuschung geführt haben.

Für den Menschen mit einem Löwe-Mars bedeutet die Sexualität im allgemeinen eine der großen Freuden des Lebens. Er ist sehr darum bemüht, den richtigen Rahmen zu schaffen. Das Schlafzimmer ist möglicherweise der wichtigste Raum in seiner Wohnung und mit schönen und sanften Farben ausgestattet. Die Sexualität ist für diesen Menschen etwas ganz Besonderes, und er hält es nur für folgerichtig, ihr im Hinblick auf die Atmosphäre große Aufmerksamkeit zu schenken. Wir können hier vielleicht den Vergleich mit einer Uraufführung auf der Bühne ziehen: Alles wird getan, damit der Erfolg sichergestellt ist. Diese Menschen wissen genau, was anderen gefällt, und sie vergessen niemals, daß Sexualität im Grunde Unterhaltung ist. Sie geizen nicht mit Komplimenten und Aufmerksamkeit, und sie sorgen dafür, daß sich der Partner geliebt und geschätzt fühlt.

Weil ihr Selbstwertgefühl mit der Sexualität gekoppelt ist, können Kritik und Zurückweisung große Probleme bedeuten. Oftmals fühlen diese Menschen sich verpflichtet zu beweisen, daß sie bessere Liebhaber als alle anderen sind. Das kann zur Folge haben, daß sie sich selbst ihrer natürlichen Spontanität berauben. Wenn sie sich auf ihre instinktive Wahrnehmung verlassen, haben sie ein angeborenes Wissen für das, was Vergnügen bereitet. Zusammen mit ihrer Warmherzigkeit und ihrem Enthusiasmus kann sie das zu großartigen Liebhabern machen.

Menschen mit einem Löwe-Mars fühlen sich vom Erfolg angezogen. Sie wünschen, daß ihre Liebespartner sie in ihrer Identität bestätigen und vielleicht auch ihren Status erhöhen. Das erklärt, warum Besitz und Ruhm ihnen so viel bedeuten. Sie lieben es, gut und in Wohlstand zu leben. Derjenige, der ihnen dies bieten kann, hat eine große Anziehungskraft auf sie. Auf der anderen Seite macht es ihnen aber auch Spaß, das eigene Vermögen zu teilen. Wie dem im Einzelfall auch sein mag – der Mensch mit der Löwe-Venus verfügt über die Fähigkeit, das Leben mit all seinen Vergnügungen zu genießen, und es ist wichtig für ihn, daß auch der Partner diese Einstellung mitbringt. Er verliert schnell das Interesse an demjenigen, der sich nicht so lebenshungrig wie er selbst zeigt.

Der Mars im Löwen kann manchmal mit einem arroganten und selbstherrlichen Verhalten einhergehen. Die Ansicht, sein eigenes Gesetz zu sein, könnte den Grund für dramatische Konflikte in der Beziehung liefern. Wenn diese Menschen sich erst einmal festgelegt haben, fällt es ihnen schwer zuzugeben, daß sie einem Irrtum unterlegen sind. Manchmal beenden sie lieber eine Partnerschaft, statt Fehler einzuräumen.

Reizbar und leicht verletzlich, gibt es nichts Schlimmeres für diesen Menschen, als abgelehnt zu werden. Er braucht die fortwährende Bestätigung, um sich begehrt zu fühlen. Wenn er das Gefühl hat, daß jemand auf ihn herabsieht oder Witze über ihn macht, erkaltet sein Verlangen sofort. Damit die Beziehung Bestand haben soll, muß dieser Mensch immer wieder Beweise erhalten, daß er geschätzt und respektiert wird. Es ist notwendig, daß der Partner ihm immer wieder Lob und Anerkennung zukommen läßt. Bleibt dies aus, fühlt er sich unwohl, und die Beziehung wird wahrscheinlich ein schnelles Ende nehmen.

Für denjenigen, der den Mars im Zeichen Löwe hat, ist Sexualität eine Quelle der Lebenskraft und Grundbestandteil des Identitätsgefühls. Diese Menschen benutzen Sexualität, um sich ihre Einzigartigkeit zu beweisen, was heißt, daß sie sich kopfüber in Abenteuer stürzen. Sexualität ist für sie ein kreativer Akt, und wenn sie ihn vollzogen haben, fühlen sie Stolz auf das, was sie geschaffen haben. Sie haben ausgeprägte Grundsätze, und Vertrauen und Loyalität sind für sie die Voraussetzung für eine gute Beziehung.

♂♐ Mars im Schützen

Mit dieser Stellung besteht die Neigung, sehr viel von der Sexualität zu erwarten. Sex kann diesem Menschen ein Mittel zur Selbsterkenntnis sein und seinem Leben erst einen Sinn verleihen, was möglicherweise heißt, daß er zu einer Religion erhoben wird. Denkbar ist als Resultat hieraus ein promiskuitives Verhalten, welches aber nur der

Ausdruck für die ersehnte spirituelle Erleuchtung wäre. Es ist durchaus vorstellbar, daß dieser Mensch aus seinem persönlichen Bedürfnis nach sexueller Freiheit ein Dogma macht. An der Oberfläche könnte er dann glücklich und lebenslustig erscheinen, im Inneren aber dürften Leere, Verzweiflung und das Gefühl, betrogen worden zu sein, herrschen, aus dem Grund, daß das Leben den Erwartungen letztlich nicht entspricht. Daraus resultiert dann möglicherweise der neuerliche Drang, in sexueller Hinsicht Heilung für den inneren Schmerz zu suchen.

Wie bei den anderen Feuerzeichen auch – hier allerdings in noch stärkerem Maße –, besteht die Tendenz, sich durch den Körper beschränkt zu fühlen. Dieser Mensch fühlt das Verlangen, Geist zu sein, was als Konsequenz bedeuten kann, daß er das Körperliche außer acht läßt. Diese Auswirkung können wir bei demjenigen sehen, der sich der «Macht des Fleisches» entzieht und sich ganz und gar dem Geist widmet, also der Sexualität vollständig entsagt.

Im allgemeinen aber ist eine weniger extreme Haltung zu beobachten. In den meisten Fällen besteht der Wunsch, daß Sexualität dem Leben einen besonderen Sinn verleiht. Für gewöhnlich soll Sex das Leben in spiritueller Hinsicht bereichern und einen Weg zur Weiterentwicklung zeigen. Dabei wirken Unterschiede und Herausforderungen anregend, was heißt, daß oftmals Partner mit einem anderen Hintergrund gesucht werden, die eine neue Perspektive verkörpern oder eine Erweiterung des Horizontes bewirken können.

Die impulsive Wesensart von Menschen mit einem Schütze-Mars bewirkt, daß sie oftmals zu schnell Beziehungen eingehen, mit dem Resultat, daß sie sich sogleich beschränkt und eingeengt fühlen. Vielleicht tauchen die ersten Gedanken an das Ende der Partnerschaft auf, kaum daß sie begonnen hat. Häufig besteht auch die Neigung, vor Problemen davonzulaufen und die Konsequenzen, die sich aus dem eigenen Handeln ergeben, nicht zu analysieren. Die Weigerung, Verantwortung zu übernehmen, kann ihren Grund in dem Charakterzug haben, sich selbst nicht infragezustellen und damit die Schuld auf den Partner zu schieben.

Um die Sexualität wirklich genießen zu können, brauchen diese Menschen das Gefühl, frei zu sein und spontan handeln zu können. In einer Beziehung, in der dies möglich ist, zeigen sie sich aktiv, unbeschwert und experimentierfreudig. Sie brauchen Abwechslung und fühlen sich schnell gelangweilt, wenn alles in gewohnten Bahnen verläuft.

Menschen mit einem Schütze-Mars möchten, daß Beziehungen Spaß bringen. Sie haben ihre Freude daran, gemeinsam mit dem Partner ins Kino, ins Konzert oder zu anderen Veranstaltungen zu gehen. Gemeinsam betriebener Sport kann einen großen Genuß bedeuten – ein morgendlicher Dauerlauf oder ein anregendes Tennisspiel könnte das reinste Aphrodisiakum sein.

Mit dieser Stellung ist die Fähigkeit gegeben, dem Partner viel Lebenslust zu vermitteln. Diese Menschen verfügen über viel Warmherzigkeit, die sie offen zum Ausdruck bringen. Sie zeigen deutlich, wen sie begehren, und in ihrem Wohlwollen und Optimismus gehen sie davon aus, begehrt zu werden, was zu einem offenen und selbstsicheren Auftreten führt. Wenn sie einmal eine Abfuhr erhalten, werden sie einfach einen neuen Versuch starten – oder aber ihre Aufmerksamkeit auf etwas anderes richten. Diese Menschen können allerdings auch dazu neigen, gedankenlos mit den Gefühlen anderer umspringen, nach dem Motto: Erst handeln und dann denken, was auf sensible Gemüter verletzend wirken kann. Ganz allgemein besteht hier die Schwierigkeit, sich vollständig auf das Hier und Jetzt einzulassen und sich in den Partner einzufühlen – der Blick dieser Menschen ist auf den fernen Horizont gerichtet. Sie ignorieren gerne bestehende Schwierigkeiten, was auch seine Gültigkeit für die Gefühle der anderen hat. Anstatt sich mit den vorhandenen Problemen auseinanderzusetzen, beschäftigen sie sich damit, ihren Visionen und Träumen nachzuhängen. Für denjenigen, der diese Träume teilen will, kann das allerdings ein spannendes Abenteuer sein.

♂▽ *Mars im Element Erde*

Mars in den Erdzeichen ist in vielerlei Weise sehr geradeheraus. Jemand mit dieser Stellung dürfte Spaß daran haben, sich körperlich zu betätigen. Oftmals besteht hier ein starkes Verlangen nach Sexualität und physischem Kontakt, und im allgemeinen sind diesbezüglich keine Komplexe vorhanden. Was gesucht (und geboten) wird, ist bodenständige und sinnenfreudige Sexualität.

Menschen mit dem Mars in einem Erdzeichen vermitteln Sicherheit. Sie haben eine beruhigende und bestätigende Ausstrahlung. Sie wissen, mit wem sie zusammensein und was sie machen wollen und was nicht. Mit einem Mars in einem Erdzeichen ist im allgemeinen ein bestimmtes Auftreten verbunden, so daß der Partner weiß, woran er ist. Vielleicht sind anfänglich Probleme damit verbunden, eine sexuelle Beziehung aufzunehmen – ist der Kontakt aber erst einmal hergestellt, zeigt sich der Mensch mit einem Mars in einem Erdzeichen in jeder Hinsicht als verläßlich und vertrauenswürdig.

Mit dieser Stellung besteht eine praktische und vernünftige Einstellung zur Sexualität. Dieser Mensch verliert sich nicht in ausschweifenden Fantasien oder abgehobenen Vorstellungen – er ist auf nichts anderes als auf natürliche körperliche Nähe ausgerichtet. Der Körper mit seinen Funktionen ist ein Gegenstand des fortwährenden Interesses für ihn, was diesen Menschen zu einem guten Liebespartner macht. Er akzeptiert seinen Körper und den seines Partners – was es diesem erleichtern kann, die eigenen Bedürfnisse anzunehmen.

Der Mensch mit dem Mars in einem Erdzeichen weiß, was ihm in physischer und in sexueller Hinsicht gefällt, und es bereitet ihm keine Schwierigkeiten, dies dem Partner mitzuteilen. Dessen Wünsche sind ihm gleichfalls wichtig. Diese Offenheit kann etwas vollständig Neues für denjenigen bedeuten, der in seinem Horoskop über wenig Erd-Energie verfügt. In diesem Fall ist es denkbar, daß das Verhalten des Menschen mit dem Erd-Mars als unschicklich oder sogar als derb angesehen wird.

Für denjenigen, der den Mars in einem Erdzeichen im Horoskop hat, müssen Sexualität oder physische Bedürfnisse nicht unbedingt etwas mit Gefühlen zu tun haben. Sex ist hier oftmals nur ein rein körperliches Bedürfnis, was zur Folge haben kann, daß die Gefühle des Gegenübers nicht erkannt werden. Vielleicht handelt es sich um einen Menschen, der in bezug auf die physische Seite der Sexualität gewissermaßen ein Experte ist, bei allem Können aber den Partner emotional auf Distanz hält. Wenn im Horoskop wenig Wasser-Energie vorhanden ist, wird das emotionale Element möglicherweise sogar als Bedrohung empfunden. Der Mangel an Gefühl kann in der Beziehung mit einer Person mit stärkeren emotionalen Bedürfnissen zu Problemen und zur gegenseitigen Entfremdung führen.

Wer in seinem Horoskop den Mars in einem Erdzeichen hat, ist bekannt für seine Ausdauer und Zielstrebigkeit sowie dafür, daß die Methoden, derer er sich bedient, erprobt sind. Dies gilt auch für die Sexualität, die mitunter zu einer Art körperlichem Routinevorgang wird. Dieser Mensch beschränkt sich unter Umständen im Hinblick auf Sex auf eine Verhaltensweise, die sich einmal als befriedigend herausgestellt hat, was für eine länger bestehende Beziehung aber etwas Monotones bedeuten kann. Denkbar wäre hier auch der «Samstagabend-Sex». Weil das Element Erde auf das Praktische ausgerichtet ist, sieht der Mensch mit einem Erd-Mars Sexualität vielleicht als eine Aufgabe an, die so effektiv wie möglich im Rahmen eines festen Schemas erledigt werden muß. Im schlimmsten Fall ist Sex für ihn eine reine körperliche Notwendigkeit oder auch eine Pflicht. Mit dieser Mars-Stellung kann ein beträchtliches Maß an Selbstkontrolle verbunden sein, was möglicherweise jegliche Spontanität verhindert.

In bezug auf den bereits angeführten Punkt der Sensibilität ist zu sagen, daß eine natürliche Begabung für die Berührung besteht, die sich in einem ausgeprägten Talent für die Massage äußern kann. Auch wenn dieses Talent nicht berufsmäßig genutzt wird, besteht ein tiefes Wissen darum, was körperlich wohltut, und jemand zu massieren bereitet diesem Menschen im allgemeinen eine innere Befriedigung. In gleicher Weise, wie die Empfänglichkeit gegenüber den sinnlichen Wahrnehmungen besteht, ist ein Wissen um den Muskelapparat vorhanden sowie darum, wie die Verspannungen zu lösen sind, die sich als Folge von Streß ergeben haben. Dieser Mensch hat keine Angst vor dem Körper, und diese Vertrautheit bedeutet Stärke und Schwäche zugleich.

♂♉ *Mars im Stier*

Mit dem Mars im Zeichen Stier ist eine gute Verbindung zum Instinkt und den körperlichen Bedürfnissen gegeben. Es handelt sich hier um starke und vernünftige Menschen, die eine eindeutige Einstellung gegenüber der Sexualität haben und die großes Vergnügen aus ihrer Sinnenfreude und dem geschlechtlichen Verkehr ziehen. Der Sex als rein körperliches Vergnügen übt eine große Faszination auf sie aus, und sie brauchen dabei keine besondere Atmosphäre. Diese Menschen bejahen ihren Körper und ihre physischen Bedürfnisse. Sensiblere Gemüter mögen sie manchmal etwas rauh finden.

Mit dem Mars in einem Erdzeichen besteht zwischen Liebe und Sex ein großer Unterschied. Für den Menschen, der den Mars im Zeichen Stier hat, gilt dies in besonderem Maße, ganz einfach aus dem Grund, weil sein Verlangen so stark ist. Es fällt ihm sehr schwer, enthaltsam zu leben, und wenn kein Partner da ist, wird er so lange suchen, bis er einen gefunden hat. Vielleicht besteht dann eine eher pragmatische Einschätzung dieser Beziehung sowie eine Unsensibilität gegenüber der doppelten Moral, die mit ihr verbunden sein kann. Allerdings wäre es durchaus denkbar, daß sich die Gefühle auf dramatische Weise ändern, wenn sich die Beziehung vertieft.

Der Stier dürfte das Tierkreiszeichen sein, das die meisten Besitzansprüche stellt. Menschen mit dem Mars in diesem Zeichen könnten denn auch ihren Liebespartner als ihr Eigentum betrachten. Hier besteht ein Unterschied zu dem emotionalen Besitzanspruch, den jemand mit dem Mars im Zeichen Skorpion stellt. Mit dem Stier bekommt der Partner etwas von einem wertvollen Objekt, in das vom persönlichen Selbst investiert wird. Untreue stellt hier eine so große Bedrohung dar, daß sie schlichtweg nicht zu ertragen ist. Diese Menschen neigen dazu, ihre Partner hochzuschätzen und als Besitz zu behandeln – in gewisser Weise so, als wären sie eine Erweiterung ihres eigenen Wesens. Was sie erwarten, ist absolute Treue. Zu behaupten, daß diese Menschen eifersüchtig und besitzergreifend wären, ist fast noch eine Untertreibung.

In gewisser Weise ist dies eine «primitive» Mars-Stellung – wir haben es hier sozusagen mit einem Mann oder einer Frau aus der Steinzeit zu tun. Die freizügigeren Ansichten im Hinblick auf Partnerschaften, die der Rest der Welt inzwischen gewonnen hat, sind zu diesem Menschen noch nicht durchgedrungen. Er hat sich die traditionellen Werte bewahrt, was heißen könnte, daß in diesen Beziehungen noch die alten Rollenmuster zum Tragen kommen.

Menschen mit einem Stier-Mars gehen beim Aufbau einer Beziehung eher langsam vor. Sie überstürzen nichts und lassen sich Zeit, den zukünftigen Partner kennenzulernen. Wenn sie intim werden, heißt das für sie noch lange nicht, daß damit eine feste Verbindung besteht. Beim Überprüfen der Perspektiven für die Beziehung sind sie ebenfalls sehr pragmatisch. Wenn sie aber einmal eine Verpflichtung eingegangen sind – was ihnen nicht schwerfällt –, zeigen sie sich loyal und vertrauenswürdig. Sie präsentieren sich von ihrer besten Seite, wenn sie das Gefühl haben, daß ihre Beziehung sicher ist.

♂ ♍ Mars in der Jungfrau

Menschen mit dieser Stellung sind im allgemeinen bescheiden und reserviert. Sie verfügen wie die anderen Erdzeichen auch über eine große sinnliche Sensibilität, bringen dies aber nicht so deutlich zum Ausdruck. Sexualität hat hier nicht die Bedeutung, die wir beim Stier-Mars beobachtet haben. Anders als bei diesem können Menschen mit einem Jungfrau-Mars über einen längeren Zeitraum enthaltsam leben, wenn niemand da ist, der sie interessiert. Wenn dann eine Beziehung aufgenommen wird, können sie sich allerdings in der ersten Zeit, wie um einen Ausgleich für die vorausgegangene Abstinenz zu schaffen, besonders aktiv zeigen.

Der Mensch mit einem Jungfrau-Mars hat Freude an seinem Körper, die er auf eine praktische und konkrete Weise zum Ausdruck bringt. Er weiß, welche physischen Bedürfnisse er hat. Er wird sich aber hüten, in Exzesse zu verfallen – wie es mit einem Stier-Mars der Fall sein kann. Menschen mit einem Jungfrau-Mars sind in ihrem Verhalten vorsichtiger und mehr auf ihre körperliche Gesundheit orientiert.

Wer den Mars in diesem Zeichen hat, wird sich nur langsam und mit Vorbehalten auf eine Beziehung einlassen. Diese Menschen sind bemüht, keinen Fehler zu machen, was heißt, daß sie ihren Partner mit Sorgfalt auswählen. Vielleicht gibt es bestimmte Punkte, die für sie von besonderer Wichtigkeit sind. Im Extremfall könnte der angehende Partner das Gefühl bekommen, ein Bewerber für eine Stelle zu sein, der einen Fragebogen ausfüllen muß, um seine Eignung nachzuweisen. Das Zeichen Jungfrau steht dafür, wählerisch und manchmal auch überkritisch zu sein. Wer den Mars in diesem Zeichen hat, bringt diese Eigenschaften möglicherweise in seinem Verhalten gegenüber dem Liebespartner zum Ausdruck.

Jungfrau steht weiterhin für Analyse, und mit dem Mars in diesem Zeichen kann der Mensch analytisch bis ins Extrem sein. In der schlimmsten Auswirkung heißt das, daß er in dem Versuch, die Details einer Situation zu erfassen und zu verstehen, gar nicht mitbekommt, worum es überhaupt geht. Er kann eine Situation so lange analysieren, bis nichts mehr übrigbleibt. Wenn sich dies in positiverer Form äußert, bedeutet das, daß die Fähigkeit gegeben ist, über die Dinge zu reden und über sich und den Partner nachzudenken.

Mit dem Mars im Zeichen Jungfrau könnte der Wunsch bestehen, daß der Partner ein praktischer Mensch ist, der sich gerne nützlich macht und vielleicht bei technischen Dingen helfen kann. Vielleicht bringt dies dieser Mensch aber auch selbst zum Ausdruck. Gemeinsam etwas zu tun ist für ihn im Rahmen der Beziehung sehr wichtig.

♂ ♑ *Mars im Steinbock*

Wer den Mars in diesem Zeichen hat, wird Autorität verkörpern und etwas Würdevolles und Aufrechtes und vielleicht sogar Vornehmes haben. Diese Menschen geben ein Beispiel von Selbstbeherrschung und Anstand. Alle Erdzeichen bedeuten Selbstkontrolle, Vorsicht und Reserviertheit – am meisten aber gilt dies für das Zeichen Steinbock. Vielleicht ist das deshalb der Fall, weil ihre persönliche Würde auf dem Spiel steht – und nichts ist ihnen so wertvoll wie diese. Sie würden sich allen nur erdenklichen Beschränkungen unterwerfen, um sich ihr Ansehen zu erhalten.

Beim Eingehen einer sexuellen Beziehung ist es diesen Menschen wichtig, keine unangemessen Schritte zu unternehmen. Zurückweisung bedeutet für sie den Verlust von Würde. Sie haben ein starkes Bedürfnis nach Sexualität und körperlichem Kontakt – und wenn sie sich ihrer Beziehung sicher sind, zeigen sie sich genauso leidenschaftlich wie der Mensch mit einem Stier-Mars. Wer den Mars im Zeichen Steinbock hat, geht vielleicht unendlich langsam dabei vor, den Kontakt herzustellen. Ist dies aber erst einmal geschafft, wünscht er sich die Belohnung für sein Vorgehen. Er nimmt die sexuelle Beziehung ernst und erwartet, daß sie von Dauer ist.

Wie wir es schon beim Jungfrau-Mars gesehen haben, besteht die Fähigkeit, über längere Zeiten hinweg enthaltsam zu leben. In diesen Phasen der Askese kann dieser Mensch dadurch überleben, daß er seine sexuellen Bedürfnisse aus seinem Bewußtsein verbannt und sich voll und ganz seiner Arbeit verschreibt. Ist ein Partner vorhanden, läßt er etwas von seiner Selbstkontrolle fallen. In diesem Falle wird deutlich, wie sinnlich er ist.

Mit dem Steinbock-Mars ist ein großer Ehrgeiz gegeben. Es ist denkbar, daß diese Menschen ihren Partner danach auswählen, ob er ihnen bei ihrer Karriere behilflich sein oder – vielleicht aufgrund seines Besitzes – ihr Ansehen erhöhen kann. Vielleicht öffnet die Verbindung Türen, die sonst geschlossen geblieben wären. Das ist weniger Kalkül als es scheint – die Person mit dem Steinbock-Mars fühlt sich einfach angesprochen durch Geld oder Ansehen. Auch vorstellbar wäre, daß beide Partner zusammen ein Geschäft eröffnen oder eine Unternehmung gründen. Dabei kann die Grenzlinie zwischen beruflicher und sexueller Partnerschaft verschwimmen. Diese Stellung ist ideal für Menschen, die in der Beziehung Sexualität und Arbeit miteinander verbinden wollen.

♂♎ *Mars im Element Luft*

Menschen, die den Mars in einem Luftzeichen haben, bemühen sich darum, ihre Individualität durch Ideen, Worte und durch Kommunikation zum Ausdruck zu bringen. Sie denken eher, als daß sie handeln. Sie sind bestrebt, auf einer rationalen Basis aktiv zu werden, was es ihnen schwermacht, ihren inneren Eingebungen zu folgen. Das kann heißen, daß sie gegenüber ihrer Sexualität und ihrer Triebnatur Vorbehalte verspüren, weil diese nicht so rational sind, wie sie es gerne hätten. Es kann ein großes Unbehagen gegenüber den tiefen und nicht näher zu beschreibenden Gefühlen herrschen, die im Zusammenhang mit der Sexualität aufsteigen. Dies ist ein fremdes Gebiet für sie, und sie versuchen es zu erforschen, indem sie sich mit anderen über ihre Gefühle unterhalten. Als Folge davon könnten sich endlose Diskussionen darüber ergeben, welche Person denn nun die Richtige für die große Liebe ist.

Diese Menschen kennen ihre unbewußten Antriebskräfte nicht oder nur zu einem geringen Teil. Das läßt sie dazu neigen, andere wegen vermeintlicher Unvernünftigkeit und Überemotionalität zu kritisieren – wo sie es doch sind, die sich häufig flatterhaft in ihrem Verhalten zeigen. Als Konsequenz dieser Spaltung zwischen dem Inneren und dem Äußeren können sich bezüglich dessen, was sich diese Leute wünschen, fortwährend Veränderungen ergeben. Sie wissen einfach nicht, was sie wirklich wollen.

Wer den Mars im Element Luft hat, richtet viel Energie auf Freundschaften und soziale Kontakte und benutzt mitunter Sexualität als ein Mittel, andere kennenzulernen. Vielleicht ist das erste, was er mit einer neuen Bekanntschaft macht, mit ihr ins Bett zu gehen. Das kann den Blick darauf verstellen, daß das, was er sucht, in erster Linie

Freundschaft ist. Dementsprechend ist oft zu beobachten, daß das sexuelle Verlangen nachläßt, wenn die Beziehung etabliert ist. Mars zeigt, was wir zum Überleben brauchen – seine Stellung in einem Luftzeichen besagt, daß der Mensch viel Kontakt und Ideenaustausch benötigt, um sich lebendig zu fühlen. Zu oft allein zu sein stellt für ihn eine schwerwiegende Bedrohung dar. Kennzeichnend für diese Menschen ist, daß sie sich von der Welt der Ideen angezogen fühlen, und es ist die Grundbedingung für eine Beziehung, daß der andere die gleichen oder ähnliche Ansichten und Überzeugungen hat. Ein interessanter Geist reizt diese Menschen mehr als ein schöner Körper.

Mit dieser Stellung kann ein gewisser Mangel an Leidenschaft bestehen, der möglicherweise auf der Einstellung beruht, daß Sex letztendlich nicht wichtig ist. Das Körperliche ist nicht die Stärke dieser Menschen – ihr Zuhause ist die Welt der Vorstellungen. Auch am Sex ist es mehr die Vorstellung, die sie reizt, und es macht ihnen viel Vergnügen, darüber zu lesen, nachzudenken oder zu sprechen.

Diese Menschen fühlen sich hingezogen zu denjenigen, die von intellektuellem und kommunikativem Wesen sind. Sich mit anderen auseinandersetzen regt ihr sexuelles Verlangen an – eine lebhafte Diskussion bedeutet für sie in jeder Beziehung Lustgewinn. Für sie ist Sex ein Mittel der Kommunikation beziehungsweise eine Möglichkeit, andere besser kennenzulernen. Für sie hat Sex etwas von einem Dialog, und sie brauchen das Gefühl, als Persönlichkeit – und nicht nur als Sexobjekt – akzeptiert zu werden. Diese Menschen fühlen sich verletzt, wenn der Partner Sex nur als etwas Physisches betrachtet – es ist die Kommunikation, die für sie das Entscheidende ist. Ist diese nicht gewährleistet, fühlen sie sich isoliert und unverstanden.

Weil ihnen Worte so viel bedeuten, stehen sie in einem fortwährenden Austausch mit ihrem Partner. Für sie ist die Berührung eine Form des Redens und Sprache eine Form der Zärtlichkeit. Die Vorstellung, ohne Kontakt zu sein, ist ihnen unerträglich, und wenn sie einmal von ihrem Partner getrennt sind, wird kein Tag vergehen, an dem sie ihn nicht anrufen oder ihm schreiben.

Wenn diese Menschen sich verletzt oder angegriffen fühlen, reagieren sie auf verbale Weise. Sie werden Worte wie Geschütze abfeuern, was emotional empfindliche Menschen sehr treffen kann. Von ihrem Naturell her ist Ärger ihnen eigentlich fremd, was vielleicht auch der Grund dafür ist, daß sie sich in ihrem Zorn manchmal wütender zeigen als sie wirklich sind. Sie sind bestrebt, immer rational und gerecht zu sein, was sich nicht mit Zorn und Ärger verträgt. Im allgemeinen haben sie wohlüberlegte Ansichten zur Sexualität, welche sie in ihrem Leben auch zu verwirklichen suchen. Dabei erwarten sie, daß sich auch der Partner nach diesen richtet. Es ist sehr wichtig für sie, alles durchzusprechen, und sie sind gegenüber dem, was der Partner sagt, durchaus offen. Allerdings gehen sie dabei davon aus, daß ihr Standpunkt berücksichtigt wird. Für diese Menschen ist das Grundelement einer sexuellen Beziehung die Geistesverwandtschaft. Sie sind ihren Partnern allzeit aufmerksame Liebhaber und aufrichtige Weggefährten.

♂♊ Mars in den Zwillingen

Die Rastlosigkeit, die ein Kennzeichen aller Luftzeichen ist, tritt im Zeichen Zwillinge am deutlichsten hervor. Wer hier den Mars hat, kann kaum eine Minute stillbleiben. Diese Menschen sind immer unterwegs, von einem Ort zum anderen und von einem Menschen zum nächsten. Es trifft sie hart, wenn sie niemanden haben, mit dem sie reden können. Sind sie einmal allein, greifen sie sofort zum Telefon. Und was das Unterwegs-Sein betrifft: Das schnurlose Telefon ist bestimmt von jemandem erfunden worden, der den Mars im Zeichen Zwillinge hat.

An allem und jedem interessiert, haben diese Menschen ihre Probleme damit, ihr Verlangen auf eine Person zu konzentrieren. Sexualität kann für sie der einfachste Weg sein, jemanden kennenzulernen. Dementsprechend lassen sie sich häufig auf sexuelle Affären ein, um sehr schnell wieder die Lust zu verlieren. Wenn sie dann den Kontakt als freundschaftliche Beziehung weiterführen wollen, kann es sein, daß der Partner unzufrieden ist, weil das Sexuelle fehlt. Es gibt keinen Menschen, der so schwer festzulegen ist wie derjenige mit dem Zwillings-Mars. Das, was er will, ändert sich in jedem Augenblick, und das macht es schwierig für ihn, eine Verpflichtung gegenüber einer anderen Person einzugehen. Weil Sexualität und Freundschaft für diese Menschen so eng miteinander verbunden sind, hört sich für sie die Aufforderung zur Treue so an, als dürften sie nur noch mit ihrem Partner reden – ein Zustand, der für den Zwillings-Mars einfach nicht zu ertragen ist. Darüber hinaus ist Sex für sie eine ganz natürliche Sache, eine schöne Abwechslung, und sie können von ihrem Wesen her nicht nachvollziehen, warum andere soviel Aufhebens um sie machen und Besitzansprüche stellen.

Dieser Mensch sucht die Gesellschaft von lebhaften und schwungvollen Leuten, die für alles, was Spaß macht, offen sind. Häufig fühlt er sich angezogen von Jüngeren. Die körperliche Erscheinung ist ihm nicht wichtig, für ihn zählt ein wacher Geist und Sinn für Humor. Er zeigt sich gegenüber denen, die er mag, recht streitlustig, und er genießt es, wenn andere ähnlich reagieren. Wortgefechte regen ihn an – sie sind seine Art, jemandem den Hof zu machen, und vielleicht schwatzt und witzelt er sogar während des Liebesaktes.

Das Zeichen Zwillinge steht für Neugier. Menschen mit dem Mars in dieser Position stellen fortwährend Spekulationen darüber an, wie es wäre, mit diesem oder jenem ins Bett zu gehen. Dies sowie das Reden über Sex überhaupt macht ihnen großen Spaß. Zu flirten ist ihnen ebenfalls eine große Quelle des Vergnügens. Sie fassen den Flirt als eine Form des verbalen Austausches auf, der nicht unbedingt auf etwas zielen muß. Das kann für denjenigen, der diese Signale erhält, verwirrend sein – er unterstellt eine Absicht, wo es keine gibt. Wer Adressat dieser Botschaft ist, hat dann vielleicht keine Vorstellung davon, daß der Flirt kein Vorspiel, sondern etwas ganz anderes ist.

Die Zerrissenheit des Zwillings-Zeichens macht sich dann bemerkbar, wenn der Wunsch besteht, etwas anderes als den normalen und oberflächlichen Sex zu erleben, was zu tiefen Gefühlen von Unzufriedenheit führen kann. Tief in ihrem Inneren gibt es in diesen Menschen etwas, das sich nach intensiven und bedeutungsvollen Verbindungen zu anderen sehnt. Sexualität kann für sie eine Kommunikationsform sein, die aussagekräftiger als alle Worte ist.

Was Menschen mit einem Zwillings-Mars im Horoskop brauchen, ist ein Gesprächspartner, der zuhört. Um davon überzeugt zu sein, daß sie begehrt werden, müssen sie sich als Person und als Gefährte anerkannt fühlen. Das ist wichtiger, als nur miteinander zu schlafen.

♂ ♎ *Mars in der Waage*

Der Mars im Zeichen Waage bedeutet einen fast unlösbaren Widerspruch. Das Mars-Prinzip bringt zum Ausdruck, wie jemand auf das losgeht, was er braucht, und wie er sich selbst darstellt. Das Waage-Zeichen steht dafür, wie die Verbindungen zu anderen beschaffen sind;

wir können mit seiner Hilfe Selbsterkenntnis gewinnen, indem wir die anderen als Spiegel benutzen. Diese zwei widersprüchlichen Prinzipien sind nur sehr schwer in Harmonie zueinander zu bringen. Wie kannst du dich selbst darstellen oder dir darüber klarwerden, was du willst, wenn du die Bedürfnisse der anderen beachten mußt?

Menschen mit einem Waage-Mars widmen dem, was die anderen wollen, große Aufmerksamkeit. Sie neigen dazu, sich über ihre eigenen Energien und sexuellen Bedürfnisse nicht im klaren zu sein. Sie wissen nicht, was sie selbst wollen – bis zu dem Moment, wenn sie entdeckt haben, was der andere will. Wenn du jemanden mit einem Waage-Mars fragst, was er will, wird er unbestimmt antworten und sich erkundigen, was du vorhast. Das macht es fast unmöglich, zu Entscheidungen zu kommen. Diese Menschen können sich nicht auf ihr Inneres konzentrieren, um eine Antwort zu finden – sie blicken immer nach außen und hoffen darauf, daß andere ihnen die Entscheidungen abnehmen. Aufgrund dieser Tatsache wirken sie widersprüchlich, und tatsächlich senden sie zu allen Zeiten doppeldeutige Botschaften aus. Und wenn sie einmal eine Ansicht mit Entschiedenheit vorgetragen haben, machen sie im nächsten Moment Einschränkungen und stellen damit ihre Aussage wieder infrage.

Was das Geschlechtsleben angeht, akzeptieren Menschen mit einem Waage-Mars das, was allgemein üblich ist. Sie haben eine Neigung zu den auf dem Venus-Prinzip beruhenden Liebesbriefen, Dankesnoten sowie zum Briefeschreiben überhaupt, das ja dem Aufrechterhalten von Beziehungen dient. Von eher romantischem und charmantem Wesen, wissen sie, was gefällt. Für das, was der Partner unternimmt, haben sie ein anteilnehmendes Interesse. Das Wohlbefinden des Partners liegt ihnen am Herzen, und sie verfügen über die Fähigkeit, zu jeder Zeit die richtigen Fragen zu stellen und Antworten zu geben. Das kann auf die Partner sehr verführerisch wirken.

Diese Menschen lieben es, sich schlagfertig zu zeigen und zu flirten. Das kann soweit führen, daß sie über ihren fortwährenden Flirts niemals etwas geregelt bekommen. Es macht ihnen Freude, eine schöne Atmosphäre zu schaffen – ein intimes Abendessen zu zweit mit Kerzenlicht und sanfter Musik. Alles stimmt, die Andeutungen sind gemacht, die Liebe liegt in der Luft – und nichts passiert. Das hat seinen Grund darin, daß das Waage-Prinzip sich wohler fühlt mit den gesellschaftlichen Konventionen als mit der störenden körperlichen Nähe der Sexualität. Menschen mit einem Waage-Mars begründen und unterhalten gerne Beziehungen, versuchen dabei aber, zu große Nähe zu vermeiden, wobei sie vielleicht Höflichkeit und Aufmerksamkeit als eine Art Schranke benutzen. Nichtsdestotrotz ist es das sexuelle Verlangen, das sie Beziehungen eingehen läßt. Ist die Verbindung dann etabliert, kann es sein, daß Sexualität keine große Rolle mehr spielt. Diese Menschen sind dann in der Lage, ihre Aufmerksamkeit darauf zu richten, dem Partner zu gefallen und die Beziehung zu erhalten.

♂ ♒ Mars im Wassermann

»Wenn er stirbt, werden Fremde um ihn sein – er will nicht mit mir leben.« Diese Worte aus dem Song *The Altruist and the Needy Case* von Dory Previn bringen zum Ausdruck, um was es beim Wassermann-Mars geht. Von eher kühlem und unpersönlichem Wesen, kämpfen diese Menschen bis zum bitteren Ende für das, woran sie glauben, wobei sie große Schwierigkeiten damit haben, Nähe und Gefühle zuzulassen.

Wenn sich diese Menschen auf etwas einlassen, bekommen sie schnell das Gefühl einer klaustrophobischen Enge. Ihre Einstellung zur Sexualität ist intellektuell und abgehoben; sie haben sehr große Schwierigkeiten, mit Emotionen umzugehen. Im allgemeinen bestehen ausgeprägte Ansichten zur Freiheit der Persönlichkeit, was bedeutet, daß Ehrlichkeit und Offenheit ihnen wichtiger sind als sexuelle Treue. Dabei ist Wassermann aber ein festes Zeichen, was Beständigkeit verheißt. Menschen mit dieser Mars-Stellung haben zumeist Beziehungen, die sich über lange Zeit hin erstrecken. Allerdings muß das nicht bedeuten, daß sie sich auf einen Partner beschränken – vielleicht bestehen zur gleichen Zeit Beziehungen zu verschiedenen Partnern. Wie bei den anderen fixen Zeichen auch sind Loyalität und Vertrauen wichtig. Wenn einmal ein Betrug stattgefunden hat, fällt die Versöhnung schwer.

Die physische Seite der Sexualität ist diesen Menschen nicht wichtig, mit der Einschränkung, daß sie sie als Gesprächsthema schätzen. Ihr Bedürfnis nach Freundschaft ist stärker als das nach körperlichem Kontakt. Für sie steht im Vordergrund, daß der Partner ihre Interessen und Ideale teilt – nicht unbedingt das Bett. Für eine Sache einzutreten stimuliert ihr Verlangen, und es kann sein, daß sie sich hingezogen fühlen zu demjenigen, der an ihrer Seite kämpft. Vielleicht fühlen sie sexuelles Verlangen nur gegenüber den Personen, die die «richtige» politische Meinung vertreten, und möglicherweise definieren sie ihre Sexualität gemäß ihrer ideologischen Ansichten. Radikale Feministinnen, die nicht aus natürlicher Veranlagung, sondern aufgrund von ideologischer Überzeugung Lesben geworden sind, stellen eine typische Entsprechung für den Mars im Zeichen Wassermann dar.

Mit dieser Stellung verabscheut der Mensch jede Art von Besitzanspruch. Er entzieht sich jeglichem in der Öffentlichkeit geäußertem Zuneigungsbeweis, weil dieser in seinen Augen bereits Anspruch ist. Es kann aber auch sein, daß ihm die Berührung ohnehin nichts bedeutet. Im allgemeinen zieht er es vor, durch das gesprochene oder geschriebene Wort zu kommunizieren und nicht mit dem Körper. Weil eine Distanz zu den eigenen Gefühlen herrscht, haben diese Menschen oft Schwierigkeiten damit, sich über ihr Verlangen klarzuwerden. Sie strahlen Kühle und Abgeklärtheit aus und merken dies gar nicht. Wenn die Gefühle ins Spiel kommen, fühlen sie starkes Unbehagen, und es kann sein, daß dieser Mensch dann auf unvorhersehbare Weise oder auch einfach mit einem Rückzug reagiert. Weil er seinen eigenen Instinkten nicht traut, fällt es ihm schwer, anderen gegenüber Vertrauen zu entwickeln. Bevor er das Risiko eingeht, verletzt zu werden, beendet er lieber von sich aus die Beziehung.

Mit ihren hohen Idealen im Hinblick auf Sexualität und Beziehungen versuchen diese Menschen, stets ehrenhaft zu handeln und fair zu sein. Es versteht sich für sie von selbst, ihren Partnern die gleichen Rechte einzuräumen und ihren Standpunkt zu berücksichtigen. Es zeichnet diese Menschen aus, daß sie gute Demokraten und treue Freunde sind.

♂▽ *Mars im Element Wasser*

Der Mars im diesem Element bedeutet einen Charakter, der beschrieben werden kann mit dem Ausspruch «Stille Wasser sind tief». Von manchmal rätselhaften Wesen, verfügt dieser Mensch über eine starke Intuition und große Sensibilität, was soweit gehen kann, daß er sich seiner eigenen Motive nicht bewußt ist. Diese Menschen machen sich keine großen Gedanken über das, was sie tun; überprüfen sie aber die Geschehnisse im Nachhinein, entdecken sie, daß ihr «Timing» genau war und ihre Annahmen ins Schwarze getroffen haben. So weiß der

Mensch mit einem Wasser-Mars vielleicht nicht, warum er etwas will, oder, daß er es überhaupt will, unternimmt aber genau die richtigen Schritte, es zu bekommen.

Aufgrund dieser Eigenschaft halten manche den Menschen mit dem Wasser-Mars für falsch oder betrügerisch. Aus seiner Sicht trifft der Vorwurf nicht zu. Für ihn ist es so, daß ihm das Bewußtsein für seine Handlungen fehlt – er weiß über die Dinge auf einer gefühlsmäßigen und instinktiven Weise Bescheid.

Mit dem Mars in einem Wasserzeichen unternimmt der Mensch oftmals keine direkten Handlungen, wenn er sich selbst zum Ausdruck bringt. Sein indirektes Vorgehen kann von außerordentlich großer Effektivität sein. Auf diese Art und Weise vorzugehen bedeutet nicht, daß es ihm an Selbstbewußtsein fehlt. Vielleicht wirkt er im Vergleich zu einem kämpferischen Typen schüchtern und linkisch – er nimmt aber, wie es das Wasser tut, den Weg des geringsten Widerstandes. Das, was er will, wird er auch bekommen. Vielleicht empfinden das andere als eine Form der Manipulation, und sicherlich gibt es Leute, die sich von jemandem mit einem Wasser-Mars ausgetrickst gefühlt haben. Was der Mensch ohne Selbstvertrauen, der einen Wasser-Mars im Horoskop hat, lernen muß, ist, sich seinen Zielen auf direktere Weise anzunähern.

Es gibt aber hier auch Menschen, die diese Strategien bewußt und gewollt betreiben. Das geschieht dann aus dem Wunsch heraus, Zurückweisung um jeden Preis zu vermeiden. Es ist aber nicht möglich zu erkennen, daß ein direkteres Vorgehen ebenfalls funktioniert, wenn niemals ein Risiko eingegangen wird. In diesem Fall können diese Menschen das Gefühl ihres Selbstwertes nicht erhöhen, weil dies auf Wagemut und der Bereitschaft, Risiken einzugehen, beruht. Wie dem im Einzelfall auch sein mag – mit dem Mars im Element Wasser wird immer etwas Indirektes in der Vorgehensweise enthalten sein. Die Stärke dieser Menschen liegt darin, in Übereinstimmung mit ihrem Unbewußten zu sein, was sie dazu befähigt, instinktiv die richtigen Schritte zu unternehmen.

Mit dieser Stellung spielen Gefühle in der sexuellen Beziehung eine große Rolle. Dieser Mensch hat das Bedürfnis, sich mit jemanden emotional und gefühlsmäßig zu verbinden. Sicherheit ist ihm sehr wichtig; was er sucht, ist Schutz und Anteilnahme. Das Entscheidende bei der Sexualität ist für ihn, sich mit dem Partner auf der seelischen Ebene zu verbinden. Es besteht eine große Empfänglichkeit gegenüber dem Atmosphärischen. Diese Menschen genießen die rational nicht zu erklärende Kommunikation, die zwischen Verliebten herrscht. Für sie ist dies die wichtigste Ebene des Kontaktes. Sie möchten sich ihrem Partner emotional nähern, indem sie bei der sexuellen Begegnung eine Verschmelzung erleben und in einem Meer der Glückseligkeit versinken.

Der Geschlechtsverkehr bringt diese Menschen in Kontakt mit ihren tiefsten Gefühlen. Für sie kann es eine große Verletzung darstellen, wenn der Partner Sex verweigert – es scheint ihnen dann, als sei dies eine Abweisung ihrer Person. Die Situation wird dadurch verschlimmert, daß ihnen kaum Möglichkeiten zur Verfügung stehen, rational mit dem Erlebten umzugehen. Die Sexualität ist diesen Menschen der Beweis, daß sie begehrt und gebraucht werden, und diese Bestätigung ist Bedingung für ihr Wohlbefinden. Es ist möglich, daß sie Druck auf den Partner ausüben, um diese Bestätigung zu bekommen.

Als Liebhaber zeigen sie sich fantasievoll, einfühlsam und zärtlich. Sie stellen sich auf die Bedürfnisse ihrer Partner ein, und sie sind sich der subtilen Gefühle, die zum Austausch kommen, bewußt. Darin, und nicht in der Beherrschung irgendwelcher Techniken, liegt ihre Stärke. Sie suchen und sie bieten Halt und Nähe, und sie genießen es, über lange Zeit hinweg Zärtlichkeiten auszutauschen.

Mit dem Mars im Element Wasser können Launenhaftigkeit und eine komplexe Gefühlswelt verbunden sind. Diese Menschen haben intensive Empfindungen, und sie sind von leidenschaftlichem Wesen. Sie können Ärger und Kränkung miteinander verwechseln – vielleicht halten sich diese Menschen für wütend, wenn sie doch in Wirklichkeit unter einer Kränkung leiden. Möglicherweise explodieren sie einmal vor Wut, um dann zu ihrer eigenen Überraschung in Tränen auszubrechen. Auf der anderen Seite weinen sie vielleicht, wenn sie wütend sind, was dazu beitragen könnte, daß eine Atmosphäre von Schuld und Vorwürfen entsteht. Das kann letztendlich sowohl für diese Menschen selbst als auch für diejenigen, die sich mit ihnen verbinden wollen, sehr irritierend sein. Diesen Menschen fällt es schwer, ihre Gefühle anderen deutlich zu vermitteln. Ein feuriger Planet in einem Wasserzeichen bedeutet eine Menge Dampf und Dunst.

Wer diese Mars-Stellung in seinem Horoskop hat, ist fähig, dem Menschen, den er liebt, Schutz und das Gefühl der Zusammengehörigkeit zu vermitteln. Wenn du der Partner bist, dem die Fürsorglichkeit gilt, hast du einen sicheren Hafen gefunden.

♂♋ Mars im Krebs

Wer den Mars im Zeichen Krebs hat, wird sich auf allen Gebieten, auf denen Fehlschläge und Zurückweisung möglich sind, von äußerster Vorsicht zeigen. Wie es das Meerestier vormacht, nähern sich diese Menschen ihrem Ziel von der Seite her. Sie gehen auf umsichtige Weise vor und achten darauf, auf welche Reaktionen ihr Verhalten stößt.

Auch was die Beziehung betrifft, versucht es der Mensch mit dem Krebs-Mars, Zurückweisung zu vermeiden. In den meisten Fällen wird er erst dann aktiv, wenn er sich seines Erfolges gewiß ist. Er benutzt seine Sensibilität für die nonverbalen Symbole, um die Chancen zwischen Erfolg und Scheitern genau abzuwägen. Es handelt sich hier aber um ein kardinales Zeichen, was bedeutet, daß dieser Mensch trotz seines Bedürfnisses nach Selbstschutz die Initiative ergreift. Wenn er sich in emotionaler Hinsicht sicher fühlt – weil die äußere Situation günstig ist oder weil er sich in seinem Inneren eine sichere Basis geschaffen hat –, wird er auf kraftvolle und leidenschaftliche Weise in Aktion treten.

Mars im Krebs bedeutet eine Stellung, mit der das Bedürfnis nach viel emotionaler Sicherheit in der Beziehung vorhanden ist. Für diese Menschen ist beim geschlechtlichen Verkehr das Gefühl wichtig, daß sie begehrt werden. Dieser Wunsch ist allerdings nicht auf das Sexuelle beschränkt, er erstreckt sich auf alle Bereiche des Lebens. Es besteht die Neigung, sich unersetzlich zu machen, um damit dem Verlassenwerden vorzubeugen.

In bezug auf die Sexualität ist das Gefühl wichtig, zu jemandem zu gehören und Geborgenheit zu finden. Umgekehrt werden diese Gefühle dem Partner gegenüber zum Ausdruck gebracht. Menschen mit dem Mars im Zeichen Krebs tendieren dazu, ihre Partner zu bemuttern und zu erwarten, gleichfalls bemuttert zu werden. Sie haben ihre Freude daran, sich um andere in körperlicher und in seelischer Hinsicht zu kümmern. Diese Menschen sind in den meisten Fällen von sanftem, freundlichem und mitfühlendem Wesen.

Wer den Mars in diesem Zeichen hat, weiß um die verborgenen Dimensionen der sexuellen Verbindung und darum, daß diese in emotionaler Hinsicht eine Vertiefung der Beziehung darstellen. Diese Menschen zeigen sich gegenüber dem Partner oftmals besitzergreifend und erwarten absolute Treue, auch dann, wenn sie selbst diesen Ansprüchen nicht genügen. Allerdings ist ihnen letztlich die Sicherheit und das Gefühl, zu jemandem zu gehören, wichtiger als jedes Abenteuer.

♂♏ *Mars im Skorpion*

Gemäß der klassischen Astrologie wurde das Zeichen Skorpion dem Mars zugeordnet. Wir können davon ausgehen, daß mit dieser Stellung eine kraftvolle und unbeirrbare charismatische Persönlichkeit verbunden ist, die über innere Stärke und genaue Zielvorstellungen verfügt. Es herrscht hier eine Bestimmtheit im Auftreten, die sofort erkennen läßt, daß mit diesem Menschen nicht zu spaßen ist. Von allen Wasserzeichen ist hier die größte Selbstsicherheit und Antriebskraft gegeben.

Das alles läßt viel Temperament für die Sexualität erwarten, und tatsächlich sind diese Menschen von außerordentlich leidenschaftlichem Wesen. Allerdings kann Sexualität hier ein traumatischer Bereich sein; vielleicht bedeutet sie eine derartige Intensität, daß der Mensch den Versuch unternimmt, ohne sie zu leben – wobei er allerdings viel Zeit damit verbringen könnte, sich in Gedanken mit ihr zu beschäftigen. Wenn es zu sexuellen Kontakten kommt, sind diese von intensiven Gefühlen erfüllt. Diese Menschen können sich, wenn ihr Verlangen erst einmal geweckt ist und sie sich von jemandem angezogen fühlen, förmlich festsaugen, was heißt, daß die Dinge aus ihrem natürlichen Fluß geraten. Für den Menschen mit dem Skorpion-Mars bedeutet Sexualität alles oder nichts, Leben oder Tod; sie kann ihn in tiefste Krisen stürzen. Sex hat ja tatsächlich mit Leben und Tod zu tun, und der Mensch mit dem Skorpion-Mars weiß das besser als jeder andere. Der Mars in diesem Zeichen steht für eine emotionale Aufrichtigkeit und Integrität, die über das hinausgeht, was wir in den anderen Wasserzeichen beobachten können. Allerdings ist auch eine übersteigerte Auswirkung im Hinblick auf diese Prinzipien möglich.

Was die Etablierung einer Beziehung angeht, hat der Mensch mit dem Skorpion-Mars keine Schwierigkeit, sich zu binden. Was er bietet und fordert, ist absolute Loyalität. Ist diese Voraussetzung erfüllt, kann sich der Partner bedingungslos auf ihn verlassen. Von allen Wasserzeichen kommt es hier am häufigsten zu Eifersucht und Besitzansprüchen, wobei diese sich insbesondere auf die Sexualität beziehen. Das hat seinen Grund darin, daß in dem Geschlechtsleben die Gefühle eine so große Rolle spielen. Mit all dem, was er emotional investiert, hat er auch viel zu verlieren.

Mit dem Mars im Zeichen Skorpion gibt es keine Halbheiten. Menschen mit dieser Horoskop-Stellung wollen, daß ihr Partner ihnen gehört. Wer der Meinung ist, daß dieser Anspruch zu groß ist, muß der Intensität dieses Menschen aus dem Wege gehen.

♂ ♓ *Mars in den Fischen*

Diese Position ist von allen Stellungen im Element Wasser die romantischste und zugleich heikelste. Diese Menschen sind extrem empfänglich für Liebesbeweise; sie sind fähig, sich auf der subtilsten Ebene in denjenigen, dem ihre Liebe gilt, einzustimmen. Bei ihnen handelt es sich um die aufmerksamsten Liebhaber, die ihre Partner mit Anteilnahme und Schmeicheleien nur so überschütten. Aber in dem Moment, in dem die Partner dieser Verführungskraft endgültig erliegen, kann es sein, daß sie sich wieder zu entziehen beginnen, daß sie sich auf den Weg zum nächsten Partner machen. Ihre überschwenglichen Beweise von Zuneigung haben etwas Unpersönliches. Wer einen Partner mit einem Fische-Mars hat, muß sich immer wieder die Frage stellen, ob er wirklich der Adressat der Liebesbeweise ist, oder ob der Partner nur an ihm als einer Art idealisiertem Liebesobjekt übt. Die Vision ist diesem Menschen möglicherweise wichtiger als der Partner, und vielleicht befriedigt es ihn mehr, seine Anziehungskraft zu erproben als eine feste Beziehung zu führen. Es könnte sein, daß dieser Mensch verliebt ist in die Vorstellung, verliebt zu sein.

Wenn du wirklich das bist, was dein Partner mit seinem Fische-Mars will, wird eure Beziehung von Romantik und Zauber erfüllt sein. Du solltest dann aber wissen, daß er immer etwas Unbestimmtes in seinem Ausdruck haben wird. Durch die Anreicherung mit ein paar besonderen Zutaten will er sicherstellen, daß die Verbindung lebendig bleibt. Wenn Fantasie, das Fiktive und das Märchenhafte dich ansprechen, hast du einen gefühlvollen Seelenpartner gefunden.

Mit dieser Stellung besteht der innige Wunsch, mit dem Partner zu verschmelzen – auch im Hinblick auf die Sexualität. Für diese Menschen kann Sex etwas Spirituelles haben und eine fast heilige Erfahrung sein; er kann sie ahnen lassen, daß sie Teil von etwas sind, was die Beziehung weit übersteigt. Einige Menschen, die den Mars im Zeichen Fische haben, sind sich dieser spirituellen Dimension bewußt. Die Ausübung des Tantra-Yogas zum Beispiel begünstigt diese Erkenntnisse. Wer auf dem spirituellen Weg ist, könnte vielleicht die Entscheidung treffen, von Zeit zu Zeit enthaltsam zu leben – auch dann, wenn eine feste Beziehung vorhanden ist. Das könnte aus der Überzeugung heraus geschehen, das sexuelle Verlangen zu transzendieren und es mit etwas höherem, etwas Göttlichem, zu verschmelzen.

Paradoxerweise kommt es mit dieser Horoskop-Stellung recht häufig zu einem promiskuitiven Lebensstil. In diesem Fall besteht kein Gefühl für Grenzen; das Verlangen allem und jedem gegenüber wird vollständig ausgelebt. Welche Auswirkung sich letztendlich ergibt, hängt ausschließlich von der Ebene des Bewußtseins ab. Von allen Wasserzeichen ist Fische das passivste, und wahrscheinlich ist es auch das mit der größten Spanne von Manifestationsmöglichkeiten.

Kapitel 6

Venus in den Häusern

Das Haus, in dem die Venus steht, bringt zum Ausdruck, in welchem Lebensbereich sich das Venus-Prinzip manifestiert. Es handelt sich hier gewissermaßen um die Bühne, auf der das venusische Prinzip aufgeführt wird. Dieses Haus steht für den Lebensbereich, der uns am meisten Freude macht und der am meisten zu unserem persönlichen Wohlbefinden beiträgt. Weiterhin stellt es dar, was wir mit unseren Freunden und den Menschen, die wir lieben, teilen wollen. Bei dem oder den Menschen, den oder die wir lieben, bringt das Venus-Haus zum Ausdruck, was sie sich von der Partnerschaft erwarten und welche Bedürfnisse sie haben. Damit wir uns geliebt fühlen, muß der Partner unser Bedürfnis nach Nähe kennen und respektieren. Schwierigkeiten in der Beziehung rühren oftmals daher, daß unterschiedliche Vorstellungen über Nähe bestehen, die ihrerseits auf auseinandergehenden Vorstellungen über das, was das Gemeinsame zwischen den Partnern ist, beruhen.

Die nachfolgenden Ausführungen sollen dir deutlich machen, warum dein Partner vielleicht keine Meinung zu etwas hat, was dir überaus wichtig ist. Für jeden von uns ist der Bereich, in dem das Venus-Prinzip zum Ausdruck kommt, in der Beziehung von besonderer Wichtigkeit. Allerdings müssen wir uns damit auseinandersetzen, daß der Mensch, mit dem wir uns zusammentun, von uns erwartet, daß wir uns auch mit seinen Interessensgebieten beschäftigen. Es kann in der Beziehung immer wieder dazu kommen, daß grundlegende Bedürfnisse nicht befriedigt werden, oder, schlimmer noch: Wir könnten den Eindruck erhalten oder auch vermitteln, daß die Bedürfnisse, um die es geht, nicht in Ordnung sind. Ein häufig geäußerter Vorwurf in der

Beziehung ist beispielsweise, daß einer der Partner zu große Ansprüche stellt. Ob dieser Vorwurf nun gerechtfertigt ist oder nicht – das Entscheidende ist, daß der Partner, der ihn äußert, nicht willens ist, auf das zugrundeliegende Bedürfnis einzugehen. Wenn wir uns von den Erwartungen unseres Partners bedroht fühlen, werden wir versuchen, Einfluß auf diese zu nehmen.

Venus verkörpert das Prinzip, das keine Unterschiede akzeptieren will. Was gesucht wird, ist die gemeinsame Ausgangsposition, Verbindung und Kompromiß. Wenn in dieser Hinsicht kein Erfolg zu verzeichnen ist, werden in der Beziehung Spannungen auftreten und beide Partner der Ansicht sein, daß sie nicht geliebt werden. Wenn wir wissen, wie sich die verschiedenen Häuserstellungen in bezug auf unsere Bedürfnisse und Ziele auswirken, können wir uns toleranter und verständnisvoller gegenüber den Neigungen der anderen zeigen. In diesem Fall stellt es für uns keine Bedrohung mehr dar, wenn der Andere seine Eigenarten bewahrt. Außerdem können wir dann das Bedürfnis nach Nähe, wie wir es empfinden, besser verstehen.

♀ 1 Venus im 1. Haus

Das 1. Haus beschreibt, wie wir gegenüber dem Leben eingestellt sind, die Art und Weise, auf die wir uns anderen präsentieren sowie unsere körperliche Erscheinung. Wer die Venus in diesem Haus hat, gilt im allgemeinen als attraktiv. Menschen mit der Venus im 1. Haus müssen nicht im klassischen Sinn schön sein – auf irgendeine Weise aber strahlen sie Schönheit aus und ziehen andere an. Sie sind in der Lage, in jeder Situation und jedem Menschen gegenüber freundlich zu bleiben, wobei sie versuchen, das Gemeinsame hervorzuheben. In den meisten Fällen sind sie beliebt, wobei ihre nach außen hin gezeigte Gefälligkeit über das, was in ihrem Inneren vorgeht, hinwegtäuschen kann. Die Venus im 1. Haus zu haben ist so, als ob du einen schönen Hut hast, den du immer dann aufsetzt, wenn du dich mit anderen unterhältst. Er macht einen guten Eindruck, vermittelt aber kein vollständiges Bild der Persönlichkeit.

Mit dieser Stellung besteht die Gefahr, zu anpassungsbereit zu sein, zu sehr auf die Wünsche der anderen einzugehen und nicht nein sagen zu können. Zu allen Zeiten beschäftigen sich diese Menschen damit, was sie mit anderen gemeinsam haben; in allem, was sie tun, suchen sie den kleinsten gemeinsamen Nenner. Sie verabscheuen den Konflikt und sind zu jeder Zeit bestrebt, den Frieden zu bewahren. Sie neigen dazu, andere an die erste Stelle zu setzen und die eigenen Bedürfnisse zurückzustellen, um die Harmonie nicht zu stören. In diesem Falle gehen sie, um zu bekommen, was sie wollen, auf indirekte Weise vor, mit subtilen Formen von Manipulation. In diesem Zusammenhang können sie ihre Attraktivität dazu einsetzen, andere zu verführen – was aber letztlich eine Schwächung ihres Selbstwertgefühls bedeutet. Diese Menschen können so sehr damit beschäftigt sein, anderen zu gefallen, daß niemand weiß, wie sie wirklich sind oder was in ihrem Inneren vorgeht.

Wer die Venus im 1. Haus hat, stammt vielleicht aus einer Familie, in der um jeden Preis Harmonie bewahrt werden mußte und in der jede Abweichung eine außerordentliche Bedrohung darstellte. Möglicherweise war die Kindheit davon geprägt, daß alle Familienmitglieder nett zueinander sein mußten. Falls das zutrifft, wird das Leben dann später die unangenehme Erkenntnis gebracht haben, daß die vermeintliche Ruhe nur Fassade ist.

Diese Menschen könnten in dem Ruf stehen, sehr umgänglich zu sein, und vielleicht nutzen andere ihre Wesensart aus. Es ist die Gefahr gegeben, daß sie sich zu Gefangenen ihres eigenen Verhaltens machen und niemals den Versuch unternehmen, wirkliche Nähe herzustellen.

Mit der Venus im 1. Haus besteht die Neigung, sich von jemandem angezogen zu fühlen, der gleichermaßen attraktiv ist und der über gute gesellschaftliche Umgangsformen verfügt. Diese Menschen fühlen sich sich von dem Ansehen, das der Partner genießt, in ihrer Identität gestärkt. Es bereitet ihnen Vergnügen, mit jemandem zusammenzusein, der beliebt und insofern ebenfalls für sein gefälliges Wesen bekannt ist.

All das, was wir bisher angeführt haben, müßte im Hinblick auf eine wirklich tiefgehende Verbindung ein Desaster erwarten lassen. Ob es wirklich zu diesem kommt, hängt in erster Linie davon ab, wie es um das Bewußtsein der Person steht. Wenn die Neigung zum «Glanz» zu sehr im Vordergrund steht, kann das Leben zu einer Art Zirkusveranstaltung verkommen. Ist die psychische Verfassung gut, kann der Mensch großen Nutzen aus dieser Stellung ziehen. Er verfügt dann über viel Takt, Charme, gute Umgangsformen und zeichnet sich durch ein rücksichtsvolles Wesen aus.

Das 1. Haus sagt etwas aus über die körperliche Erscheinung. Wir haben bereits angeführt, daß Menschen mit der Venus in diesem Haus in den meisten Fällen attraktiv sind. Darüber hinaus können wir davon ausgehen, daß ihre Attraktivität auch ein Thema für sie selbst ist. Wenn zur Venus harmonische Aspekte bestehen, werden sie zufrieden mit sich und ihrem Körper sein; ist dies nicht der Fall, dürfte Unsicherheit oder auch Unbehagen bezüglich des Äußeren herrschen. Der Wunsch, daß der Partner von großer Anziehungskraft ist, könnte seinen Grund darin haben, daß mit der Partnerschaft das eigene Selbstgefühl gestärkt werden soll. Wenn sich die Partner jeweils mit dem Aussehen des anderen identifizieren, heißt das aber in letzter Konsequenz, daß sie unfähig dazu sind, sich als eigenständige Individuen zu präsentieren.

Diese Menschen müssen es lernen, sich ihre eigenen Bedürfnisse zu erfüllen und sich nicht immer wieder auf Kompromisse einzulassen. Dabei sollten sie sich allerdings ihre Fähigkeit, auf harmonische Weise in Verbindung zu anderen zu treten, bewahren.

♀ 2 *Venus im 2. Haus*

Das 2. Haus beschreibt, über welche angeborenen und erlernten Fähigkeiten wir verfügen. Es zeigt, was wir schätzen und welche Einstellung wir zu unseren Besitztümern und zu Geld haben. Der Mensch, der die Venus in diesem Hause hat, hat im allgemeinen eine positive Einstellung zu dem, was mit Geld zusammenhängt, und häufig besteht ein besonderes Geschick im Umgang mit materiellen Dingen. Das muß nicht heißen, daß diese Menschen ausgesprochene Materialisten sind (was allerdings verstärkt zutreffen könnte, wenn die Venus hier in einem Erdzeichen steht) – sie genießen es einfach, sich mit schönen Dingen zu umgeben. Und in den meisten Fällen sind sie auch in der Lage, sich die Mittel zu verschaffen, um Schönes und Stilvolles zu kaufen.

Vielleicht ziehen sie Nutzen aus ihrer Begabung für das Finanzielle. Es wäre denkbar, daß sie ihr Geld im Zusammenhang mit etwas Künstlerischem verdienen – entweder dann, wenn sie selbst künstlerisch tätig sind oder aber mit Kunstobjekten handeln. Innenarchitektur kann eine passende Tätigkeit für sie sein. Diese Menschen können durch Schönheit zu Geld kommen: Vielleicht verkaufen sie Schönheitsprodukte oder ziehen Vorteile aus ihrer eigenen Anziehungskraft – möglicherweise stehen sie Modell. Sie könnten ihren Lebensunterhalt auch damit verdienen, daß sie Kleider entwerfen.

Es ist anzunehmen, daß der Lebensstil komfortabel und vielleicht sogar luxuriös ist. Wenn diese Menschen Geld verdienen, tun sie das letztlich deshalb, um ihren Wert zu demonstrieren. Genauso gut denkbar ist aber auch, daß sie es durch ihren Partner erhalten.

Diese Menschen zeigen sich in der Beziehung oftmals eifersüchtig und besitzergreifend. Sie schätzen die Liebe hoch, und wenn sie jemanden lieben, sind sie bestrebt, an dem Partner festzuhalten. Sie haben ganz allgemein große Probleme, etwas loszulassen, an dem sie hängen. Auf der anderen Seite könnte es sein, daß sie es sind, die einen eifersüchtigen und besitzergreifenden Partner anziehen. Mit dieser Venus-Stellung wird der Partner oftmals als eine Art Ausweitung des eigenen Wesens gesehen – nicht unbedingt als eigenständiges Individuum. Es ist möglich, daß diese Menschen sich in der Beziehung verhalten, als ob der andere ihnen gehörte.

In bezug auf das Finanzielle könnte einer der Partner den Eindruck erhalten, als ob er gekauft worden sei oder sich um der finanziellen Sicherheit wegen an den anderen verkauft hätte. Vielleicht macht er irgendwann die Feststellung, daß seine finanzielle Unabhängigkeit nicht mehr gewährleistet ist. Dies kann auch für beide Partner gelten. Venus im 2. Haus kann bedeuten, daß aus finanziellen Erwägungen geheiratet wird oder daß die Ansicht besteht, Zuneigung kaufen zu können. Eine positivere Auswirkung wäre, daß dieser Mensch sich seines Bedürfnisses nach sichtbaren Liebesbeweisen bewußt wird und er dem Partner gleichermaßen deutlich macht, daß er ihn liebt.

Jemand mit der Venus in diesem Haus hat vielleicht ein besonderes Vergnügen daran, zusammen mit dem Partner Einkäufe zu tätigen. Es könnte die Neigung bestehen, bestimmte Dinge zu sammeln, etwas, was entweder von besonderer Schönheit ist oder einen großen Wert hat. Eine Frau aus meiner Bekanntschaft sammelt schöne Teller; sie verbringt ihre Freizeit damit, in Antiquitätenläden und auf Flohmärkte danach zu suchen. Ihr Vergnügen wird dadurch noch erhöht, daß auch ihr Mann Freude an diesen Streifzügen hat. Es müssen aber nicht bestimmte Dinge sein, um die es geht – vielleicht hat dieser Mensch einfach seinen Spaß daran, einen Einkaufsbummel zu unternehmen und Geld auszugeben.

Gemeinsame Werte im Hinblick auf Nähe und Sicherheit sind für diese Menschen von großer Wichtigkeit. Sie brauchen jemanden, der die gleichen Dinge wie sie selbst schätzt (zum Beispiel Teller) und ihre Gefühle versteht und respektiert. Ihre Gefühle zu den Dingen, die sie mögen, bedeuten ihnen außerordentlich viel. Auch ihre Gefühle selbst sind ihnen kostbar. Sie möchten, daß ihr Partner ihnen vermittelt, daß auch er sie für wertvoll hält und sie schätzt und respektiert.

♀ 3 Venus im 3. Haus

Das 3. Haus hat alle Formen von Kommunikation sowie das Herstellen von Beziehungen zum Inhalt. Wir finden in ihm Aussagen zu unseren Geschwistern, zu Nachbarn und zu der Nachbarschaft in ihrer Gesamtheit. Wer die Venus in diesem Haus hat, ist in der Lage, auf gefällige Weise und in harmonischer Form mit anderen zu kommunizieren. Diesem Menschen macht es Spaß, sich mit anderen auszutauschen, und er verfügt über die Fähigkeit, Worte mit Überzeugungskraft und mit Charme einzusetzen.

Das Vergnügen, mit Worten umzugehen, könnte intellektuelle Begabungen – vielleicht auch einen akademischen Werdegang – oder eine Liebe zur Literatur bedeuten. In gleicher Weise aber ist hier der Mensch gemeint, dem es Spaß macht, über alltägliche Vorkommnisse zu plaudern. Es könnte sich hier um jemanden handeln, der dem Zeitungshändler oder dem Nachbarn immer ein paar fröhliche Worte zuwirft und der es genießt, Teil einer Gemeinschaft zu sein.

Menschen mit der Venus im 3. Haus möchten nicht nur an ihrer Umgebung teilhaben, sie haben auch den Anspruch, daß der Partner sich für ihr alltägliches Leben interessiert. Sie brauchen jemanden, mit dem sie sowohl die großen Weltereignisse als auch die kleinen Begebenheiten des Alltags diskutieren können. Es kann ihnen großen Spaß machen, zusammen mit dem Partner das Kreuzworträtsel zu lösen oder im Fernsehen eine Sendung anzuschauen und sich hinterher darüber zu unterhalten. Sie spielen gerne mit Ideen und Vorstellungen, und sie genießen es, sich mit einem lebhaften und wortgewandten Geist zu unterhalten. Weiterhin besteht der Wunsch, viel über die Beziehung zu reden. Es ist ihnen angenehm, wenn die Dinge beim Namen genannt werden, und sie sind der Überzeugung, daß alles in Worte gefaßt werden kann.

Es bereitet diesen Menschen Vergnügen, Freunde in der Nachbarschaft zu haben, und sie finden es schön, wenn sie diese aufgrund der Nähe häufig sehen. Sie möchten aber auch die Verbindung zu denjenigen, die weiter entfernt wohnen, aufrechterhalten. Es ist anzunehmen, daß das Telefon und das Briefeschreiben – in welchem sie eine wahre

Meisterschaft erreichen können – in ihrem Leben eine wichtige Rolle spielt. Was Liebe betrifft, können Menschen mit der Venus im 3. Haus auf diese Art aktiv werden.

Es kann sein, daß zu einem Bruder oder zu einer Schwester ein intensives Verhältnis besteht. Dabei ist es gleichgültig, ob sich aufgrund nachbarschaftlicher Wohnverhältnisse ein häufiger Kontakt ergibt – entscheidend sind die tiefen Gefühle dieser Verbindung. Einem angehenden Partner bleibt nur übrig, ein derartiges Band zu akzeptieren.

♀ 4 *Venus im 4. Haus*

Das 4. Haus beschreibt unser Zuhause, unseren familiären Hintergrund und unser Privatleben. Jemand mit der Venus an dieser Stelle des Horoskops hat den Wunsch, zu Hause Glück zu erfahren. Es bereitet ihm Freude, seine Zeit in seiner Wohnung oder in seinem Haus zu verbringen, ohne daß er dabei etwas Bestimmtes tun müßte, und es bedeutet ihm viel, in aller Ruhe das machen zu können, was ihn anspricht.

Das Zuhause einer Person mit der Venus im 4. Haus zeichnet sich im allgemeinen durch eine warme, behagliche und gastfreundliche Atmosphäre aus, in der sich andere willkommen fühlen. Diese Menschen haben ihr Vergnügen daran, sich in einer schönen Umgebung aufzuhalten. Sie bieten ihren Freunden Gastlichkeit, ohne daß diese befürchten müßten, irgendwann zum Gehen aufgefordert zu werden. Freunde sind bei ihnen jederzeit willkommen, selbst dann, wenn noch etwas zu tun ist. Manchmal überschütten diese Menschen ihre Freunde geradezu mit Aufmerksamkeit. Sie haben ihren Spaß daran, andere zu unterhalten, und sie verfügen über ein natürliches Talent im Hinblick auf Gastfreundschaft.

Manchmal kann es hier auch zu Übertreibungen kommen. Vielleicht beginnt das Haus irgendwann einmal einem Flüchtlingslager zu gleichen, weil es voll von Leuten ist, die sich an der angenehmen Atmosphäre erfreuen. In extremer Auswirkung könnten diesen Menschen die «Haare vom Kopf gefressen» werden, was dadurch begünstigt wird, daß sie unfähig sind, andere in die Schranken zu weisen und ihre eigenen Rechte geltend zu machen. Es ist ihnen zutiefst unangenehm, die atmosphärische Stimmung zu stören.

Bei der Venus im 4. Haus handelt es sich um Menschen, die um alles in der Welt vermeiden wollen, andere zu kränken. Das gilt auch dann, wenn offensichtlich ist, daß sie ausgebeutet werden. Sie neigen dazu, die Augen vor einer unangenehmen Situation zu verschließen, um den Frieden zu bewahren. Es kann sein, daß sie sich in die Position der Gäste versetzen, wobei sie sich nicht klarmachen, daß sie selbst niemals in dieser Position sind. Sie sind immer der Gastgeber. Es besteht allerdings die Möglichkeit zu lernen, sich vor dieser Art von Ausbeutung zu schützen. Es wäre positiver, wenn die Aufmerksamkeit hier darauf gerichtet würde, eine ästhetisch ansprechende Umgebung zu schaffen, die Ruhe und Frieden ausstrahlt. Dies hätte einen stärkenden Einfluß auf die Persönlichkeit.

Mit dieser Stellung kann eine besondere Begabung für Innenarchitektur vorhanden sein (wobei allerdings zu fragen ist, ob das nicht etwas zu viel Energie für die Venus im 4. Haus bedeuten würde). Wir können aber in jedem Fall davon ausgehen, daß dieser Mensch einen guten Geschmack hat. Es wird ihm möglicherweise Freude bereiten, bei sich zu Hause künstlerischen Beschäftigungen nachzugehen: zu malen, zu fotografieren, zu musizieren oder etwas Handwerkliches zu tun. Vielleicht hat er auch sein Vergnügen daran, im Garten zu arbeiten und das Wachstum der Pflanzen zu verfolgen. Jeder Kontakt mit der Natur wirkt sich positiv auf sein Wohlbefinden aus.

Im allgemeinen haben diese Menschen einen familiären Hintergrund, der ihnen viel Befriedigung verschafft, sowie schöne Erinnerungen an die Kindheit (dies hängt allerdings davon ab, welche Aspekte zur Venus bestehen). In den meisten Fällen finden sie es angenehm, in verwandtschaftliche Zusammenhänge eingebunden zu sein. Die Möglichkeit, daß sie ausgenutzt werden, besteht natürlich auch hier. Mit der Venus im 4. Haus ist die Tendenz vorhanden, jederzeit Harmonie zu erwarten. Häufig orientieren sich diese Menschen an dem, was einmal gut gewesen ist und es deshalb ihrer Meinung nach auch bleiben wird. Dabei ist das Feld, auf dem die Erfahrungen der frühen Kindheit aufgearbeitet werden, das der Beziehungen. Ob dies nun positive oder negative Auswirkungen hat – die Vergangenheit ist im Zusammenleben mit dem Partner immer präsent.

Mit dieser Stellung könnte ein Elternteil – wahrscheinlich der Vater – übermäßig idealisiert worden sein. Es ist denkbar, daß dies zu Problemen in der Beziehung geführt hat, welche darauf beruhen, daß der Partner weniger als der Vater und insofern eine Enttäuschung ist. Weil sich dies auf der Ebene des Unbewußten abspielt, wird es große Aufmerksamkeit kosten, diesen Sachverhalt aufzuarbeiten. Um die Chance für eine befriedigende Partnerschaft zu bekommen, müssen sich diese Menschen bewußt machen, wieweit der betreffende Elternteil für sie noch immer eine Rolle spielt.

Es handelt sich hier um Menschen, deren Liebesbedürfnis nicht sofort zu erkennen ist. Der Kontakt muß – wenn er befriedigend für sie sein soll – auf einen sehr tiefen Ebene stattfinden. Was sie in der Beziehung brauchen, ist sehr viel Nähe und Intimität sowie die feste Überzeugung, etwas mit dem Partner gemeinsam zu haben. Bei aller Freundlichkeit: Diese Menschen zeigen nicht jedem und nicht sofort, was in ihrem Inneren vorgeht. Wenn du ihren Schutzschild überwunden hast, befindest du dich auf einem besonderen Gebiet.

♀ 5 *Venus im 5. Haus*

Das 5. Haus hat mit Kreativität, Selbstausdruck und Spiel zu tun beziehungsweise mit den Dingen, die wir aus reinem Vergnügen unternehmen. Wer die Venus in diesem Haus hat, möchte, daß die Beziehungen ein Mittel seines Selbstausdrucks sind, und vielleicht richtet er einen Großteil seiner Kreativität auf sein Liebesleben. In diesem Fall wird die Beziehung zum Mittelpunkt der Existenz, um den sich alles andere dreht. Diese Menschen geben selbst viel und haben den Anspruch, viel zu bekommen – was zur Folge haben kann, daß die Beziehung manchmal etwas Dramatisches und Leidenschaftliches hat. Bei diesem Menschen handelt es sich um jemanden, der es liebt, mit der Liebe zu spielen, und der es genießt, in emotionaler Hinsicht Risiken einzugehen. Vielleicht sind die Beziehungen, die er hat, nicht von Dauer – wir können aber davon ausgehen, daß sie aufregend und intensiv verlaufen und auf beiden Seiten bleibende Erinnerungen und vielleicht auch Narben hinterlassen.

Romantik ist diesen Menschen wichtig. Sie lieben die großen Gesten der Liebe wie zum Beispiel rote Rosen und Abendessen bei Kerzenlicht. Der Werbespot, in dem ein Mann die schwersten Prüfungen auf sich nimmt, um der Geliebten eine bestimmte Schokolade zu besorgen, wäre eine spektakuläre Auswirkung dieser Stellung. Wie dem auch sein mag – das Romantische bereitet diesen Menschen außerordentlich großes Vergnügen, und es ist vorstellbar, daß sie aus diesem Grunde eine Affäre nach der anderen haben.

Mit dieser Stellung besteht ganz allgemein das Bedürfnis, daß die Beziehung Spaß machen soll. Menschen, die die Venus im 5. Haus haben, lieben die Geselligkeit, Partys und Abwechslung. Ihr Partner soll nach Möglichkeit ein unterhaltsames Wesen und sein Vergnügen daran haben, bei allen Aktivitäten dabeizusein. Es wird jemand gesucht, der mit sich selbst zufrieden ist und der das «Savoir vivre» in jeder Beziehung beherrscht.

Diese Menschen ziehen ihren Genuß daraus, kulturelle Veranstaltungen zu besuchen. Sie gehen gerne in Ausstellungen, Konzerte, ins Theater, Kino, ins Ballett oder in die Oper, und sie haben den Wunsch, daß ihr Partner sie dabei begleitet. Vielleicht besteht auch bei ihnen selbst eine künstlerische Begabung, vielleicht fühlen sie Zuneigung zu jemandem, auf den dies zutrifft. Möglicherweise wollen sie auch zusammen mit dem Partner kreativ tätig werden, und gleichfalls vorstellbar wäre es, daß sich eine Beziehung aus einer gemeinsamen künstlerischen Beschäftigung heraus ergibt. Zwischen Kreativität und Beziehungen besteht hier eine Verbindung, und vielleicht hält eine Partnerschaft in diesem Fall nur solange, bis ein Projekt zu Ende gebracht worden ist.

Das 5. Haus steht auch für Kinder, welche das kreative Element in seiner reinsten Form verkörpern. Für den Menschen, der die Venus in diesem Haus hat, kann es das größte Glück und die höchste Erfüllung der Liebe sein, gemeinsam mit dem Partner ein Kind zu haben. Häufig wird ein Partner gewünscht, der ebenfalls Kinder haben und so oft wie möglich mit ihnen zusammensein möchte. Kinder könnten in dieser Beziehung für beide Partner eine Quelle tiefer Freude sein.

Mit dieser Stellung kann der Mensch seine eigene Kreativität auf seine Nachkommenschaft übertragen und sie möglicherweise in einem außerordentlich starken Maße stimulieren. Ganz allgemein fällt es damit leicht, sich in die Welt des Kindes zu versetzen und einfach irgend etwas Spielerisches zu unternehmen, ohne damit eine bestimmte Absicht zu verbinden. Kinder zu haben bedeutet diesen Menschen einfach Glück – sie sind gewissermaßen das i-Tüpfelchen in der Beziehung.

♀ 6 *Venus im 6. Haus*

Das 6. Haus hat zum Inhalt, wie es um unseren Alltag im Hinblick auf unser Leben im allgemeinen und unseren Beruf im besonderen bestellt ist. Wer die Venus in diesem Haus stehen hat, kann gut mit den Notwendigkeiten des Lebens umgehen. Mit dieser Stellung handelt es sich um jemanden, der Freude an den alltäglichen Vorkommnissen und den Anspruch hat, seinen Alltag so angenehm wie nur möglich zu gestalten.

Ebenfalls denkbar wäre es, daß viel Aufmerksamkeit auf die körperliche Gesundheit und Fitneß gerichtet wird. Mit der Venus in diesem Haus wird sich der Mensch hier allerdings nicht zu eifrig zeigen – er dürfte in einem positiven Sinne träge und nachgiebig sein, aber doch eine gewisse Befriedigung daraus beziehen, auf die Gesundheit zu achten und sich bewußt zu ernähren. Vielleicht handelt es sich hier um eine Person, die es genießt, regelmäßig zur Gymnastik, zur Massage oder ins Schönheitsstudio zu gehen. Möglicherweise kommt es auch zum Kontakt mit jemandem, der seinem Körper ebenfalls viel Aufmerksamkeit schenkt und der in seinem täglichen Leben gleichfalls viel für seine Gesundheit und seinen Körper tut. Wir könnten uns hier ein Paar vorstellen, das zusammen Dauerläufe macht.

Die Venus in diesem Haus läßt vermuten, daß der Mensch gut mit seinen Arbeitskollegen auskommt, was wiederum auf das Wohlbefinden einen stärkenden Einfluß haben könnte. Im allgemeinen tragen diese Menschen zu einem positiven Arbeitsklima bei. Ihr größtes Anliegen ist es, ihren Alltag so harmonisch wie möglich zu gestalten, was heißen kann, daß sie es vorziehen, nicht allzu hart zu arbeiten. Ihr Verdienst liegt darin, daß sie die Dinge am Laufen halten, ohne für Aufregung und Spannung zu sorgen. Sie sind auch fähig, anderen zuzuhören, wenn Probleme bestehen. Ganz allgemein genießen sie das Gefühl, nützlich und wichtig zu sein. Trifft dies zu, werden sie sich bereitwillig auf die Arbeit einlassen.

Kontakte am Arbeitsplatz bedeuten diesen Menschen viel. Vielleicht ergibt es sich, daß sie eine Beziehung zu jemandem eingehen, mit dem sie zusammen arbeiten. Die Kombination von Arbeit und Partnerschaft hat für sie einen großen Reiz. Genausogut möglich wäre auch, daß sie zusammen mit dem Partner eine Unternehmung gründen.

Eine andere Auswirkung ist gegeben, wenn jemand selbständig ist oder voll und ganz in seiner Arbeit aufgeht. In diesem Fall ist es die Arbeit, der die Liebe gilt, und diese könnte der Lebensbereich sein, der die größte Befriedigung bereitet – möglicherweise mehr, als jede Beziehung es könnte.

Die Venus im 6. Haus könnte auch einen Menschen kennzeichnen, der auf künstlerischem Gebiet oder in einer künstlerischen Umgebung arbeitet. Weiterhin vorstellbar ist, daß eine besondere Sensibilität für die Atmosphäre am Arbeitsplatz herrscht.

In der Beziehung zeigen diese Menschen ihre Zuneigung, indem sie dem Partner in praktischer Weise von Nutzen sind – was ihre Vorliebe für Arbeitsbeziehungen erklärt. Es befriedigt sie zutiefst, wenn sie sich nützlich zeigen können, und sie sind der Ansicht, daß dies auch der einfachste Weg ist, dem Partner ihre Liebe zu beweisen. Sie haben vielleicht die Erwartung, daß es der Partner genauso hält, was zu Problemen führen kann, wenn dies nicht zutrifft. Hierin könnte eine Quelle gegenseitiger Mißverständnisse liegen.

♀ 7 *Venus im 7. Haus*

Für den Menschen, der die Venus im 7. Haus hat, sind Liebesbeziehungen wichtiger als alles andere. Mit dieser Stellung wird viel Aufmerksamkeit auf Beziehungen gerichtet. Dem Zusammensein mit dem geliebten Menschen kommt hier ein außerordentlicher hoher Stellenwert zu – wovon ein angehender Partner nur profitieren kann. Oftmals ist es sogar so, daß eine Beziehung und die Möglichkeit, Zuneigung zum Ausdruck zu bringen, Voraussetzung ist, daß sich dieser Mensch glücklich fühlt. Er ist in dieser Hinsicht zu vielerlei Entbehrungen fähig und handelt gewissermaßen nach dem Motto: Was du gibst, wirst du bekommen!

Für diejenigen, mit denen diese Menschen befreundet sind oder die sie lieben, tun sie fast alles. Das Wohlbefinden und Glück ihrer Mitmenschen wirkt auf sie selbst zurück – sie brauchen glückliche Menschen um sich herum, um sich selbst wohlzufühlen. Das kann allerdings bedeuten, daß sie auf die Stimmungen anderer reagieren und sich von deren Launen abhängig machen.

Diese Menschen haben das Bedürfnis nach friedvollen und harmonischen Kontakten zu den Mitmenschen. Sie haben ihre Probleme damit, wenn sich Probleme ergeben oder es einmal nötig wäre, einen klaren Standpunkt zu beziehen. Sie fühlen sich in ihrem Element, wenn es gilt, einen Kompromiß zu finden. Bei allem diplomatischen Geschick haben sie ihre Schwierigkeit, mit offener Konfrontation umzugehen. Beziehungen, in denen Auseinandersetzung gefordert ist, sind für sie problematisch, vor allem dann, wenn kein friedlicher Vergleich gefunden werden kann. Hier handelt es sich um wahre Pazifisten.

Es besteht ein starkes Bedürfnis danach, mit anderen zusammenzusein. Wonach in allen Beziehungen gesucht wird, ist das Gemeinsame und das Verbindende. Diese Menschen verfügen über die Fähigkeit, gut mit anderen auszukommen.

Im allgemeinen profitiert der Mensch mit der Venus im 7. Haus von seinen Beziehungen, vielleicht, indem Freunde ihm dabei helfen, nützliche Kontakte herzustellen. Oftmals ist er sich dieser Ebene seines Lebens bewußt und kultiviert zu diesem Zweck bestimmte Freundschaften. Weiterhin wäre es denkbar, daß er von Freunden – oder auch von dem Partner – finanziell unterstützt wird.

Bei aller Wichtigkeit, die Freundschaften für diesen Menschen besitzen – noch bedeutsamer ist das Zusammensein mit einer Person, der ihre Liebe gilt. Unter der Voraussetzung, daß zur Venus keine kritischen Aspekte bestehen, können wir vermuten, daß sich die Aufmerksamkeit auf leidenschaftliche und zärtliche Partner richtet. Diese Menschen zeichnen sich durch ein romantisches Wesen aus, und sie suchen nach jemandem, dem Romantik ebenfalls wichtig ist.

Venus im 7. Haus ist ein klassisches Indiz für eine glückliche Heirat. Das hat seinen Grund in der Tatsache, daß hier das Glück in der Beziehung gesucht wird. Vielleicht unternehmen hier die Partner alles zusammen. Jemand mit der Venus im 7. Haus kann den Wunsch haben, daß der Partner sich für alles interessiert, was er selbst macht, und nichts ohne ihn unternimmt, und es kann zu ernsthaften Problemen kommen, wenn dem nicht so ist. Mit dieser Stellung ist das Bedürfnis gegeben, daß der Partner Teil des eigenen Lebens wird.

Für denjenigen, der eine öffentliche Position hat, ist diese Stellung günstig. Sie kann Popularität anzeigen sowie die Fähigkeit, Liebe zu erhalten. Möglich wäre in diesem Falle auch, daß auf diese Person Liebe projiziert wird. Für eine Tätigkeit, die auf öffentlicher Anerkennung beruht, wäre dies von Vorteil – im Rahmen der persönlichen Beziehung könnten sich aber Probleme ergeben, nämlich dann, wenn die Liebe, die die Öffentlichkeit ihnen entgegenbringt, höher geschätzt wird als diejenige des Partners.

Mit dieser Stellung ist die Eigenschaft gegeben, anderen das Gefühl zu vermitteln, attraktiv und anziehend zu sein. Allerdings besteht dabei die Gefahr, daß sich Mißverständnisse auftun und die zugrundeliegenden Absichten verkannt werden. Auch eine Art Wunschdenken könnte dabei im Spiel sein. Mit der Venus im 7. Haus fällt es nicht schwer, anderen den Hof zu machen, und es ist sehr gut vorstellbar, daß der Mensch mit dieser Horoskop-Stellung auf seinem Weg einige gebrochene Herzen zurückläßt. Es handelt sich hier vielleicht um einen notorischen Schürzenjäger, um jemanden, der mit großem Charme andere um seinen kleinen Finger wickelt und ausnutzt. Das wäre eine unerfreulichere Auswirkung einer Stellung, die in den meisten Fällen Wohlwollen und Glück im Umgang mit den Mitmenschen bringt.

♀ 8 Venus im 8. Haus

Wer die Venus in diesem Haus hat, sucht eine tiefe emotionale und sexuelle Verbindung zu seinem Partner. Hier ist es mit dem flüchtigen Konstatieren einer Seelenverwandtschaft nicht getan. Was diese Menschen brauchen, sind Intensität und Tiefe. In Abhängigkeit davon, welche Venus-Aspekte vorhanden sind, kann auch ein Moment des Schmerzes oder der Qual hinzutreten. Diese Menschen verabscheuen das Statische; ihr Bedürfnis nach Intensität bedeutet, daß sie Extreme – Freude und Ekstase auf der einen und Elend und Verzweiflung auf der anderen Seite – jeder emotionalen Mittelmäßigkeit vorziehen. Erst diese Extreme können sie wirklich davon überzeugen zu leben. Das Alltägliche und Bequeme langweilt sie zutiefst.

Krisen bedeuten hier die Gelegenheit zum Wachstum. Gibt es keine Krisen in der Beziehung, werden diese Menschen sie schaffen. Das Liebesleben kann mit dieser Stellung eine Art emotionale Achterbahnfahrt sein. Liebe bedeutet in diesem Fall fortwährende Transformation – zu sterben und wieder geboren zu werden. Eine nicht abreißende Kette von Schmerzen ist die Folge, die aber letztlich das Liebesband nur verstärkt. Wenn diese Menschen erst einmal mit ihrem Partner an einen Abgrund gekommen sind, werden sie für alle Zeiten an ihm festhalten. In gewisser Weise ist dies die Probe für ihre Liebe und die des Partners. Von Zeit zu Zeit verspüren diese Menschen den Wunsch, sich noch einmal davon zu überzeugen, daß die Liebe noch vorhanden ist. Und nichts anderes wäre hierfür geeigneter als eine ausgeprägte Krise. Es kann sein, daß ihnen die Dynamik dieses Prozesses gar nicht bewußt ist, und vielleicht leiden sie selbst am meisten unter den Schmerzen, die sie auf diese Weise hervorrufen.

Diese Menschen suchen nach einem Partner mit einem tiefen Gefühlsleben. Sie sind oftmals eifersüchtig und besitzergreifend – oder wählen einen Partner, der diese Eigenschaften aufweist. Sie sehnen sich nach intensiven Emotionen, und Eifersucht und Besitzansprüche sind ja letztlich ein Ausdruck von Leidenschaft. Diese Menschen nei-

gen dazu, sich einen Partner zu suchen, der von seinen Gefühlen her
«schwierig» ist. Mit einem Ja-Sager ohne Angriffsflächen können sie
nichts anfangen. Ob dies nun bewußt geschieht oder nicht: Sie suchen
nach jemandem, der sie aufrüttelt und sie verändert. Wenn ihnen die
Beziehung etwas bedeuten soll, muß der Partner seinerseits stark genug sein, sich wirklich mit ihnen auseinanderzusetzen.

Auf der anderen Seite macht es diesen Menschen möglicherweise
Spaß, dem Partner ein Chaos der Gefühle zu bescheren, vielleicht aus
der Wahrnehmung heraus, welch große Wirkung zwischen beiden besteht. Aus der Erkenntnis, daß die Fähigkeit zur Veränderung in der
Beziehung gegeben ist, kann eine ungemein große Befriedigung erwachsen. In manchen Fällen kann es auch um eine Art Rache für eine
Kränkung gehen – wobei diese vielleicht nicht einmal aus einer Absicht heraus geschah.

In der Beziehung ist es diesen Menschen wichtig, das, was sie bewegt, mit dem Partner zu teilen. Sexuelle und emotionale Nähe und
beiderseitige tiefe Gefühle sind die Quelle des größten Glücks. In problematischerer Auswirkung können sich die bereits beschriebenen unangenehmeren Konsequenzen zeigen. Es ist möglich, daß jemand mit
der Venus im 8. Haus aus Angst vor der eigentlich ersehnten Intensität
der Gefühle keine Beziehung eingeht. Das kann dann eine quälende
Einsamkeit bedeuten.

♀ 9 *Venus im 9. Haus*

Das 9. Haus hat mit allen Aktivitäten zu tun, die eine Erweiterung des
Bewußtseins bewirken. Mit dieser Stellung ist das Bedürfnis gegeben, daß die Beziehung etwas von einer Entdeckungsreise an sich hat.
In dem Moment, in dem eine Beziehung beginnt, setzen diese Menschen Segel. Es kann sein, daß sich ihr Vergnügen hauptsächlich darauf bezieht, unterwegs zu sein und zu neuen Ufern aufzubrechen –
vielleicht ist das Ziel als solches für sie nicht besonders interessant.
Was diese Menschen brauchen, ist ein Partner, der sie herausfordert
und stimuliert. Sie haben ihre Freude daran, Bekanntschaften zu machen, sind aber vielleicht glücklicher ohne feste Beziehung. Wenn sie
sich gebunden haben, brauchen sie ein gewisses Maß an Freiraum,
um sich immer wieder aufs Neue auf Entdeckungsreise machen zu
können.

Im Rahmen der Beziehung ist es diesen Menschen wichtig, die Ansichten und philosophischen Überzeugungen mit dem Partner zu teilen. Wenn es sich bei ihnen auch nicht um Intellektuelle handeln muß, haben sie doch ihre Freude daran, sich geistig mit anderen auszutauschen, und sie bringen vielerlei Ideen zum Ausdruck. Wissen zu entdecken und den Geist zu erweitern befriedigt sie sehr. Vielleicht bilden sie sich weiter fort und haben ihren Spaß daran, in Gesellschaft etwas zu lernen.

Diese Menschen haben den Wunsch, daß der Partner ihre Interessen teilt. Es ist möglich, daß hier im Studium oder bei Lehrveranstaltungen Kontakte zustanden kommen. Sich über ein gemeinsames Gebiet auszutauschen, ist ihnen von großer Wichtigkeit. Regt der Partner ihr Denken nicht an, macht sie das zutiefst unzufrieden. Sie brauchen jemandem, mit dem sie die Themen diskutieren können, die ihnen am Herzen liegen – ob es sich dabei um die Beschaffenheit des Universums oder um den Zweck des Lebens handelt.

Der Mensch mit der Venus im 9. Haus ist oftmals ein ausgezeichneter Lehrer. Das liegt daran, daß ihm sein Fachgebiet großen Spaß macht und er fähig ist, diese Einstellung seinen Schülern zu vermitteln. Bei einer Lehrerpersönlichkeit können wir davon ausgehen, daß sie gut mit den Schülern auskommt und eine angenehme Lernatmosphäre schaffen kann. Vielleicht verliebt sich auch die Lehrerpersönlichkeit in jemanden aus der Klasse, oder aber ein Schüler oder ein Schülerin entdeckt seine oder ihre Liebe zu dieser. Religion oder Themen, die die großen Fragen des Lebens und des Universums berühren, üben hier eine besondere Anziehungskraft aus. Fächer mit spezielleren Fragestellungen werden mit philosophischen Betrachtungen angereichert.

Diese Menschen können Glück dadurch erfahren, daß sie Reisen – eine andere Art von Bewußtseinserweiterung – unternehmen. Wenn sie unterwegs sind, fällt es ihnen im allgemeinen leicht, Kontakte zu knüpfen und freundliche und wohlwollende Aufnahme zu finden. Vielleicht lernen sie ihren Partner fernab der Heimat kennen, und vielleicht bleiben sie im Ausland. Sie könnten sich dann aufgrund des kulturellen Hintergrund des Partners fortwährend stimuliert fühlen. Vielleicht gehen diese Menschen aber auch eine Verbindung mit jemandem ein, der sie in Kontakt mit einer anderen Religion bringt, was ähnliche Auswirkungen wie die Verbindung mit jemandem aus einem anderen Kulturkreis hat. Eine solche Beziehung würde die Überprüfung der eigenen religiösen Überzeugungen zur Folge haben.

Wenn zur Venus kritische Aspekte bestehen, könnte es zu Problemen im Hinblick auf das Angeführte kommen. Mit dieser Stellung sucht der Mensch möglicherweise einen Guru, dem er all seine Liebe auf reine Weise schenken kann und der sich mit seiner Wesensart als dieser Liebe würdig erweist. Wenn sich die Venus im 9. Haus befindet, hat Liebe viel mit Religion und mit Philosophie zu tun.

♀ 10 *Venus im 10. Haus*

Wer die Venus in Haus 10 hat, möchte Anerkennung finden für seine Erscheinung, seine Lebensart und seinen Charme. Dieses Haus steht für das öffentliche Ansehen, was heißt, daß mit dieser Stellung das Bedürfnis gegeben ist, sich von seiner besten Seite zu präsentieren. Womöglich fühlt sich dieser Mensch, als ob er ständig auf dem Laufsteg stünde. Er kann außerordentlich modebewußt sein und über ein exquisites Geschmacksempfinden verfügen, und er weiß, wie er sich zu seinem eigenen Vorteil in Szene setzen kann. Er beherrscht die gesellschaftlichen Umgangsformen, und das sprichwörtliche Fettnäpfchen und der Fauxpas sind Fremdworte für ihn.

Diese Menschen fühlen sich hingezogen zu Partnern, die Stil und Status, Schönheit und ein würdevolles Auftreten zum Ausdruck bringen. Sie möchten sich mit jemandem verbinden, der ihr öffentliches Ansehen erhöht – aufgrund des Aussehens, der modebewußten Erscheinung, von kreativen Verdiensten oder aufgrund der Zugehörigkeit zu künstlerischen Kreisen. Diese Menschen suchen nach jemandem, der in den Augen vieler anderer attraktiv ist und der eine gewisse Popularität genießt.

Es könnte sich auch eine Partnerschaft im Rahmen des Berufs ergeben, vielleicht aus dem Anspruch heraus, Liebe und Arbeit in Übereinstimmung zu bringen. Es besteht in jedem Falle das Bedürfnis nach einem Partner, der die eigenen Ziele teilt. Das Gefühl, daß beide die gleichen Ansichten haben, ist eine Grundvoraussetzung für die Beziehung.

Liebe und Ehrgeiz haben für den Menschen mit der Venus im 10. Haus sehr viel miteinander zu tun. Es besteht die Möglichkeit, daß der eigene Ehrgeiz auf den Partner projiziert wird, mit der Absicht, daß dessen Erfolg auf die eigene Persönlichkeit zurückstrahlt. Vielleicht erstrecken sich die Ambitionen auch darauf, eine bestimmte Art von Partner zu bekommen. Unter Umständen bezeichnet diese Venus-Stellung auch einen Menschen, der in gesellschaftlicher Hinsicht ein Aufsteiger ist. Ein Motiv für die Beziehung könnte des weiteren darin liegen, daß den überlieferten gesellschaftlichen Erwartungen entsprochen wird. In diesem Falle würde sich der Ehrgeiz voll und ganz darauf verlagern, sich nach außen hin als Paar darzustellen. In eher positiver Auswirkung ist es die Triebkraft des Menschen mit der Venus im 10. Haus, jemanden zu finden, den er wirklich lieben kann.

Mit dieser Stellung ist häufig die Fähigkeit gegeben, sich auf kreative Weise zum Ausdruck zu bringen oder sich mit denjenigen zusammenzutun, auf die dies zutrifft. Vielleicht hat dieser Mensch beruflich mit Unterhaltung zu tun, und vielleicht besteht der Anspruch, daß die Beziehung etwas Glamouröses haben soll. Venus im 10. Haus kann Stolz darauf bedeuten, die Hälfte eines schönen Paares und damit Gegenstand allgemeiner Bewunderung zu sein.

Was Letzteres betrifft, wäre es denkbar, daß eine Beziehung im Grunde für den Schein geführt wird, ohne daß eine wirklich tragfähige Basis vorhanden ist. Bei dieser Stellung kann Liebe aus den verschiedensten Gründen Mittel zum Zweck sein, zum Beispiel im Falle eines Homosexuellen, der heiratet, um äußerlich ein normales Bild abzugeben. Ein anderer Fall wäre die Frau, die es auf den Sohn vom Chef abgesehen hat, um sich damit Vorteile zu verschaffen.

Bei denjenigen, die ein öffentliches Amt bekleiden, könnte diese Stellung ein Zeichen dafür sein, daß sie in ihr Publikum verliebt sind und daß die Anerkennung seitens des Publikums ihnen mehr bedeutet als die des Partners. Ein Beispiel hierfür sind die manchmal glanzvollen Ehen der Persönlichkeiten des öffentlichen Lebens, aus welchen nur Selbstdarstellung und Werbung, nicht aber Liebe und Zuneigung spricht. Auf das alltäglichere Leben bezogen, handelt es sich hier möglicherweise um Menschen, die außerordentlich besorgt darum sind, was die Nachbarn von ihnen denken. Weiterhin vorstellbar wäre jemand, der in seiner Nachbarschaft oder Gemeinde großes Ansehen genießt.

Mit der Venus im 10. Haus ist im allgemeinen Optimismus und eine gesunde Portion Selbstsinn vorhanden. Als Folge davon ergeben sich oftmals günstige Gelegenheiten. Trifft dies nicht zu, können Unzufriedenheit und Vorwürfe die Konsequenz sein.

Vielleicht war aber auch die Mutter dieses Menschen überaus anspruchsvoll. Am 10. Haus können wir ablesen, welche – möglicherweise unbewußten – Ziele eine Mutter für ihr Kind hegt und diesem übermittelt. Handelt es sich um eine *Mädchen*, wurde vielleicht der Druck ausgeübt, ein elegantes und graziöses Verhalten zu zeigen; möglicherweise war Klavier- oder Ballettunterricht oder eine bestimmte Schulbildung Pflicht. Ein «damenhaftes» Verhalten sowie der «passende» Umgang dürften in diesem Falle von großer Wichtigkeit gewesen sein. Vom *Jungen* mit der Venus im 10. Haus wurde unter Umständen ein höfliches und ritterliches Verhalten erwartet – möglicherweise mit der Auswirkung, daß er aus nichts anderem als aus Umgangsformen besteht. Die Mutter war hier vielleicht der Ansicht, daß gute Manieren und gesellschaftliche Kontakte den Kindern im Leben eine große Hilfe sein würden. In der schlimmsten Form mag der Mensch, dessen Venus im 10. Haus steht, den Eindruck erhalten, daß alles oberflächlich und hohl ist und nichts wirklich in die Tiefe geht. Die Mutter kann allerdings in ihrem Bestreben, dem Kind gute Manieren beizubringen, kreative Fähigkeiten und künstlerische Talente gefördert haben. Wie der Hintergrund des Menschen mit der Venus im 10. Haus im einzelnen auch beschaffen sein mag – wir können davon ausgehen, daß seine Haltung im Hinblick auf Beziehungen in einem sehr großen Maße von seiner Mutter geprägt wurde.

♀ 11 Venus im 11. Haus

Der Mensch, der die Venus im 11. Haus hat, bezieht Glück und Zufriedenheit aus einem großen Freundes- und Bekanntenkreis. Er gehört vielleicht einer oder mehreren Arbeitsgruppen an und ist fähig, mit den verschiedensten Menschen auszukommen.

Freundschaft bedeutet diesem Menschen viel, und er wird viel Energie für deren Unterhalt aufbringen. Sein persönliches Glück basiert auf der Atmosphäre, die unter seinen Freunden herrscht; kommt es zu Mißklängen, betrübt ihn das. Er hofft auf Harmonie und harmonische Kontakte zwischen allen.

Wer mit dieser Stellung über keinen eigenen Bekanntenkreis verfügt, erwartet möglicherweise vom Partner, in gesellige Aktivitäten eingebunden zu werden. Manchmal werden diese Bekannten dann als eigene Freunde gesehen, wobei dann verkannt wird, daß sie erst durch

Vermittlung des Partners gewonnen wurden – und daß es keine eigenen Freunde gibt.

Häufig finden diese Menschen ihren Partner im Rahmen von sozialen Aktivitäten. Sie sind bestrebt, den Partner mit ihren Freunden zusammenzubringen und spüren ihrerseits das Verlangen, am gesellschaftlichen Leben des Partners teilzuhaben. Mit dieser Stellung ist es unwahrscheinlich, daß die Freunde vom Partner abgeschottet werden.

In der Beziehung sind gemeinsame Hoffnungen und Wünsche von großer Bedeutung. Diese Menschen haben den Anspruch, daß der Partner ihre Träume für die Zukunft sowohl kennt als auch teilt, und sie nehmen selbst Anteil an den Visionen des Partners. Hierin liegt mehr als in allem anderen die Basis für das Zusammenleben.

Es ist denkbar, daß mit dieser Stellung viele Bedürfnisse durch die Einbindung in Gruppen befriedigt werden. Dabei könnte eine Ideologie im Spiel sein, vielleicht wie bei der Partei der Grünen oder einer anderen politischen Gruppierung oder auch einer anderen Organisation, die etwas auf ihre Fahnen geschrieben hat, womit sich der Mensch zutiefst identifiziert. In diesem Fall stimuliert es das Wohlbefinden, einer Gruppe anzugehören und für ein gemeinsames Ziel einzutreten. Und vielleicht wird der Partner in diesem Umfeld kennengelernt. Unabhängig davon, ob dies nun zutrifft oder nicht: Es dürfte eine starke Anziehungskraft zu denjenigen bestehen, die ihre Ansichten mit Nachdruck und Überzeugung vortragen.

Mit der Venus im 11. Haus ist die Fähigkeit verbunden, konstruktiv in Gruppen zu arbeiten. Diese Menschen blühen in gemeinschaftlichen Unternehmungen auf, was zum Beispiel auch für Gruppenzusammenhänge gilt, die sich im Urlaub ergeben. Es handelt sich hier um Menschen, die gesellig sind und Toleranz gegenüber den Leuten aufbringen, die zu der Gruppe gehören. Sie sind imstande, zum Wohle der Gruppe zwischen gegensätzlichen Standpunkten zu vermitteln, was für das reibungslose Funktionieren einer Organisation von unschätzbarem Wert sein kann.

Für den Menschen mit der Venus im 11. Haus können Freunde und Gruppenaktivitäten wichtiger als die enge Beziehung zu dem einem Partner sein, und es ist denkbar, daß er sich der platonischen Liebe verschrieben hat. Wer hier eine Verbindung eingeht, muß gleichzeitig der beste Freund dieses Menschen werden.

♀ 12 Venus im 12. Haus

Liebe und die Bereitschaft, Opfer zu bringen, hängen eng miteinander zusammen, wenn die Venus im 12. Haus steht. Diese Menschen sind in der Lage, selbstlos und hingebungsvoll für andere zu sorgen. Oftmals verkennen sie dabei die eigenen Bedürfnisse und überlassen es den anderen, für diese zu sorgen – mit der Folge, daß die Befriedigung möglicherweise ausbleibt. Mit dieser Stellung kann es zu sehr unübersichtlichen Situationen kommen. Diese Menschen beziehen vielleicht viel Befriedigung aus einer aufopferungsvollen Hingabe für jemand anderen – was im Grunde nichts anderes darstellt als ein Glück aus zweiter Hand. Selbstgewähltes Leid oder Märtyrertum in der Liebe ist hier das Stichwort.

Es könnte sein, daß diese Menschen versuchen, in der Beziehung alles zugleich zu sein, was viel Konfusion bedeuten kann. Sie haben Schwierigkeiten damit, sich zum Ausdruck zu bringen, was immer wieder zu den verzwicktesten emotionalen Situationen führt. Dies ist aber nur eine äußerliche Widerspiegelung ihres inneren Durcheinanders. Sie selbst wissen gar nicht um ihre Bedürfnisse.

Ein unglückliches und entbehrungsreiches Liebesleben kann mit dieser Stellung verbunden sein. Vielleicht besteht auch der Anspruch, daß der Partner Opfer bringen soll. Was auch vorstellbar wäre, ist die Liebe zu einer Person, die – aus welchem Grund auch immer – unerreichbar ist. Vielleicht handelt es sich bei dieser Person auch um jemanden aus dem Bekanntenkreis, der möglicherweise gar nichts von diesen Gefühlen ahnt. Es könnte aber auch um eine Person gehen, die im Rampenlicht steht, oder auch um ein reines Fantasie-Produkt.

Oftmals sind bei dieser Stellung Affären vorhanden, über die Stillschweigen bewahrt werden muß. Dazu ist noch zu sagen, daß es sich bei dem Menschen mit der Venus im 12. Haus in vielen Fällen um jemanden handelt, der seine Gefühle nicht in der Öffentlichkeit zeigt, sondern nur in Situationen, in denen er sich vollständig sicher fühlt.

Vielleicht entscheidet sich dieser Mensch aber auch dafür, alleinzubleiben und enthaltsam zu leben. Wenn dies eine bewußt getroffene Entscheidung ist, dürfte eine starke Sehnsucht nach der reinen oder auch nach der spirituellen Liebe vorhanden sein. Vorstellbar wäre weiterhin, daß die Fantasie einen größeren Reiz ausübt als das Reale. Es kann sein, daß dies in der Auswirkung Einsamkeit bedeutet – in der

Fantasie und der Vision einer reinen Liebe könnte dafür aber ein Ausgleich gesehen werden.

Diese Menschen haben bezüglich der Liebe keinen klaren Blick. Weil es sich bei ihnen zumeist um mitfühlende Charaktere handelt, sind sie in der Gefahr, von anderen ausgenutzt zu werden. Sie können Glück und Zufriedenheit erfahren, wenn sie sich im Rahmen einer Institution selbstlos für ein größeres Ziel einsetzen.

Wir können annehmen, daß der Mensch mit der Venus im 12. Haus seine Privatsphäre genießt und Freude daran hat, allein zu sein. Möglicherweise gibt es nichts Schöneres für ihn, als stundenlang bei abgeschaltetem Telefon in der Badewanne zu liegen oder irgend etwas für sich zu machen. Mit dieser Stellung kann der Mensch zu Trägheit und Müßiggang neigen sowie dazu, sich in der Vorstellung eine eigene Welt zu schaffen.

Kapitel 7

Mars in den Häusern

Das Haus, in dem der Mars steht, zeigt an, worauf du deine Energie richtest. Der Einsatz von Energie in diesem Lebensbereich hat einen stärkenden und vitalisierenden Einfluß auf dein Inneres; er bringt dich in Kontakt mit deiner Individualität und deinen Talenten. In dem betroffenen Lebensbereich mußt du dich kühn und wagemutig zeigen; hier mußt du die Initiative ergreifen, um zu dem zu werden, der du sein willst. Je aktiver du dich in diesem Lebensbereich zeigst, desto lebendiger und kraftvoller wirst du dich fühlen. Wenn du in deinem Leben eine Phase der Ungewißheit durchmachst, kannst du wieder auf deinen Weg kommen, indem du dich auf den Lebensbereich konzentrierst, in dem dein Mars steht. Hier mußt du im konstruktiven Sinne aktiv werden.

Das Mars-Haus bringt zum Ausdruck, was du begehrst, und die Art von Leuten, die du anziehend findest. Du wirst die Erfahrung machen, daß Menschen, die die Energie dieses Hauses verkörpern, einen belebenden und anregenden Einfluß auf dich haben. Wenn der Mars in deinem Horoskop im 3. Haus steht, wirst du lebhafte und kommunikative Menschen schätzen – was sowohl für gemeinschaftliche Unternehmungen als auch in sexueller Hinsicht gilt. Hiermit ist ganz allgemein angesprochen, auf welchem Gebiet du auf dynamische und schwungvolle Art mit anderen zusammen etwas machen kannst.

Das Haus, in dem der Mars steht, bringt zum Ausdruck, was dich ärgerlich macht und was deinen Zorn erregt. Jede Herausforderung auf diesem Gebiet wirkt möglicherweise auf dich, als ob es ums nackte Überleben geht – sie wird sogleich deinen Kampfesgeist mobilisieren. Die Eigenschaften, die hier abzulesen sind, beziehen sich auf deine Fähigkeit, dich gegenüber anderen zu behaupten. Du wirst diese Eigenschaften in dem Moment zum Einsatz bringen, in dem du mit dem Rücken zur Wand stehst. Mit dem Mars im 3. Haus beispielsweise wirst du deine Worte als Waffen benutzen; du wirst dich gegenüber anderen durch das Umsetzen von Ideen in konkrete Aktionen behaupten.

Das Haus, in dem sich der Mars befindet, zeigt, auf welche Quellen du dich stützen kannst, um zu erhalten und zu bewahren, was – oder wen – du willst. Hiermit ist der Bereich angezeigt, in dem du auf die effektivste Weise «funktionierst». Mit dem Mars im 11. Haus zum Beispiel sind Gruppenaktivitäten, Freundschaften und gemeinsame Ideale wichtige Faktoren für die Beziehung. Bei dem, was mit diesem Haus zusammenhängt, handelt es sich um die Dinge, die du gerne zusammen mit deinem Partner unternimmst und die die Beziehung in Schwung halten. Allerdings müssen natürlich die Mars-Positionen beider Partner berücksichtigt werden, wenn die Beziehung Bestand haben soll. Wenn die Interessen einer Person im Vordergrund stehen, können Gefühle der Unzufriedenheit über kurz oder lang das Ende der Beziehung bedeuten.

Weil du in dem Bereich, der von der Mars-Stellung angezeigt ist, am meisten Lebenskraft und Schwung fühlst, haben die anderen den Eindruck, daß deine Persönlichkeit hier am markantesten zum Ausdruck kommt. Du kannst davon ausgehen, daß es sich bei den hier angesprochenen Eigenschaften um die Merkmale handelt, die auf deine Bekannten und Freunde den größten Eindruck machen – auch, was deine sexuelle Ausstrahlung betrifft. Dieses Haus weist auch darauf hin, welche Art von Aktivität dich in Kontakt mit möglichen Sex-Partnern bringen könnte und an welchen Orten das vielleicht geschieht. Die Mars-Stellung verdeutlicht ganz allgemein, was dich an anderen sexuell anzieht und was andere attraktiv an dir finden.

♂ 1 *Mars im 1. Haus*

Die Person mit dem Mars im 1. Haus ist eine Kämpfernatur, die an das Leben herangeht, als wäre es ein Schlachtfeld. Sie neigt dazu, andere als Hindernisse zu betrachten, und sie versucht, auf deren Aktivitäten Einfluß zu nehmen, wobei sie zunächst handelt und dann nachdenkt. Ebenfalls denkbar wäre, daß das Verhalten dieser Person Angriffe von anderen provoziert. Wenn die Mars-Energie derart im Vordergrund steht, ist es fast unmöglich, sie zu ignorieren.

Menschen mit dem Mars im 1. Haus haben eine starke sexuelle Ausstrahlung – wobei sie sich dessen manchmal nicht bewußt sind. Hieraus können sich in der Beziehung Konflikte ergeben. Es kann sie sehr ärgerlich machen, wenn sie der Ansicht sind, daß sie für andere nur sexuell interessant sind – wozu allerdings gesagt werden muß, daß sie unbewußt dazu neigen, ihre Sexualität einzusetzen, um das zu bekommen, was sie wollen. Wie bei allen Planetenstellungen im 1. Haus besteht die Tendenz, das Vorhandensein der betreffenden Energie zu leugnen und diese in anderen wahrzunehmen. In diesem Fall würde das heißen, daß die anderen als zu aggressiv und rauh und in sexueller Hinsicht als zu fordernd eingeschätzt werden.

Es ist sehr wichtig für den Menschen mit dem Mars im 1. Haus, die Initiative zu ergreifen und geradewegs und mutig auf das Objekt der Begierde zuzugehen. Für sein Wohlbefinden ist es notwendig, daß er die vollständige Verantwortung für sein Leben übernimmt und nur gemäß der eigenen Entscheidungen handelt. Wenn er vor der eigenen Stärke Angst hat, wird er sich zu sehr anpassen, was seine Energie aufzehrt und Ärger und Wut hervorruft. In diesem Fall kommt es dann von Zeit zu Zeit zu irrational anmutenden Ausbrüchen gegenüber der Umgebung, die verheerende Konsequenzen haben können.

Mit dem Mars im 1. Haus sind oftmals starke Gefühle der Unsicherheit vorhanden, weil der Mensch beständig glaubt, bedroht zu sein. Als Folge davon kann er bemüht sein, in einem übertriebenen Ausmaß Stärke und Unabhängigkeit zu beweisen. Angriffe auf seine Autonomie lassen in ihm Alarmglocken schrillen, was es gefährlich machen kann, sich ihm zu nähern. Seine Beziehungen sind von Ausbrüchen und von wütenden Auseinandersetzungen, von überraschenden Trennungen und ebenso plötzlichen Wiedervereinigungen gekennzeichnet.

Menschen mit dem Mars im 1. Haus suchen nach einem Partner, der so stark ist wie sie selbst. Sie lieben die Herausforderung, sich gegen einen kämpferischen Charakter zu behaupten, was bedeutet, daß sie sich von unabhängigen Menschen mit ausgeprägter Persönlichkeit angezogen fühlen. Sie beziehen Stärke daraus, für das zu kämpfen, was sie begehren, und diese Auseinandersetzung ist es, die sie belebt und stimuliert.

Diese Menschen sind offen und direkt. Um geliebt zu werden, muß der Partner seinerseits ehrlich und geradlinig sein. Ein versteckter

Hinweis fruchtet bei diesen Menschen nicht – sie brauchen den augenfälligen Beweis, daß jemand sie will. Bei aller Freude an der Auseinandersetzung muß der Partner aber grundsätzlich auf ihrer Seite stehen und notfalls dazu bereit sein, einen Kampf gegen den Rest der Welt durchzufechten.

In seinen Wünschen ist der Mensch mit dem Mars im 1. Haus im allgemeinen unkompliziert. Er hat eine klare Vorstellung davon, was und wen er will, und es macht ihm keine Schwierigkeit, dies zum Ausdruck zu bringen. Er legt sich keine große Zurückhaltung auf – was auch für das Eingehen einer sexuellen Beziehung gilt. Voller Leidenschaft und großherzigem Enthusiasmus, ist er dazu bereit, um die Person zu kämpfen, die er begehrt, und nichts kann ihn dabei entmutigen. Er bringt sich selbst in alles, was er tut, vollständig ein, was zur Folge hat, daß seine Beziehung voller emotionaler Vitalität steckt.

♂ 2 Mars im 2. Haus

Mit dem Mars im 2. Haus ist ein großes physisches Verlangen gegeben. Diese Menschen sind von sehr sinnlicher Natur; sie haben Freude daran, ihren Körper zu gebrauchen, was sie dazu befähigt, Wohlbefinden in anderen hervorzurufen. Sie sind auf das Körperliche eingestimmt und genießen ihre Sexualität.

Es besteht ein starkes Bedürfnis nach materieller Sicherheit. Mittellos zu sein kann in ihnen das Gefühl hervorrufen, daß das Überleben gefährdet ist, was den intensiven Energieeinsatz für das Geldverdienen erklärt. In manchen Fällen tritt hier die sexuelle Energie gegenüber dem Erwerb von Reichtümern in den Hintergrund – im allgemeinen aber spielen Sexualität und Geld eine wichtige Rolle, was auch heißt, daß Wohlstand eine erotisch stimulierende Wirkung auf sie hat. Auf der anderen Seite kann es sein, daß sie in der Beziehung Zielscheibe einer Projektion sind und vielleicht dafür verantwortlich gemacht werden, daß Geld vorhanden ist. Wie dem auch sei – Geld könnte in der Beziehung eine überaus wichtige Rolle spielen, und möglicherweise kommt es in dieser Hinsicht zu Streitereien, auch bezüglich der Frage, wer die Kontrolle über die Finanzen haben soll.

Menschen mit dem Mars im 2. Haus können außerordentlich besitzergreifend sein. Sie verabscheuen Untreue – weil diese ihr Sicherheitsbedürfnis bedroht. Die Person, der ihre Zuneigung gilt, ist ihnen gewissermaßen ein wertvolles Besitztum, das sie ganz für sich allein haben wollen. Sie überschütten sie möglicherweise mit luxuriösen Geschenken, um sie an sich zu binden, und vielleicht glauben sie, sich damit ein Anrecht auf Sex erworben zu haben.

Für den Menschen mit dem Mars in diesem Haus kann Sexualität von überaus großer Bedeutung sein, weil sein Selbstwertgefühl eng mit ihr verbunden ist. Vielleicht hat das zur Folge, daß ein zu großer Wert auf «Technik» und «Leistungsfähigkeit» gelegt wird und das spontane Element in den Hintergrund tritt. Sexuelle Heldentaten bedeuten diesem Menschen Sicherheit; um sich sicher fühlen zu können, will er zeigen, daß er aktiv und leistungsfähig ist. Gerade weil die Sexualität ihm so viel bedeutet, tut er sich recht schwer damit, eine Beziehung zu beginnen. In manchen Fällen kann es auch den Anschein haben, als sei die Sexualität ein Verhandlungsgegenstand.

Loyalität und Verpflichtung haben für Menschen, deren Mars im 2. Haus steht, einen sehr hohen Stellenwert. Sie halten nichts davon, sich mit verschiedenen Partnern zu vergnügen; sie sind solide und zuverlässig, was auf andere einen stabilisierenden Einfluß haben kann. Was sie bieten, ist Sicherheit und Beständigkeit; ihre Neigungen unterliegen keinen Schwankungen. Sie zeigen große Vorsicht beim Eingehen einer Beziehung – was sich daraus erklärt, daß Sex etwas Kostbares für sie ist und es seine Zeit braucht, bis solide Fundamente für die Zukunft gelegt sind. Diese Menschen müssen sich wirklich sicher sein, daß das, was sie investieren, gut angelegt ist.

Menschen mit dieser Stellung brauchen viel körperlichen Kontakt. Sie haben ihre Freude daran, vom Partner gestreichelt oder massiert zu werden. Berührungen sind die Voraussetzungen dafür, daß sie sich geliebt fühlen. Sie selbst demonstrieren ihre Zuneigung auf deutlich sichtbare Weise. Weil sie so sensibel für Berührungen sind, lieben sie Luxuriöses wie zum Beispiel Seide. Sie beziehen viel Freude aus einer behaglichen und schönen Umgebung.

♂ 3 *Mars im 3. Haus*

Wer den Mars in diesem Haus hat, braucht den mündlichen Austausch, um sich lebendig zu fühlen. Intensive Diskussionen mit dem Partner regen diese Menschen an, und oftmals attackieren sie mit ihren Worten insbesondere diejenigen, zu denen sie sich hingezogen fühlen. Diese Menschen neigen dazu, ihre Worte als Waffen einzusetzen, und je größer die Anziehungskraft ist, die jemand auf sie ausübt, desto schärfer sind die Attacken, die sie reiten.

Mit dieser Stellung werden Ärger, Zorn und Bedürfnisse auf verbale Weise zum Ausdruck gebracht. Wenn keine Möglichkeit dazu besteht, sinkt ihr Energiepegel im allgemeinen und ihr sexuelles Verlangen im besonderen rapide ab. Mit dem Mars im 3. Haus besteht der drängende Wunsch, über alles, was das persönliche Interesse erweckt, mit dem Partner zu reden. Zu zweit Dinge zu unternehmen und viel unterwegs zu sein ist von großer Wichtigkeit. Es macht diesen Menschen einfach Spaß, sich über alles und jeden auszutauschen.

Ideen und Worte üben hier eine überaus große Faszination aus, welche auf das sexuelle Verlangen zurückwirkt. Wer den Mars im 3. Haus hat, braucht den Austausch, um sein Begehren aufrechtzuhalten. Er fühlt sich hingezogen zu Personen, die einen stimulierenden und anregenden Geist haben. Ist der Geist nicht angesprochen, verliert er schnell das Interesse.

Die fortwährende Auseinandersetzung mit dem Partner ist hier von elementarer Bedeutung, und ergibt es sich einmal, daß beide getrennt voneinander sind, werden viele Briefe und Karten geschrieben und viele Telefonate geführt. Diese Menschen lieben es, ihre Gefühle auf verbale Weise zum Ausdruck zu bringen – sie liebkosen mit Worten. Um sich selbst begehrt zu fühlen, brauchen sie ebenfalls viel Aufmerksamkeit und viele Worte des Partners. Wenn der Partner keine Fragen stellt und nicht sagt, was er vorhat, fühlen sich diese Menschen zurückgewiesen.

Wer den Mars im 3. Haus stehen hat, neigt dazu, viel über Sex nachzudenken – in der Extremform gewährt das Denken mehr Befriedigung als der konkrete Akt. Für diese Menschen hat Sexualität etwas von einem Zwiegespräch; sie schätzen sie als eine Form des Kennenlernens sowie der Selbstdarstellung. Zu lieben bedeutet in diesem Fall, zu dem Partner auf einer tieferen, nicht-verbalen Ebene zu sprechen. Wie bei der Konversation kann die Spanne beim Geschlechtsakt vom oberflächlichen Plausch bis zur tiefgründigen Auseinandersetzung reichen, wobei anzumerken ist, daß die Bedürfnisse sehr starken Veränderungen unterworfen sein können. Zu manchen Zeiten möchte dieser Mensch mit fröhlichen und unternehmungslustigen Leuten zusammensein, ein anderes Mal sucht er den Seelenkontakt auf der tiefsten Ebene. Letztendlich ist ihm aber ein intensiver Austausch wichtiger als die rein körperliche Befriedigung. Das, was der Partner sagt, ist das, was zählt – das Beherrschen irgendwelcher Techniken ist zweitrangig. Für diesen Menschen ist das Verlangen nach Sex eng verbunden mit dem Ausdruck seiner Gefühle. Er möchte seine Gefühle beschreiben auf eine Art und Weise, die tiefer ist als alle Worte.

♂ 4 *Mars im 4. Haus*

Menschen mit dieser Mars-Stellung brauchen intensive Verbindungen zu anderen; sie richten viel Energie auf ihre Beziehungen. Die Sexualität hat bei ihnen die Eigenschaft, verdrängte Gefühle und Erlebnisse aus früheren Zeiten wieder aufsteigen zu lassen; sie ist insofern beladen mit der Last von Kränkungen und Wunden der Vergangenheit, was bedeutet, daß der Bereich der Beziehungen etwas Problematisches hat. Es wäre denkbar, daß der Mensch mit dem Mars im 4. Haus aus einer Familie stammt, in der der Ausdruck von Sexualität schwierig war und – ohne daß dies zur Sprache gekommen wäre – zu untergründigen Spannungen geführt hat.

Diese Menschen müssen sich sicher fühlen, wenn sie Freude an der Sexualität haben sollen, was auf der anderen Seite bedeutet, daß Oberflächlichkeit sie abstößt. Sie fühlen sich am wohlsten, wenn sie davon ausgehen, mit dem Partner das ganze Leben lang zusammenzubleiben, was sie Gewißheit verspüren läßt und ihnen zugleich die Aussicht auf viel Zeit zu zweit gibt.

Oftmals kommt es unter dieser Stellung zu dem Bedürfnis, sich für eine gewisse Zeit aus der Beziehung zurückzuziehen. Diese Menschen reagieren auf einer sehr tiefen Gefühlsebene, was als Konsequenz bedeutet, daß sie Zeit zur Erholung brauchen, wenn eine Beziehung zu Ende gegangen ist. Dabei werden Emotionen und Erinnerungen in ihnen aufsteigen, die es ihnen ermöglichen, ihr Gefühl der persönlichen Würde und ihres Selbstwertes wieder herzustellen. Das, was hier gesucht wird, ist die solide und verläßliche Basis, von der aus vorgegangen werden kann. Gibt es sie, fällt es ihnen leichter, in die Welt hinauszutreten und sich für das einzusetzen, was sie wollen.

Ein solides Zuhause ist ebenfalls von grundlegender Wichtigkeit für diese Menschen. Sie brauchen die Gewißheit, daß sie die Kontrolle über das haben, was bei ihnen passiert, und sie werden auf das Entschiedenste kämpfen, damit das so bleibt. Sich den eigenen Lebensraum zu erkämpfen und zu verteidigen ist ein Hauptmotiv dieser Menschen, auf welches viel Energie gerichtet wird. Viele Anstrengungen werden dafür eingesetzt, das Zuhause entsprechend den eigenen Wünschen zu gestalten, und es ist davon auszugehen, daß hier immer wieder neue Ideen auftauchen und umgesetzt werden. Am Zuhause etwas zu machen hat einen erholsamen und belebenden Einfluß auf diese Menschen.

Weil sie so viel Energie im Zusammenhang mit der häuslichen Situation entwickeln, könnten sich Konflikte mit den Personen ergeben, mit denen sie zusammenleben, insbesondere in dem Fall, daß unterschiedliche Wertvorstellungen und Einstellungen vorhanden sind. Wie dem im einzelnen auch sein mag – das Zusammenleben mit einem Partner, der ihren Geschmack und ihre Ziele teilt, übt eine große Befriedigung aus. Das gemeinsame Zuhause wird das Band zu dem Partner stärken und das sexuelle Verlangen anregen. Aus diesem Grund ist es für die Person mit dem Mars im 4. Haus auch so überaus wichtig, mit dem Partner zusammenzuwohnen – vielleicht ist dies für ihn die Frage, die über die Zukunft der Beziehung entscheidet. Mit dieser Stellung hat der Mensch gewissermaßen eine genaue Vorstellung über sein Revier sowie über den Partner, und es besteht der Wunsch, daß kein Rivale ihnen hier in die Quere kommt.

♂ 5 *Mars im 5. Haus*

Diese Stellung bedeutet, daß viel Energie auf Vergnügungen und das Spiel gerichtet wird. Die Künste, Unterhaltung im weitesten Sinn und Sport bewirken eine Steigerung des Vitalitätsgefühls und die Bestärkung der Identität. Indem diesen Aktivitäten zusammen mit dem Partner nachgegangen wird, bleibt die Beziehung frisch und das sexuelle Verlangen erhalten. Es ist den Menschen mit dem Mars in diesem Haus sehr wichtig, daß der Partner ihre Begeisterung teilt. Sie fühlen sich hingezogen zu Personen, die künstlerisch begabt, kreativ oder unterhaltsam sind. Sie möchten, daß die Beziehung Spaß macht; zu Hause herumzusitzen langweilt sie zutiefst.

Kinder spielen eine große Rolle für sie, und viel Zeit und Energie wird ihnen gewidmet. Es macht diesen Menschen Spaß, mit ihnen zu spielen und sie zu unterhalten. Wenn in der Beziehung Spannungen herrschen, sind sie in der Lage, ihre sexuelle Energien in der Form umzuwandeln, daß sie sie auf ihre Kinder richten. Sie nehmen möglicherweise sehr starken Anteil an deren Erfolgen und hoffen, daß diese es übernehmen, die eigene Mars-Energie zum Ausdruck zu bringen. Manchmal kann es den Anschein haben, als ob sie um die Zuneigung ihrer Kinder buhlen, insbesondere zu demjenigen des anderen Geschlechts: Vielleicht laden sie es zum Abendessen ein und unternehmen zu ihrem eigenen Vergnügen die verschiedensten Sachen mit ihm.

Mit dieser Stellung könnte Sex als eine Art Sport aufgefaßt werden. Diese Menschen genießen das Spielerische und das Überraschungsmoment, welches damit verbunden ist. Eine Affäre zu beginnen, die ein Risiko für die Ehe ist, kann ihnen einen anregenden Nervenkitzel bescheren und ihren Genuß noch verstärken. Auf der anderen Seite werden sie aus allen Wolken fallen, wenn ihnen der Partner untreu wird. Sie werden sich dann in ihrem Stolz verletzt fühlen und sich fragen, ob sie ihre Attraktivität eingebüßt haben. Um es gar nicht erst soweit kommen zu lassen, zeigen sie sich oftmals recht besitzergreifend. Was sie von ihrem Partner erwarten, ist absolute Loyalität und Treue – für sie selbst nehmen sie aber das Recht in Anspruch, alles mitzunehmen, was sich anbietet.

Der Mensch, der den Mars im 5. Haus hat, sieht sich selbst als Romantiker. Er macht denjenigen, auf die sein Auge gefallen ist, mit Charme und Hartnäckigkeit den Hof. Er lädt die Person seines Herzens ein, fährt mit ihr in Urlaub und überschüttet sie mit seiner Aufmerksamkeit und mit konkreten Beweisen seiner Zuneigung. Er will Eindruck machen, und vielleicht wirft er mit Geld nur so um sich, um dies zu erreichen. Finanzielle Engpässe können einen deprimierenden Einfluß auf ihn haben und sein Verlangen und seinen Stolz beeinträchtigen. Wenn er nicht seine großen Gesten anbringen kann, fühlt er sich schwach und minderwertig.

Sex ist für diese Menschen außerordentlich wichtig. Er stellt ein Mittel des Selbstausdrucks sowie der Stärkung von Identität und Stolz dar. Es wäre denkbar, daß der Geschlechtsakt hier etwas Theatralisches bekommt – dieser Mensch erwartet in der einen oder anderen Form Anerkennung für sein sexuelles Leistungsvermögen. Er hat den Anspruch, der beste zu sein, und erwartet, daß ihm dies bestätigt wird.

Um sich begehrt zu fühlen, brauchen diese Menschen viel Anerkennung und Aufmerksamkeit. Sie geben ihrerseits selbst viel, und sie verfügen über die Fähigkeit, denen, die sie lieben, das Gefühl zu vermitteln, daß sie etwas Besonderes sind. Wer den Mars im 5. Haus hat, ist von großzügigem und unterhaltsamem Wesen und erfüllt die Beziehung mit Wärme und Romantik. Das, was er am liebsten tut, ist, jemand anderen glücklich zu machen.

♂ 6 Mars im 6. Haus

Wer den Mars in diesem Haus hat, richtet seine Energie in erster Linie auf seine Arbeit – vielleicht handelt es sich bei ihm um den sogenannten «Workaholic». Als Konsequenz daraus ergibt sich, daß diese Menschen ihren Partner häufig bei der Arbeit treffen. Anderen von Nutzen zu sein ist ihnen von grundsätzlicher Wichtigkeit, und sie genießen es, diejenigen, die sie mögen, zu umsorgen. Sie selbst haben ihre Freude daran, wenn der Partner erkennen läßt, daß ihm die praktischen Aspekte der Beziehung ebenfalls wichtig sind. Zusammen mit dem geliebten Menschen zu arbeiten ist das Höchste für denjenigen, der den Mars im 6. Haus hat. Mit dieser Stellung fällt es schwer, sich zurückzulehnen und alles seinen Gang gehen zu lassen. Das Gefühl, eine stimulierende Arbeit zu verrichten und immer in Bewegung zu sein, ist mit ihr für das Wohlbefinden wichtig. Eine stumpfsinnige Arbeit läßt bei ihnen in jeder Beziehung Apathie aufkommen und das sexuelle Verlangen verschwinden.

Diese Menschen können Züge aufweisen, die an Selbstverleugnung grenzen. Für sie kommen Arbeit und Pflichten immer an erster Stelle. Bevor sie sich der Beziehung widmen können, muß alles seine Ordnung haben. Sie versagen sich jede Befriedigung, wenn noch etwas unerledigt geblieben ist.

Mit dieser Stellung ist vielleicht die Neigung verbunden, sich viele Sorgen zu machen und in einem übertriebenen Maße ängstlich zu sein. Dies kann auch Auswirkungen auf die Sexualität haben. Probleme bei der Arbeit können Probleme im Sexualleben hervorrufen – dieser Mensch kann diese beiden Bereiche nicht voneinander getrennt sehen. Überarbeitung und Spannungen führen möglicherweise zu Krankheiten; mit dem Mars im 6. Haus besteht die Neigung zu häufiger Unpäßlichkeit. In der Krankheit liegt für diese Menschen manchmal die einzige Möglichkeit, sich für eine Weile von der selbstauferlegten Arbeitsdisziplin zu befreien.

Oftmals ist unter dieser Stellung eine sehr analytische Einstellung zur Sexualität vorhanden. Möglicherweise ist dieser Mensch der Ansicht, daß es um bestimmte Techniken geht, die gelernt werden müssen, und vielleicht treten darüber Leidenschaft und Spaß in den Hintergrund. Manchmal wird Sex hier als eine Pflicht aufgefaßt, und es ist vorstellbar, daß eine Beziehung mehr aus dem Gedanken einer Verpflichtung als aus einem Verlangen heraus entsteht. Es könnten sich Verbindungen ergeben zu Menschen, mit denen zusammen gearbeitet wird oder die sich als nützlich erwiesen haben. Gerade aufgrund ihrer Gewissenhaftigkeit fällt es diesen Menschen so schwer, sich Ansprüchen zu entziehen. Weil sie außerdem dazu tendieren, in feste und bequeme Verhaltensmuster zu verfallen, finden sie vielleicht nur schwer einen Ausstieg aus einer unbefriedigenden Situation oder Beziehung.

Es könnte sich bei diesem Menschen um jemanden handeln, der sich in einem übertriebenen Ausmaß mit seiner körperlichen Fitneß beschäftigt, was der Umformung von sexueller Energie in sportliche oder bodybuilderische Aktivität entsprechen würde. Der Mensch, der dies praktiziert, könnte viel Anregung und Vergnügen aus Fitneßübungen beziehen. Wenn eine Beziehung besteht, dürfte es ihm eine Quelle der Befriedigung sein, zusammen mit dem Partner zu trainieren. Wahrscheinlich ist auch eine positive Einstellung zu Massagen vorhanden, und möglicherweise dienen diese als Vorspiel für den Liebesakt.

Mit dieser Stellung könnte der Mensch dazu neigen, Sex als eine Art physische Therapie zur Entspannung und Kräftigung zu betreiben. Der Geschlechtsverkehr kann für den Partner eine heilende Erfahrung sein. Menschen mit dem Mars im 6. Haus sind außerordentlich aufmerksame Liebhaber, die viel Zeit und Energie geben. Ihre Partner können sich sicher sein, daß sie immer ihre Unterstützung und ihre Anteilnahme haben werden.

♂ 7 *Mars im 7. Haus*

Für den Menschen, dessen Mars im 7. Haus steht, sind Beziehungen die treibende Kraft im Leben, selbst dann, wenn sie Probleme oder Konflikte verursachen. Mit jemandem eng zusammenzusein bedeutet mehr oder weniger automatisch, daß es von Zeit zu Zeit zu Ärger und zu Unstimmigkeiten kommt – es ist denkbar, daß der Mensch mit dem Mars in dieser Stellung seinen Partner dazu benutzt, sich abzureagieren, als eine Art Punchingball, an dem er seine Wut und Frustrationen ausläßt. Bei allen Schwierigkeiten aber ist der Drang, mit jemandem zusammenzusein, so stark, daß dieser Mensch kaum einmal längere Zeit allein ist.

Begierde und Wut hängen für ihn eng miteinander zusammen – die Sexualität kann ihn aufstacheln, und mitunter reagiert er gegenüber seinem Sexualpartner auf kritische oder aggressive Weise. Leicht verletzt und übersensibel, empfindet er Kritik entweder als überzogen oder als Zurückweisung und rächt sich heftig für erlittene Kränkungen. Manchmal zeigt er sich ausfallend – mitunter in einem Ausmaß, das das Ende der Beziehung bedeutet. Allerdings kann auch er es sein, der die Beziehung aufkündigt, was dann geschieht, wenn er sich unsicher fühlt oder sich darüber ärgert, daß der Partner Macht über ihn gewinnt. Wenn dieser Mensch andere angreift, dann deshalb, um sich selbst zu schützen. Leider ist dieses Verhalten aber oft destruktiv. Es besteht ebenfalls der häufig unbewußte Drang, andere herauszufordern – er kann eine ruhigere Person so lange reizen, bis diese explodiert. Wer den Mars im 7. Haus hat, betrachtet Ärger als eine Ausdrucksform von Liebe. Er hat Probleme damit, sich geliebt zu fühlen, wenn der Partner ruhig bleibt.

Es kann die Neigung bestehen, die Mars-Energie zu projizieren und nach einem Partner Ausschau zu halten, der stark ist und die Entscheidungen trifft. Ist dies der Fall, lebt der Mensch sein Leben durch den Partner – und wird sehr ungehalten, wenn dieser nicht dem, was er sich erhofft hat, entspricht. Werden die Erwartungen erfüllt, kann es allerdings geschehen, daß der Mensch Gefühle der Unterlegenheit oder des Grolls entwickelt und möglicherweise einen Ausbruch unternimmt, um wieder frei zu werden.

Der Mensch mit dem Mars im 7. Haus nimmt andere als Herausforderung wahr, gegen die er sich fortwährend behaupten muß. Insofern kann die Beziehung etwas von einem Schlachtfeld haben, auf dem sich ein Kampf auf Leben und Tod abspielt. Der Mars paßt nicht recht in das Haus, das für Teilen und Zusammenarbeit steht. Es ist, als ob er hier seine Autonomie, die Möglichkeit, jederzeit frei handeln zu können, in Gefahr sieht. Mit ihm sind in jedem Falle viele Auseinandersetzungen und Kämpfe zu erwarten, die aus dem Gefühl heraus unternommen werden, für den Ausdruck der eigenen Identität kämpfen zu müssen.

Beziehungen haben mit Mars im 7. Haus nichts Behagliches – sie sind geprägt von Temperament und Leidenschaft. Dieser Mensch richtet ein enormes Maß an dynamischer Energie auf die Liebe, was eine Erklärung dafür ist, warum diese Beziehungen so intensiv sind. Er schafft es nicht, dem Partner gegenüber kühl oder neutral zu sein – entweder zeigt er seine Liebe auf leidenschaftliche und eifersüchtige Weise, oder er explodiert in fürchterlichen Wutausbrüchen. Zwischenstufen gibt es nicht. Das Auf und Ab einer Beziehung stimuliert ihn, und Kämpfe sind ihm als eine Anregung immer willkommen. Dieser Mensch braucht den Widerstand, um sich wohlzufühlen, und das Ausmaß von Leidenschaft, das in die Kämpfe fließt, zeigt, wie sehr er seinen Partner begehrt.

In allgemeinerer Hinsicht ist anzumerken, daß dieser Mensch viel Befriedigung daraus zieht, mit dem Partner etwas zu unternehmen. Je mehr Aktivitäten davon berührt sind, desto glücklicher fühlt er sich. So macht es ihm zum Beispiel Vergnügen, zusammen mit dem Partner den Erwerb eines Hauses zu planen und zu überlegen, was beide dann in diesem unternehmen könnten. Eine Quelle der Befriedigung kann auch darin liegen, Seite an Seite mit dem Partner zu kämpfen. Das wäre zum Beispiel im politischen Bereich möglich.

♂ 8 *Mars im 8. Haus*

Was sich die Person mit dem Mars im 8. Haus von ihrer Beziehung erhofft, ist Intensität und Tiefe. Von direktem und kompromißlosem Wesen, besitzt sie ein Verlangen, das in manchen Zügen primitiv und instinktiv zu nennen ist. Sie will Sex um des Sex willen und weil sie sich von ihm verspricht, Erfahrungen von Tod und Neugeburt zu machen. Was sie sucht, ist das Extreme – um dies zu erleben, geht sie aus sich heraus und erlebt durch die Intensität der Erfahrung eine Transformation ihres Wesens. Diese Menschen neigen dazu, angehende Partner unter geschlechtlichen Gesichtspunkten zu betrachten, was diese fürchten lassen kann, benutzt zu werden. Der Mensch mit dem Mars im 8. Haus zeigt sich oftmals ruhelos und von seinen Trieben beherrscht – wenn er das Bedürfnis nach sexuellem Kontakt fühlt, geht er los und macht sich auf die Suche. Sexualität ist für ihn ein sehr starker Antriebsfaktor.

Aufgrund der Intensität ihres Verlangens sind diese Menschen in einem extremen Maße eifersüchtig und besitzergreifend. Sie können es nicht ertragen, betrogen zu werden, und vollziehen sofort die Trennung, wenn sie das Vertrauen verloren haben. Auf der anderen Seite empfinden sie es als Eingriff in ihre Autonomie, wenn der Partner ihnen die Stirn bietet und ihr Verhalten infragestellt. Machtkämpfe durchziehen das Liebesleben, und Eifersucht ist dabei immer ein Thema. Diese Menschen spüren es instinktiv, wenn ihr Partner sich von jemand anderem angezogen fühlt. Und selbst in dem Fall, daß es sich um eine völlig unbedeutende Episode handelt, oder das Betragen des Partners mustergültig gewesen ist, werden wütende Angriffe und Vorwürfe die Folge sein. Daraus könnten fortwährend Probleme resultieren – welche aber vielleicht die Beziehung mit neuem Leben erfüllen und insofern eine Stärkung bedeuten.

Für diese Menschen gilt: entweder – oder. Entweder begehren sie etwas von vollem Herzen – oder es läßt sie kalt. Es ist ihnen nicht möglich, Sex als «die schönste Nebensache der Welt» aufzufassen – weil er ihnen zuviel bedeutet; er ist der Ausdruck für die starken Gefühle, den sie suchen. Darin liegt auch der Grund für ihr außerordentlich starkes Verlangen, das sie mit oder ohne Beziehung in sich tragen. Sie verfügen über eine intensive sexuelle Ausstrahlung – wenngleich sie sich oftmals dieser nicht bewußt sind und auf die starken Reaktionen, die sie hervorrufen, überrascht reagieren.

Mit dieser Stellung besteht ein großes Interesse an dem Verborgenen. Diese Menschen unternehmen mancherlei Anstrengung, um herauszufinden, was andere ihnen verheimlichen wollen. Sie haben den Wunsch, die Gefühle und Bedürfnisse der anderen kennenzulernen, und es kann sein, daß sie auf ihrer Suche nach Informationen nicht eben zimperlich vorgehen. Bei ihnen handelt es sich um die geborenen Detektive. Sie lieben es, die Dinge zu ergründen, und sie ruhen nicht eher, bis alles ins Detail geklärt ist. Das, was sie interessiert, nimmt sie vollständig in Beschlag; sie gehen ihrer Leidenschaft mit letztem Einsatz nach. Dies gilt auch für die Liebesbeziehung – solange die Anziehungskraft wirkt, werden sie treu sein; schwindet diese, ziehen sie sich zurück.

Mit dem Mars im 8. Haus ist Sexualität eine komplexe Angelegenheit. Der Mensch mit dieser Stellung könnte in einem Elternhaus aufgewachsen sein, in dem eine starke sexuelle Energie herrschte, die aber nicht offen zum Ausdruck kam. Als Konsequenz daraus könnte er selbst sie jetzt als Tabu-Thema auffassen und eine gewisse Angst gegenüber seinen sexuellen Gefühlen entwickeln. Es wäre denkbar, daß er sich aus Angst vor der Macht dieser Gefühle dazu entschließt, keine enge Verbindung einzugehen. Wenn dies zutrifft, müßte er lernen, sich mit seiner Verletzlichkeit auseinanderzusetzen. Das könnte ihm dabei helfen, von der transformierenden Kraft seiner Sexualität zu profitieren. Vielleicht ist es für ihn sogar notwendig, einmal den Schmerz der Zurückweisung durch einen geliebten Menschen zu erleben. Möglicherweise kann das helfen, den tief in ihm verborgenen Schatz ans Tageslicht zu befördern.

♂ 9 *Mars im 9. Haus*

Mit dieser Mars-Stellung wird die Energie dafür eingesetzt, den persönlichen Horizont zu weiten, sowie dafür, eine bewußtere Lebensanschauung zu entwickeln. Diese Menschen sind immer auf der Reise – entweder im konkret-äußerlichen Sinne oder aber in ihrem Geist. Wenn sie ihr Wissen vergrößern können, fühlen sie sich lebendig und erfrischt. Der Sexualität wird hier eine große Bedeutung zugeschrieben – sie gilt diesen Menschen als ein Weg zur Erkenntnis des eigenen Wesens und zu persönlichem Wachstum. Sie fühlen eine spirituelle Dimension in ihr, und vielleicht sind sie Kreuzritter, die für sexuelle Aufklärung oder gegen restriktive Gesetze kämpfen. Es ist anzunehmen, daß sie einen hohen moralischen Anspruch vertreten – vielleicht faßt der eine oder andere Sex als eine religiöse Erfahrung auf. Ebenfalls denkbar wäre die Einstellung, ihn wegen der Unvereinbarkeit mit religiösen Überzeugungen zu fürchten. Vielleicht zieht hier ein Mensch gegen die sexuelle Freizügigkeit zu Felde, weil er Angst hat vor der Auflösung der Moral oder der gesellschaftlichen Ordnung.

Eine andere Manifestation von Mars im 9. Haus ist der Intellektuelle, der seine sexuelle Energie in sublimierter Form bei seinen Studien zum Einsatz bringt. Hier üben abstrakte Ideen eine große Faszination aus – mit der Gefahr, daß die physischen Bedürfnisse darüber vergessen werden. Diese Menschen entscheiden sich oftmals dazu, allein zu leben. Das rührt daher, daß es ihnen schwerfällt, mit den Erwartungen, die jemand anderes an sie stellen könnte, umzugehen.

Mit dem Mars in diesem Haus könnte die Neigung vorhanden sein, die Sexualität als einen Studiengegenstand aufzufassen. Es wäre denkbar, daß sie auf eine sehr intellektuelle Weise angegangen wird – vielleicht durch das Studium unzähliger Werke. Möglicherweise ist dabei der Hauptantrieb, die Kenntnisse oder auch das «Repertoire» zu erweitern. Weil sie immer wieder etwas Neues kennenlernen wollen, tendieren diese Menschen dazu, mit verschiedenen Partnern Erfahrungen zu machen. Und sie tun alles dafür, sich Freiräume zu erhalten, wobei ihr Anspruch nach Freizügigkeit und Unabhängigkeit über das Sexuelle hinausgehen und sich auf ihr gesamtes Leben erstrecken könnte.

Der Mars im 9. Haus bedeutet das Bedürfnis, ständig unterwegs zu sein. Diese Menschen fühlen neue Kraft, wenn sie auf Reisen sind, und oftmals ergeben sich dabei sexuelle Begegnungen. Sie fühlen sich hingezogen zu denjenigen, die aus einem anderen Land oder einem anderen Kulturkreis stammen – die Auseinandersetzung mit einer fremden Kultur oder Sprache stimuliert sie. Diese Menschen fühlen, daß der Kontakt zu jemandem mit einem völlig anderen Hintergrund sie bereichert. Wer den Mars im 9. Haus hat, macht in gewisser Weise eine Reise in ein fremdes Land, wenn er jemanden kennenlernt. Und es könnte durchaus sein, daß er diese Art von Erkundung dem Ausflug in die Nachbarstadt auf jeden Fall vorzieht.

Zusammen mit dem Partner auf Reisen zu gehen ist dem Menschen mit dem Mars im 9. Haus sehr wichtig. Wenn das Intellektuelle im Vordergrund steht, könnte es dazu kommen, daß zusammen studiert oder tiefschürfende philosophische Diskussionen geführt werden. Oftmals ergeben sich hier auch Kontakte bei Lehrveranstaltungen.

Wer den Mars in diesem Haus hat, braucht sehr viel Freiraum. Eine zu enge Beziehung wird ihm ein klaustrophobisches Gefühl der Enge vermitteln. Es handelt sich hier – um welches Geschlecht es auch geht – um den Junggesellen im klassischen Sinne, der auf und davon läuft, wenn er sich eingeengt fühlt. In diesen Menschen ist eine Rastlosigkeit vorhanden, die sie immer wieder zu neuen Horizonten treibt. In der Beziehung, die Bestand haben soll, sollte der Partner sie nicht zu halten versuchen, sondern ihnen Weggefährte sein.

♂ 10 *Mars im 10. Haus*

Mit dieser Stellung zeigt sich der Mensch ehrgeizig und zielstrebig. Er verfügt über großen Kampfgeist und ist ein ernstzunehmender Rivale. Oftmals fühlt er sich hingezogen zu denjenigen, die Macht und Ansehen haben oder die ihm helfen können, seine Ziele zu erreichen. Im Extremfall kann das soweit gehen, daß dieser Mensch seine Sexualität «verkauft». Vielleicht besteht aber auch das Gefühl, sich in sexueller Hinsicht beweisen zu müssen, was dazu führen könnte, an sich selbst hohe Anforderungen zu stellen. Möglicherweise leidet dieser Mensch unter der Angst, Erwartungen nicht gerechtzuwerden.

Wenn sich der Mars im 10. Haus befindet, ist im allgemeinen die Auffassung vorhanden, daß das Leben ein Kampf ist und daß Erfolg große Anstrengungen erfordert. Aus dieser Tatsache könnte der Wunsch resultieren, vom Partner immer wieder Anerkennung und Aufmunterung zu bekommen. Dieser Mensch fühlt sich angezogen von Personen, die eine Aura von Erfolg und Stärke um sich verbreiten. Gemäß seinem starken Sicherheitsbedürfnis hat er es gerne, wenn er seine Liebesbeziehung durch eine Heirat gesellschaftlich legitimieren kann.

Diese Stellung bedeutet möglicherweise beruflichen Erfolg durch das Zusammenarbeiten mit dem Partner. Gemeinsames Arbeiten für ein Ziel kann einen überaus stärkenden und bereichernden Einfluß auf die Beziehung haben. Sex und Erfolg hängen hier auf das Engste miteinander zusammen, und das eine wirkt sofort auf das andere zurück und umgekehrt.

In den meisten Fällen sind sich Menschen mit dem Mars im 10. Haus bewußt, welchen Eindruck sie in sexueller Hinsicht abgeben. Es ist ihnen wichtig, sich mit einem Partner zu präsentieren, der ihr Ansehen verstärkt. Sie vermeiden es unter allen Umständen, gesellschaftliche Mesalliancen einzugehen.

Eine befriedigende Liebesbeziehung zu führen hat einen hohen Stellenwert für diese Menschen, was in der Konsequenz bedeutet, daß sie viel für deren Bestehen tun. Wie bei den anderen Lebenszielen auch ist die Bereitschaft vorhanden, für das zu kämpfen, was angestrebt wird. Die Person, der das Begehren gilt, wird mit großer Bestimmtheit umworben. In manchen Fällen kann es sogar den Anschein haben, daß die Eroberung einer bestimmten Person zum Lebensziel wird, welche alle Energien verschlingt. Alles, was unternommen wird, dient dann nur diesem einen übergeordneten Zweck.

Weil Status und Ansehen dem Menschen mit dem Mars im 10. Haus so wichtig sind, kann es ihm schwerfallen, in der Beziehung Gleichheit und Gleichberechtigung zu akzeptieren. Wahrscheinlich besteht hier die Neigung – ob es sich um einen Mann oder um eine Frau handelt – zu erwarten, daß nur eine Person das Sagen hat. Und es versteht sich für diesen Menschen von selbst, daß es sich dabei um ihn handelt.

Manche Menschen mit dieser Stellung richten all ihre Energie auf die berufliche Laufbahn, was bedeutet, daß in diesem Fall wenig Zeit für Beziehungen bleibt. Vielleicht kommt es hier zu Verbindungen am Arbeitsplatz. Die Verbindung von Sexualität und Arbeit kann bedeuten, daß die Partner einander dabei helfen, ihre Lebensziele zu verfolgen.

♂ 11 *Mars im 11. Haus*

Der Mensch, der den Mars im 11. Haus hat, ist oftmals in seinem Körper nicht besonders gut geerdet. Es könnte sein, daß er so viele verschiedene Ansichten zum Thema Liebe hat, daß er zuguterletzt nicht weiß, wie er zum Geschlechtlichen in sich eingestellt ist. Vielleicht ist er insgeheim der Meinung, daß es sich nicht gehört, jemanden zu begehren, was zur Folge haben könnte, daß er seine Energie auf Gruppenaktivitäten beziehungsweise auf idealistische Zielvorstellungen richtet. Wie dem auch sein mag – seine Motivation bezieht sich eher auf die Zukunft als auf die Gegenwart. Es hat seine Schwierigkeiten damit, sich im konkreten Hier und Jetzt zurechtzufinden.

Freundschaft bedeutet diesen Menschen mehr als sexuelle Nähe. Weil dem so ist, richten diese Menschen es in der Beziehung oft so ein, daß sie nur wenig Zeit mit ihrem Partner allein sind. Sie haben den Wunsch, daß der Partner Teil ihres Freundeskreises ist und die gleichen Ziele und Interessen hat. Das Letzte, was sich diese Menschen vorstellen können, ist, in einer Zweierbeziehung isoliert zu sein.

Für den Menschen mit dem Mars im 11. Haus kann Sexualität etwas sehr Intellektuelles haben. Vielleicht ist es ihm angenehmer, sie in der Therapiegruppe zu diskutieren statt zu praktizieren. Im allgemeinen aber bestehen ausgeprägte Ansichten im Hinblick auf Offenheit, gegenseitige Toleranz und eine gemeinsame Entscheidungsfindung.

Der Mars fühlt sich gewissermaßen in diesem auf das Gemeinschaftliche ausgerichteten Haus nicht besonders wohl, und Personen, die den Mars hier stehen haben, fühlen sich oft aufgrund ihrer sexuellen und nicht-sexuellen Bedürfnisse schuldig. Es bereitet ihnen Schwierigkeiten, das zu nehmen, was sie wollen – sie halten sich dann selbst für egoistisch und unkameradschaftlich. Es kann auch sein, daß sie selbst anderen dies zum Vorwurf machen. Mit dieser Stellung ist der Mensch der Ansicht, daß er seine Energie zum Wohle der Allgemeinheit einsetzen sollte und nicht aus dem Motiv der persönlichen

Befriedigung heraus. Diese Haltung ist aber nichts anderes als die Verkennung der physischen Bedürfnisse. Wer den Mars in diesem Haus hat, befindet sich fortwährend in der Gefahr, seine Energien zu zersplittern, weil er sich zu viele Gedanken darum macht, was andere von ihm erwarten. Es kann viel bewußte Anstrengung und Aufmerksamkeit kosten, bevor er sich darüber klar wird, wie es um seine Mars-Energie bestellt ist. Eine Möglichkeit hierzu liegt in dem Ansatz, durch Bewegung zur Heilung zu kommen, wie es zum Beispiel beim Tai Chi der Fall ist.

Innerhalb der Liebesbeziehung werden diese Menschen durch das Gefühl von tiefer Freundschaft angesprochen. Es versteht sich für sie von selbst, die Rechte des Partners zu respektieren. Für sie ist es ein Greuel, betrogen oder hintergangen zu werden – dies steht in einem fundamentalen Widerspruch zu ihrem Bedürfnis, alles offen zur Sprache zu bringen. Was diese Menschen brauchen, ist das Gefühl, dem Partner rückhaltlos vertrauen zu können. Sie selbst sind zwar keine überzeugten Anhänger der Monogamie, können es aber nicht ertragen, getäuscht zu werden.

Sexuelle Beziehungen können für diese Menschen mit Problemen behaftet sein. Das hat seinen Grund in ihrem Anspruch, sich jederzeit rational zu verhalten – auch gegenüber dem, was doch ein primitiver Trieb ist. Manchmal aber bringen unbewußte Beweggründe diese Menschen dazu, auf höchst unvernünftige Weise zu handeln – was in ihnen von neuem Schuldgefühle hervorruft. Für sie gilt in stärkerem Maße als für alle anderen, daß sie einen Partner brauchen, der ihnen ein vertrauenswürdiger Freund ist. Sie brauchen jemanden, mit dem sie reden können – auch über ihre Ängste und Vorbehalte im Hinblick auf Sexualität.

♂ 12 *Mars im 12. Haus*

Wenn der Mars tief verborgen im 12. Haus steht, sind mit der Sexualität subtile und komplizierte Züge verbunden. Es ist davon auszugehen, daß sich diese Person ihrer Mars-Energie nicht sehr bewußt ist, und sie hat vielleicht keine Ahnung, welchen Eindruck sie in sexueller Hinsicht macht, was verständlicherweise zu Verwirrungen führen kann. Möglicherweise reagiert dieser Mensch ungehalten, wenn ihm gewisse Angebote gemacht werden – die aber vielleicht nur eine Reaktion darauf sind, daß er unbewußt sein Verlangen hat deutlich werden lassen. Es ist auch denkbar, daß eine unbewußte oder übertriebene Angst vor einer Vergewaltigung besteht, die in ein abweisendes oder sogar feindseliges Verhalten mündet. Mit all ihrer nicht offen zum Ausdruck gebrachten Aggressivität sind diese Menschen manchmal wie Schwämme, die die negative Energie ihrer Umgebung in sich aufsaugen. Möglicherweise bringen sie aber auch andere auf subtile Weise dazu, ihren Ärger aus sich herauszulassen.

Bei diesem Menschen spielt sich sehr viel unter der Oberfläche ab, und vielleicht leidet er unter beklemmenden Fantasien oder Alpträumen. Das Letztere würde bedeuten, daß die Mars-Energie im Traum ausgelebt wird. Weil es diesen Menschen so schwerfällt zu erkennen, was sie wirklich wollen, können sie Gefühle der Frustration oder Unzufriedenheit zum Ausdruck bringen. Vielleicht gefallen sie sich in der Rolle des Märtyrers – wenn sie zum Beispiel ihre eigenen sexuellen Bedürfnisse sublimieren oder sich dazu hergeben, anderen die Verwirklichung von sexuellen Fantasien zu ermöglichen. Ebenfalls denkbar wäre, daß sie ihr Geschlechtsleben einem höheren, spirituellen Ziel zum Opfer bringen, oder daß sie ihre Energie dafür einsetzen, sich um andere zu kümmern.

Wer den Mars im 12. Haus hat, mag sich danach sehnen, durch das sexuelle Erlebnis spirituelle Erfahrungen zu machen. Mit dieser Stellung kann die Neigung bestehen, Sex als etwas Geheimnisvolles oder auch Ätherisches aufzufassen und das rein körperliche Moment als zu konkret oder auch als primitiv abzulehnen. Vielleicht haben diese Menschen ihre Probleme damit, wenn sie sich jemandem gegenübersehen, der ihnen eindeutige Angebote macht. Es kann sein, daß sie sich über ihre eigene Sexualität nicht im klaren sind und deshalb ihre Wünsche auf subtile oder auch indirekte Weise zum Ausdruck bringen. In der Folge könnten sich Mißverständnisse und Konfusionen ergeben.

Mit dem Mars in diesem Haus ist es denkbar, daß der Mensch selbst sein ärgster Feind ist – vielleicht ist er es selbst, der die Erfüllung seiner Bedürfnisse verhindert. Manchmal hat der Ausdruck von sexuellem Verlangen zum Resultat, daß verdrängter Ärger wieder aufsteigt, was gerade die Person, der das Verlangen gilt, in die Flucht treiben könnte.

Wenn der Mars dicht am Aszendenten steht, hat der Mensch einen besseren Zugang zu dieser Energie. Es wird in diesem Falle besser wissen, wo seine sexuellen Bedürfnisse liegen und wie diese befriedigt werden können. Aber auch hier gilt, daß mit dem Mars in diesem Haus etwas gesucht wird, was die rein körperliche Erfahrung von Sexualität übersteigt. Mit dieser Stellung ersehnt der Mensch, sich in der mystischen Verbindung mit der Person, der seine Liebe gilt, zu verlieren.

Kapitel 8

Aspekte zur Venus und zum Mars

Im folgenden werden wir ausführlich darauf eingehen, was es bedeutet, wenn zur Venus oder zum Mars Aspekte von Jupiter, Saturn, Uranus oder Pluto vorhanden sind. Die Beschreibungen spiegeln dabei wider, auf welche unterschiedliche Weise diese planetarischen Verbindungen in Erscheinung treten können. Wenn du etwas über den Aspekt liest, den du in deinem Horoskop hast, wirst du nicht nur Züge finden, die du jetzt zum Ausdruck bringst, sondern auch etwas von deinem früheren Verhalten erkennen. Das bedeutet dann, daß du zu einer anderen Ebene bezüglich dieser Planetenverbindung gelangt bist. Es ist anzunehmen, daß du dich auch in diesem Moment mit bestimmten Problemen auseinandersetzen mußt. Kein Mensch ist statisch – das mußt du dir immer wieder vor Augen führen, wenn du die folgenden Ausführungen liest. Unser Wissen um die Aspekte unseres Horoskops erweitert sich ständig. Es gibt hier keinen Anfang und kein Ende – nur unterschiedliche Ebenen, auf denen wir uns bewegen. Der Fortschritt kann als eine Spirale aufgefaßt werden: Wir kommen immer wieder an den bekannten Stellen vorbei, erreichen aber fortwährend neue Stufen des Bewußtseins und der Erkenntnis. Wir entwickeln uns weiter, was zur Folge hat, daß sich die Muster verändern. Ermutigt durch diesen Prozeß, finden wir bessere und befriedigendere Wege, die Kombination von planetarischen Energien zum Ausdruck zu bringen, mit der wir geboren sind.

Wir werden in dem, was folgt, viel von Projektion reden. Du mußt dir darüber im klaren sein, daß wir sowohl positive als auch negative Eigenschaften projizieren sowie darüber, daß die Projektion grundsätzlich eine positive Bedeutung hat. Es wird uns niemals gelingen, ohne Projektionen zu leben, und insbesondere in der Partnerschaft treten sie in gehäufter Form auf. Der Prozeß der Projektion kann uns in bestimmte Situationen bringen und uns schmerzvolle Erfahrungen machen lassen; er kann uns das Gefühl vermitteln, keine Kontrolle über die Geschehnisse zu haben. Wenn das zutrifft, können wir eine Veränderung der Dinge bewirken, indem wir ein größeres Bewußtsein dessen erlangen, was wir projizieren.

Wenn etwas auf andere Menschen projiziert wird, muß das nicht heißen, daß die betreffende Eigenschaft im Verhalten der Person nicht zum Ausdruck kommt. Es ist überaus wichtig, sich dies klarzumachen. In den meisten Fällen zeigen Menschen die Charakterzüge, die sie auf andere projizieren, auch in ihrem eigenen Verhalten – sind ihnen diese nicht bewußt, können sie sie nicht in sich anerkennen. Ein Beispiel: Die Frau, die ihre Mars/Pluto-Energie auf das andere Geschlecht projiziert, wird die Meinung vertreten, daß Männer aggressiv und rücksichtslos sind – ohne zu erkennen, daß sie diese Eigenschaften selbst zum Ausdruck bringt. Sie hat sozusagen einen «blinden Fleck» in der Wahrnehmung des eigenen Verhaltens – den andere nur zu deutlich sehen.

Ob ein bestimmter Aspekt in projizierter Form zum Ausdruck gebracht wird, hängt vom Horoskop in seiner Gesamtheit ab. Wir projizieren die Eigenschaften, über deren Vorhandensein wir uns nicht im klaren sind. Jemand, dessen Horoskop im Einklang zu einem bestimmten Aspekt steht, wird diesen wahrscheinlich nicht in projizierter Form leben. Um wieder ein Beispiel zu nennen: Der Mensch mit einer Wasserbetonung im Horoskop wird wahrscheinlich besser dazu in der Lage sein, seine Pluto-Aspekte selbst zu leben als derjenige, dessen Geburtsbild von Luft oder Feuer beherrscht ist. Auch Neptun-Aspekte sind einfacher zum Ausdruck zu bringen, wenn das Element Wasser betont ist. Schwierig allerdings wird es in diesem Fall mit Uranus – hier ist damit zu rechnen, daß die Projektion zum Tragen kommt. Die Identifizierung mit Uranus-Energie fällt Menschen mit viel Luft oder Feuer im Horoskop leichter, was damit zusammenhängt, daß ihnen das hier angesprochene Thema der Freiheit mehr bedeutet als dem wasserbetonten Menschen. Die Person, deren Horoskop vom Element Erde geprägt ist, wird keine großen Schwierigkeiten mit Saturn-Aspekten haben – im Gegensatz zu dem Menschen mit einem Horoskop mit vielen Planeten im Element Feuer. Das Element Feuer wiederum steht in Übereinstimmung mit Jupiter. Diese allgemeinen Betrachtungen müssen berücksichtigt werden, wenn du auf ein Horoskop schaust.

Im allgemeinen wird angenommen, daß hauptsächlich das Quadrat und die Opposition in projizierter Form zum Ausdruck gebracht werden. Ob dies nun zutrifft oder nicht: Grundsätzlich gilt, daß alle Merkmale des Horoskops, mit denen der Mensch nicht in Übereinstimmung steht oder die er verkennt, projiziert werden können – was selbst bei Konjunktionen der Fall ist.

Unsere Beschreibungen beziehen sich in erster Linie auf die Konjunktion und auf die kritischen Aspekte (Quadrat, Opposition, Halbquadrat und Anderthalbquadrat). Du mußt allerdings beachten, daß es keine allgemeingültige Herangehensweise an einen Horoskop-Aspekt gibt. Wer in seinem vom Element Luft beherrschten Horoskop ein Trigon zwischen Venus und Pluto hat, hat vielleicht größere Schwierigkeiten als derjenige, bei dem diese Planeten im Quadrat zueinander stehen, dessen Horoskop aber eine Wasserbetonung aufweist. Die Auseinandersetzung mit schwierigen Aspekten kann überdies sehr kreative Lösungen zur Folge haben. Beim Trigon und beim Sextil bestehen vielleicht auch Probleme – weil sie aber keine Aufmerksamkeit erfordern, kann es sein, daß die Person nichts von deren Vorhandensein ahnt. Der entscheidende Unterschied liegt hier darin, daß die verschiedenen Aspekte unterschiedliche Antriebskräfte darstellen. Menschen mit vielen Trigonen oder Sextilen im Horoskop sind eher auf das Angenehme und Leichte ausgerichtet; sie lassen sich auf die Beziehung ein im Glauben, daß alles harmonisch und glücklich sein wird. Der Mensch mit vielen Quadraten dagegen orientiert sich an Herausforderungen.

Die folgenden Ausführungen sind als eine Art Anleitung gedacht, die im Hinblick auf die Betrachtung des individuellen Horoskops weiterentwickelt werden muß. An manchen Stellen haben wir die möglichen Extremformen dargestellt, um zu verdeutlichen, um welche dynamischen Prozesse es geht. Die meisten Menschen verhalten sich aber nicht auf extreme Art – die Dynamik tritt dann auf anderen Ebenen und auf subtilere Weise in Erscheinung.

♀ Aspekte zur Venus

♀♃ Venus/Jupiter-Aspekte

Der Mensch mit einem Aspekt zwischen Venus und Jupiter geht mit großen Erwartungen an das Thema Liebe und Beziehungen heran. Für ihn ist die Beziehung eine aufregende Reise, die mit großen Hoffnungen begonnen wird. Letztlich ist es ihm aber wichtiger, in froher Erwartung unterwegs zu sein als wirklich einmal anzukommen. Dies erklärt, warum er seine Schwierigkeiten damit hat, sich zu binden. Nur wenige Beziehungen können dem gerecht werden, was sich diese Menschen von ihnen erhoffen, was zur Folge haben kann, daß sie sich innerlich schnell wieder vom Partner lösen – schneller, als sie diesen Schritt dann im Äußeren vollziehen. Diese Menschen suchen fortwährend nach dem einen Partner, demjenigen, der sie glücklich machen wird – derjenige, mit dem sie gerade zusammen sind, ist ihnen nicht genug. Mit diesen Aspekten besteht die Lektion darin, sich auf die Gegenwart zu konzentrieren. Von sich aus blicken diese Menschen immer in die Zukunft und warten auf «den einen» oder «die eine», der oder die doch niemals in Erscheinung treten wird.

Diese Menschen leben in dem Glauben, daß die Zukunft ihnen alles verheißt. Sie gehen davon aus, daß sie eines Tages – wer weiß, vielleicht ja auch schon morgen? – ein besseres Leben führen werden. Eines Tages wird der Prinz oder die Prinzessin bestimmt kommen...

In der Beziehung erleben sie ein ständiges Auf und Ab. Sie sind fortwährend in Aufregung und Vorfreude, dabei aber dazu gezwungen, sich immer wieder mit dem Wechsel von seliger Verzückung und Phasen voller Glück auf der einen und abrupter Enttäuschung und unbefriedigter Hoffnungen auf der anderen Seite auseinanderzusetzen.

Mit Jupiter ist Übermaß verbunden. Wer Jupiter in Verbindung zur Venus im Horoskop hat, betreibt Liebe bis zum Exzeß. Vielleicht äußert sich das darin, daß sich der Mensch immer wieder aufs Neue verliebt und sofort wegläuft, wenn der erste Zauber verfliegt. Anderen mag es gelingen, ihre Erwartungen auf eine Person zu konzentrieren – mit der Folge, daß sie diese dann mit Romantik und Anregungen nur so überschütten und das ganze Leben aus Flitterwochen zu bestehen scheint. Diese Menschen können an vielem Spaß haben, und wenn sie es auch genießen, Geld auszugeben, so brauchen sie doch kein gefülltes Bankkonto, um glücklich zu sein. Sie sind auch für die kleinen Freuden des Lebens offen und empfinden besonderen Genuß dabei, wenn sie zusammen mit dem Partner etwas unternehmen können. Im allgemeinen bringen sie anderen gegenüber viel Vertrauen und Großzügigkeit auf. Sie geizen nicht mit den Beweisen ihrer Zuneigung, mit dem Resultat, daß sie selbst viele Liebesbeweise erhalten. Allerdings besteht die Gefahr, daß sie dies als gegeben hinnehmen und der Meinung sind, daß dies nur recht und billig sei. Wie der reich Geborene möglicherweise davon ausgeht, daß er immer Geld haben wird, könnten sie glauben, daß sie immer Liebe bekommen werden, und vielleicht ist es für sie notwendig, irgendwann einmal die schmerzhafte Erfahrung zu machen, daß Liebe nichts Selbstverständliches ist. Möglicherweise kann erst dieses Erlebnis sie in die Lage versetzen, eine tiefgründige Verbindung einzugehen.

Menschen mit einem Venus/Jupiter-Aspekt beurteilen Beziehungen nach dem, was sie sich für ihr persönliches Wachstum von ihnen erhoffen. Sie suchen einen Partner, die für sie – auf welche Weise auch immer – eine Herausforderung darstellt. Manchmal gehen sie eine Beziehung zu jemandem ein, der sich von ihnen deutlich unterscheidet – der vielleicht deutlich älter oder jünger als sie ist oder aus einem anderen Kulturkreis stammt. Dieser Unterschied bildet für sie einen zusätzlichen Reiz; er erhöht die Spannung der Beziehung und hält sie lebendig. Was diese Menschen brauchen, ist das Wissen, daß sich ihre Beziehung immer weiter fortentwickelt. Wenn dies nicht der Fall ist, werden sie sich auf den Weg machen und eine neue Herausforderung suchen.

Freiheit ist dem Menschen mit einen Venus/Jupiter-Aspekt ein wichtiges Anliegen. Er gibt viel – aber nur dann, wenn er geben will. Und er nimmt für sich in Anspruch, zu kommen und zu gehen, wann immer er will. Darin sowie in seiner überaus großen Kontaktfreudigkeit kann die Quelle großer Angst und Ungewißheit für denjenigen liegen, der mit ihm zusammen ist. Wenn sich der Partner dann in seinem Bedürfnis nach Sicherheit immer mehr an ihn klammert, kann das zu großen Spannungen führen. Dies bedeutet für den Menschen mit dem Venus/Jupiter-Aspekt eine Beschränkung seines unbändigen Freiheitsdrangs.

Mit einem solchen Aspekt im Horoskop ist der Mensch als Kind zumeist mit Liebe und Aufmerksamkeit seitens der Eltern verwöhnt worden, was ihn in die Lage versetzt, nun seinerseits viel zu geben. Es besteht in den meisten Fällen Freude daran, den Partner glücklich zu machen, zum Beispiel dadurch, ihn mit Geschenken und anderen Liebesbeweisen nur so zu überschütten. Manchmal tut er des Guten auch zuviel – was auf eine zurückhaltendere Person irritierend wirken könnte. Ebenfalls denkbar wäre, daß er sich selbstgerecht und selbstgefällig zeigt und glaubt, perfekt zu sein, ohne sich Rechenschaft über die eigenen Fehler abzulegen. Aufgewachsen in einer Umgebung, die viel Ermutigung und Unterstützung bereithielt, haben diese Menschen im allgemeinen ein großes Selbstbewußtsein. Für sie ist es selbstverständlich, daß sie auch weiterhin Liebe und Zustimmung erfahren. Das hat zur Folge, daß sie in den meisten Fällen Zuneigung zum Ausdruck bringen und sich großherzig und wohlwollend zeigen – was einmal mehr positive Reaktionen seitens der Mitmenschen hervorruft. Im allgemeinen sind diese Menschen beliebt, und oftmals haben sie Partner, denen es großen Spaß macht, ihre Aufmerksamkeit auf sie zu richten. Diese Fürsorge ist den Venus/Jupiter-Menschen wichtig; sie fühlen sich verletzt und zurückgewiesen, wenn ihre Partner sie nicht besonders beachten. Sie erwarten mehr als andere, und sie können sich wie ein verzogenes Kind aufführen, wenn sie der Meinung sind, nicht genügend Beachtung oder Anerkennung zu finden.

Schmerz und Ärger offen zu zeigen kann für diese Menschen ein Problem bedeuten, weil sie insgeheim der Meinung sind, immer fröhlich und gutgelaunt sein zu müssen. Sie leben in der Angst, nur dann geliebt zu werden, wenn sie lustig und unterhaltsam sind. Sie versuchen es nach Möglichkeit zu vermeiden, jemanden um Hilfe oder um Unterstützung zu bitten oder einzugestehen, daß es ihnen schlechtgeht.

Diese Menschen neigen dazu, sehr viel von ihren Beziehungen zu erwarten. Welcher Art die Erwartungen sind, geht aus dem Element hervor, in dem die Venus steht. Mit der Venus in einem *Feuerzeichen* haben romantische Gesten und eine leidenschaftliche Zurschaustellung der Gefühle einen hohen Stellenwert. Die Venus in einem *Erdzeichen* kann einen Regen von Geschenken und Zärtlichkeitsbeweisen für die geliebte Person nach sich ziehen. Mit der Venus in einem *Luftzeichen* werden eine Vielzahl von liebevollen Worten gewechselt und vielleicht körbeweise Briefe und Liebesgedichte geschrieben. Für denjenigen, der die Venus in einem *Wasserzeichen* hat, spielen Gefühle die wichtigste Rolle, und es kann sein, daß er den Menschen, dem seine Liebe gilt, mit Wogen von Emotionen und schwärmerischen Ausbrüchen überschüttet.

Wer in seinem Horoskop Venus und Jupiter in einem Aspekt zueinander hat, fühlt sich von allen Menschen angeregt; er weiß, daß jeder etwas Besonderes ist. Mit diesem Aspekt besteht das Bedürfnis nach Freiraum, um die sich bietenden Möglichkeiten auch wirklich erproben zu können. Diese Menschen fühlen sich durch Kontakte – welcher Art diese auch sein mögen – bereichert; sie erkennen, daß die schmerzhaften Erfahrungen, die sie machen mußten, zu ihrem Wachstum und ihrer Entwicklung beigetragen haben. Sie verfügen über ein unendliches Maß an Zuversicht, was auch für Situationen gilt, in denen andere längst alle Hoffnung haben fahren lassen. Ihr romantischer Glaube an die Liebe ist trotz aller harten Realitäten des Leben während ihrer Reise durch die Zeit nicht zu erschüttern.

♀♄ Venus/Saturn-Aspekte

Wenn der Planet Venus von Saturn aspektiert ist, treten einige der Merkmale in Erscheinung, die wie bei der Stellung der Venus im Steinbock oder im 10. Haus gesehen haben. Allerdings sind hier die Auswirkungen noch stärker. Die Verbindung dieser beiden planetarischen Energien ist eine der problematischsten, die es gibt – die Suche nach Liebe und Glück wird hier zu einem Bereich von Leiden und Anstrengung. Weil das Vermögen zu lieben und zu vertrauen bei diesen Menschen Schaden genommen hat, zeigen sie ein vorsichtiges und reserviertes Verhalten. Sie haben viel Scheu beim Eingehen von Beziehungen, was es mit sich bringt, daß sie sich mit Einsamkeit und Isolation auseinandersetzen müssen.

Mit der Verbindung von Venus und Saturn bestehen in den meisten Fällen Probleme im Hinblick auf das Selbstwertgefühl. Es fällt diesen Menschen schwer, sich selbst zu lieben – und als Konsequenz daraus zu glauben, daß andere sie lieben könnten. Häufig liegt dem eine Kindheit zugrunde, in der Liebesbeweise fehlten oder in der das Kind davon ausging, daß Liebe durch ein gutes Verhalten oder durch Leistungen verdient werden muß. In diesem Zusammenhang ist es denkbar, daß zwar für die materiellen Bedürfnisse gesorgt war, es aber keine Wärme und keine Zärtlichkeit gab. Das Kind könnte ohne Liebe und Aufmunterung herangewachsen sein und nun als Erwachsener ein Vakuum in sich spüren, das auch mit noch so viel Zuneigung nicht mehr gefüllt werden kann. Vielleicht verlangt dieser Mensch nun absolute Garantien, bevor er es in Erwägung zieht, sich mit jemandem zu verbinden. Wer diesen Aspekt im Horoskop hat, fühlt sich allerdings auch für das Glück seiner Mitmenschen verantwortlich, was eine Neigung zu Selbstvorwürfen bedeutet. Diese Menschen sind bestrebt, immer «das Richtige» zu tun und den Partner zufriedenzustellen, und sie nehmen alle Schuld und Vorwürfe auf sich, wenn etwas schiefgegangen ist.

Der Mensch mit diesem Aspekt hatte wahrscheinlich Eltern, die viel von ihm erwarteten und die viel Kritik an ihm geübt haben. Große Unterstützung oder Aufmunterung werden sie ihm nicht gegeben haben. Es kann sein, daß sie ihn immer wieder haben spüren lassen, daß seine Leistungen nicht genug waren, und vielleicht haben sie ihm zu verstehen gegeben, daß er eine Enttäuschung für sie war – möglicherweise, weil es ein Mädchen war und sie sich einen Jungen gewünscht hatten oder umgekehrt; vielleicht, weil das Kind nicht klug oder sportlich oder schön genug oder was auch immer gewesen war. So lernte es schon sehr früh, daß ihm etwas fehlte und daß es darum kämpfen mußte, Liebe und Anerkennung zu erhalten. Liebe ist hier etwas, was schwierig zu erhalten ist und was viel Arbeit erfordert. Menschen, die diesen Aspekt im Horoskop haben, neigen nicht dazu, ihre Liebe zu verschenken – sie leiden unter der Angst, nicht genug Zuneigung zurückzubekommen, um ihr Reservoir wieder aufzufüllen.

Bei dieser Planeten-Verbindung sind vielerlei Manifestationsmöglichkeiten denkbar. Es könnte sein, daß dieser Mensch seine Angst, nicht geliebt zu werden, lange Zeit in sich verbirgt. Um geliebt zu werden, versuchen diese Menschen oft, sich für den Partner aufzuopfern und sich unentbehrlich zu machen. Manchmal besteht hier auch Unklarheit im Hinblick auf die eigenen Bedürfnisse, insbesondere dann, wenn der Mensch immer damit beschäftigt ist, seinen Pflichten nachzukommen. Was ihn wirklich befriedigen könnte, ist hinter all seiner Fürsorglichkeit und Aufopferung für den Partner oftmals gar nicht zu erkennen – wobei dies letztlich zu Frustrationen oder Vorwürfen führen könnte. Irgendwann merken diese Menschen vielleicht, daß sie soviel geben und keine Anerkennung oder Belohnung dafür erhalten. Ihr Vorwurf kann gerechtfertigt sein, denn häufig ist dem Partner das Ausmaß des Opfers, das sie bringen, gar nicht bewußt. Ärger und Groll können in ihnen aufsteigen und sich dann in indirekter Form, als Beschwerden oder Kritik über nebensächliche Dinge, äußern. Der Venus/Saturn-Mensch lebt in dem Glauben, nicht einfach fordern zu dürfen, was er begehrt. Und er läßt nicht sogleich erkennen, wenn ihn etwas stört.

Liebe ist mit dieser Stellung immer von der Angst vor Verletzungen begleitet. Das kann zur Folge haben, daß sich diese Menschen aus dem Motiv des Selbstschutzes heraus auf eine kühle und defensive Weise verhalten. Diese Menschen meinen, daß sie immer da sein müssen, wenn sie gerufen werden, und daß sie mit allem allein fertig werden müssen. So verbergen sie ihre tiefen Bedürfnisse und handeln auf eine kühle Art und Weise, was auf andere den Eindruck macht, daß Liebe und Zuneigung – die sie doch so sehr ersehnen – ihnen nicht viel bedeuten. Auf diese Weise kann ihr Verhalten Folgen haben, die ihren Absichten genau entgegengesetzt sind. Es kann sein, daß der Partner sich angesichts ihres kühlen Gesichtsausdrucks zurückgewiesen fühlt, und es ist möglich, daß die über längere Zeit vorgetragene Kritik die Beziehung aushöhlt – und der Partner sein Bedürfnis nach Wärme und Anerkennung schließlich woanders befriedigt. Das wieder macht die Venus/Saturn-Menschen noch unsicherer, und vielleicht ergibt es sich dann, daß sie zum verbitterten Einzelgänger werden, der niemandem mehr traut.

Es kann sein, daß dem Menschen mit diesem Aspekt gar nicht bewußt ist, wie abweisend sein Verhalten auf andere wirkt. Möglicherweise identifiziert er sich mit seiner Venus und glaubt, ein liebevolles und zärtliches Verhalten zu zeigen und macht es dem Partner zum Vorwurf, kalt und abweisend zu reagieren. Wenn bei dem Partner eine ähnliche Dynamik im Horoskop vorhanden ist, wird er auf die Projektion ansprechen und sich schuldig fühlen. So könnte es sein, daß beide Partner in ihrem Verhalten erstarren, und daß beide es vom anderen erwarten, sich zu ändern. Es ist möglich, daß eine derartige, von gegenseitiger Angst und Abhängigkeit getragene Verbindung bis an das Lebensende hält. Genauso gut möglich ist aber auch, daß die Beziehung in dem Moment zerbricht, in dem einer der Partner daran geht, sein Leben zu verändern oder jemanden trifft, der ihn ganz anders sieht.

Weil Venus/Saturn-Menschen im allgemeinen eine geringe Meinung von sich haben, suchen sie häufig einen Partner, der auf irgendeine Weise eine Last für sie bedeutet. Sie haben oft das Gefühl, Glück und Vergnügen nicht zu verdienen und legen sich eine Art Martyrium oder Askese auf, indem sie ihr persönliches Glück der Pflichterfüllung opfern. Dieses Opfer kann verschiedene Formen annehmen: Vielleicht handelt es sich um das pflichtbewußte Kind, das alle Chancen verstreichen läßt, um den alternden Vater oder die alternde Mutter zu pflegen, vielleicht wird die schal gewordene Beziehung «der Kinder wegen» oder aus dem Grund, daß der Mann oder die Frau mit dem Alleinsein nicht zurechtkommt, aufrechterhalten.

Unter der Annahme, daß Liebe für sie nicht zu erreichen ist, könnten sich diese Menschen darauf verlegen, die materielle Sicherheit in den Mittelpunkt ihres Lebens zu stellen. Möglicherweise verbinden sie sich mit jemandem, den sie nicht lieben, der aber über Geld verfügt. Manchmal wird der Mangel an Liebe durch eine Überbetonung des Äußerlichen kompensiert, zum Beispiel, indem geheiratet und eine große Hochzeitsfeier ausgerichtet wird. Wie dem auch sein mag – die Venus/Saturn-Person wird sich als äußerst zuverlässig erweisen und allen Pflichten gewissenhaft nachkommen. Sie wird aber doch nur sehr wenig von sich selbst geben. Es kann sein, daß die Heirat eine Fassade ist, die im Grunde keinen der Partner befriedigt.

In den meisten Fällen haben *Frauen* mit diesem Aspekt ihren Vater als kalt und überkritisch erlebt, was eine Beeinträchtigung ihrer weiblichen Identität bedeuten kann. Sie halten sich selbst oft für unansehnlich und können es sich nicht vorstellen, daß jemand sie begehrt. Auf der anderen Seite kann es sein, daß sie große Mühen darauf verwenden, sich attraktiver zu machen, und vielleicht streben sie sogar eine Karriere als Modell an, aus dem Motiv heraus, die eigene Attraktivität zu beweisen. Das kann aber wiederum das Gefühl ihrer Unsicherheit schüren – dann nämlich, wenn sie merken, daß sie nur ihres Äußeren und nicht ihrer Persönlichkeit wegen geschätzt werden. Diese Unsicherheit kann mit einer Rivalität zu anderen Frauen einhergehen und es verhindern, freundschaftliche Kontakte und unterstützende Anteilnahme zu finden.

Männer, die einen Venus/Saturn-Aspekt im Horoskop haben, dürften in vielen Fällen von ihrer Mutter ein Übermaß an Kritik sowie Zurückweisung erfahren haben. Das kann zur Folge haben, daß sie kein positives Frauenbild aufbauen konnten und die weibliche Seite in sich nicht anerkennen. Ein betont starkes oder auch «machohaftes» Verhalten können das Resultat dieser Erfahrung sein. Vielleicht besteht hier ein besonderer Stolz darauf, ein «richtiger» Mann zu sein und niemals Schwäche oder Gefühle zu zeigen. Die Beziehung zu einer Frau wird dadurch natürlich schwierig – was dem Mann wiederum eine Bestätigung seiner Geringschätzung des anderen Geschlechtes sein kann. Diese Männer sehen Frauen entweder als flatterhafte und unzuverlässige Geschöpfe oder aber als anstrengend und klammernd an, und diese Einschätzung findet oft ihre Bestätigung durch die Art von Frauen, mit denen sie sich verbinden. Der Grund hierfür liegt aber darin, daß diese Männer so wenig von sich selbst geben – diejenigen, die eine Beziehung zu ihnen haben, fühlen sich entweder dazu gedrängt, auszusteigen oder Befriedigung aus finanziellen Aspekten zu schöpfen.

Sowohl Frauen als auch Männer mit diesem Aspekt neigen dazu, Liebe und Errungenschaften gleichzusetzen. Im Glauben, daß niemand sie um ihrer selbst willen lieben könnte, sind sie dazu bereit, ihr persönliches Glück dem Materiellen zu opfern. Diese Entscheidung hat aber zwei Seiten. Wenn die so sehr ersehnte Liebe ausschließlich darauf beruht, daß Erfolge erzielt werden, muß die Aussicht auf einen Fehlschlag schlichtweg lähmend wirken. Diese Angst führt hier häufig zu noch härterer Arbeit, und es ist erstaunlich, was diese Menschen alles erreichen können. Weil das Scheitern aber auch die Trennung vom Partner bedeutet, leidet ihr persönliches Glück.

Für alle Menschen, die einen Venus/Saturn-Aspekt im Horoskop haben, ist die Liebe etwas sehr Ernsthaftes. Es ist ihre Verletzlichkeit, die sie so defensiv und zurückhaltend reagieren läßt. Sie brauchen lange Zeit, bevor sie jemand anderem wirklich vertrauen und sich öffnen. Sie benötigen einen Partner, der sich ganz sicher ist, sie trotz ihrer kühlen und scheinbar abweisenden Haltung zu lieben. Der Venus/Saturn-Mensch möchte aus der so überaus großen Angst vor dem Verletztwerden heraus seinen angehenden Partner erst einmal auf die Probe stellen – womöglich bis an die Grenzen des Erträglichen. Ist dieser Test zu seiner Zufriedenheit ausgefallen, fühlt er sich sicherer und kann sich öffnen und seine Liebe zu zeigen.

Diese Menschen mißtrauen dem Glück, und sie untersagen es sich oftmals selbst, glücklich zu sein. Liebe ist für sie immer mit Traurigkeit oder mit Einschränkungen verbunden. Eine Beziehung «einfach so» einzugehen ist nichts für sie – es ist ihnen lieber, wenn Anstrengungen und Kämpfe notwendig sind, um eine Verbindung herzustellen. Glück und Liebe genießen zu dürfen erlauben sie sich erst, wenn sie für die Beziehung gelitten und gearbeitet und Geduld bewiesen haben.

Beziehungen sind für sie niemals einfach – sie bedeuten hier aber die große Möglichkeit, sich selbst kennenzulernen und sich weiterzuentwickeln. Indem sich diese Menschen mit den Problemen auseinandersetzen, können sie verstehen, was das Wesen der Liebe ausmacht.

Venus/Saturn-Aspekte befähigen dazu, auf eine tiefe und entsagungsvolle Weise zu lieben. Mit ihnen wird ein solides Fundament gelegt – dieser Mensch orientiert sich an der Realität und nicht an illusionären Wunschträumen. Er ist in der Lage, eine Person für das zu lieben, was sie ist – was die Chance für ein aufrichtiges und hingebungsvolles Zusammensein eröffnet. Wenn dieser Mensch erst einmal seine Ängste überwunden hat, kann er – in weitaus stärkerem Maße als andere – Befriedigung und Glück aus dem Zusammenleben mit der Person, die er liebt, gewinnen. Die Basis dafür liegt darin, daß er in der Lage ist, deren wahren Wert zu erkennen. Die Liebe dieses Menschen ist fest in der Realität verankert, was bedeutet, daß er um die Freuden der Liebe und der gegenseitigen Anteilnahme im Hinblick auf das alltägliche Zusammenleben weiß. Für ihn erwächst die wahre Befriedigung aus dem geduldigen Aufbauen einer tiefen und bedeutungsvollen Partnerschaft, die getragen ist von gegenseitiger Anteilnahme und Achtung.

♀ ⛢ Venus/Uranus-Aspekte

Mit einem Aspekt zwischen Venus und Uranus sind Auswirkungen verbunden, die zum Teil auch bei der Stellung der Venus im Zeichen Wassermann zu beobachten waren. Die Manifestationen treten hier aber häufig in extremerer Form in Erscheinung. Uranus verkörpert ein Prinzip, das auf eher unpersönliche oder auch abgehobene Weise in Erscheinung tritt. Der Planet Uranus steht für das Bedürfnis nach Freiheit und danach, sich auf ganz persönliche Art und Weise zum Ausdruck zu bringen. In Verbindung zu dem Planeten der Liebe sind Probleme im Hinblick auf Freiheit und Nähe in der Beziehung zu erwarten. Menschen mit einem Aspekt zwischen Venus und Uranus neigen häufig dazu, sich entweder mit ihrem venusischen Bedürfnis nach Nähe oder dem uranischen Drang nach Freiheit zu identifizieren – und die Eigenschaft, die sie nicht zum Ausdruck bringen, auf den Partner zu projizieren. Wenn sie nicht Gefahr laufen wollen, daß es in der Beziehung zu kritischen Auswirkungen kommt, müssen sie einen Ausgleich zwischen diesen zwei Prinzipien schaffen, was nicht ganz leicht ist, da sie einander ja mehr oder weniger widersprechen.

Eine Lösung könnte in einer Beziehung bestehen, in der die Partner einander viel Freiraum lassen und in der jeder «sein eigenes Ding machen» kann. Hier würden wir zwei Menschen sehen, die zwar eine gegenseitige Verpflichtung eingegangen sind, die aber weiterhin ein eigenständiges Leben führen. Vielleicht finden es die beiden angenehmer, getrennt voneinander zu wohnen; vielleicht haben sie, wenn sie eine Wohnung oder ein Haus miteinander teilen, ihr eigenes Schlafzimmer.

Es kann sein, daß die Probleme nicht so einfach zu lösen sind. Möglicherweise ist der Partner, der sich mit dem Venus-Prinzip identifiziert, der Ansicht, daß nur er sich um Nähe und Zusammenhalt in der Beziehung bemüht. Möglicherweise ist er der Auffassung, daß er sich mit jemandem eingelassen hat, der unzuverlässig ist. In diesem Falle würde er die Einschätzung gewinnen, daß keine wirklich enge Beziehung mit dem Partner möglich ist. Dieser Ablauf der Dinge wird häufiger von Frauen als von Männern beklagt, da sie es vor allem sind, die sich mit dem Venus-Prinzip identifizieren. Mit der Uranus-Identifikation dagegen fühlt sich der Mensch schnell gefangen, in einer klaustrophobischen Angst mit dem sehnlichen Wunsch, wieder Raum zum Atmen zu bekommen. Wer Venus und Uranus im Aspekt zueinander hat, könnte zwischen diesen beiden Verhaltensweisen hin- und herwechseln oder auch mehrere Beziehungen führen, in denen einmal dieses und einmal jenes Verhalten gezeigt wird. Diese Menschen dürfen sich nicht nur auf den einen Ausdruck beschränken – sie müssen es lernen, sich mit beiden Prinzipien zu arrangieren.

Für Menschen mit diesem Aspekt ist das Eingehen einer Beziehung für gewöhnlich eine sehr ernste Sache. Sie vollziehen diesen Schritt nicht eher, bis sie sich ihrer Sache wirklich sicher sind. Wie dem im Einzelfall auch sein mag – dieser Mensch tut sich schwer damit, eine Beziehung zu beginnen, schwerer als diejenigen, denen der Begriff der Verpflichtung nicht viel bedeutet. Wenn mit Venus/Uranus eine Verpflichtung eingegangen wird, dann ohne Vorbehalte und Einschränkungen, was ein Gefühl der Gewißheit voraussetzt. Für diesen Menschen kann eine einmal eingegangene Verpflichtung im schlimmsten Fall zu etwas wie einer Gefängnisstrafe werden, zum Beispiel dann, wenn trotz allen Beteuerungen nach der Heirat alles anders wird. Auf der anderen Seite wäre es denkbar, daß der Partner es verweigert, sich dauerhaft zu binden. Diese Probleme könnten insbesondere dann auftreten, wenn es sich bei dem Aspekt um ein Quadrat oder die Opposition handelt.

Menschen, die diese beiden Planeten im Aspekt zueinander haben, könnten der Ansicht sein, daß der Partner ihr Bedürfnis nach Nähe ablehnt. Sie haben vielleicht den Eindruck, daß sie deshalb gewünscht sind, weil sie so unabhängig und eigenständig wirken. Sie vermeiden es in diesem Zusammenhang möglicherweise aus Angst vor Zurückweisung, ihr Bedürfnis nach Nähe und Intimität erkennen zu lassen. Vielleicht sind aber auch sie es, die sich ungehalten zeigen, wenn der Partner sich an sie «klammert». Bei dieser Stellung wäre es denkbar, daß die gegenseitigen Abhängigkeiten, die in jeder Beziehung bestehen, einfach geleugnet werden. Stephen Arroyo schreibt, daß die Angst vor Zurückweisung den Venus/Uranus-Menschen die Botschaft aussenden läßt, daß er den Partner nicht wirklich braucht – was dann aber erst die Ablehnung provoziert, die er vermeiden wollte und die er so fürchtet. Vielleicht fordert dieser Mensch in dem Zusammenleben mit dem Partner soviel Freiraum, daß gar nicht mehr von einer Beziehung gesprochen werden kann. Wenn dem so ist, könnte das Bedürfnis nach Nähe den Menschen zu jemand anderem treiben.

Es ist möglich, daß diese Dynamik sich auch in einer Beziehung unter Freunden abspielt. Vielleicht hat hier der Freund des Menschen mit dem Venus/Uranus-Aspekt den Eindruck, daß er diesem nicht wirklich wichtig ist oder daß dieser ihn eigentlich gar nicht mag. Seinerseits kann der Mensch mit dem Venus/Uranus-Aspekt die Überzeugung gewinnen, daß sein Bedürfnis nach Nähe dem Freund unangenehm ist und es deshalb zu unterdrücken versuchen. Das, wovor beide Angst haben, wird so durch beider Verhalten Realität.

Mit dem Venus/Uranus-Aspekt kann eine ausgeprägte Furcht vor dem Alleinsein bestehen, und vielleicht ist es der betreffenden Person schon einige Male passiert, daß sie «sitzengelassen» wurde. Möglicherweise kam es hier auch zwischen den Eltern zur Scheidung, mit dem Resultat, daß das Kind sich von dem Elternteil, den es verlor, im Stich gelassen fühlte. Vielleicht ging es aber auch nicht um das eine einschneidende Erlebnis, sondern um verschiedene Situationen, in denen der Vater oder die Mutter das Kind sich selbst überlassen hat, womit es nicht klargekommen ist. Es könnte sein, daß vom Kind erwartet wurde, sich in einer bestimmten Situation zurechtzufinden – was dieses aber überforderte. Wenn das zutrifft, könnte das traumatische Erfahrungen bedeutet haben. Später im Leben können diese Menschen dann dieses Muster wiederholen und entweder andere verlassen oder sich in Situationen hineinmanövrieren, in denen sie verlassen werden. Es könnte dann auch einen Punkt geben, an dem sie aus der festen Überzeugung heraus, daß sich die Dinge so und so entwickeln werden, die Beziehung beenden. Damit würden sie versuchen, den Schmerz der Zurückweisung zu vermeiden und die Kontrolle über ihr Leben zu behalten. Liegt die Wurzel für dieses Verhalten in den frühesten Kinderjahren, ist es sehr schwer, sich all dies bewußt zu machen.

Die Auswirkung des Venus/Uranus-Aspektes kann in gewisser Weise mit einem Frostschaden verglichen werden, der seine Ursache in einer Zeit hat, die weit zurück liegt. Solange die Unterkühlung fortbesteht, kommt es zu keinen Schmerzzuständen – erst in dem Moment, in dem das Eis in der Beziehung schmilzt, macht sich die Verletzung bemerkbar. Aus diesem Grund besteht Angst und Unsicherheit davor, Nähe zu einem anderen Menschen zu erfahren – die Wunden, die dem Menschen als Kind zugefügt wurden, brechen dann auf. Damit eine glückliche und zufriedenstellende Beziehung zustandekommen kann, muß der Mensch sich darüber klar werden, was früher wirklich geschehen ist.

Diese schmerzvollen Muster können sehr tiefe Wurzeln haben. Es könnte sein, daß sich Menschen mit diesem Aspekt nur dann verlieben, wenn sie sich sicher sind, daß der Partner sie eines Tages verlassen wird – wie es zum Beispiel der Fall bei jemandem wäre, der aus einem fremden Land kommt, in das er nach einer gewissen Zeit wieder zurückkehren will. Von Anfang an wäre dann klar, daß das Zusammensein zu einem bestimmten Zeitpunkt ein Ende haben wird. Zu einem gewissen Ausmaß ist es diese Beschränkung, die es dem Menschen mit dem Venus/Uranus-Aspekt ermöglicht, sich zu öffnen und sich zu verlieben. Eine weitere denkbare Auswirkung wäre, daß sich jemand in eine Person verliebt, die nicht für die Beziehung offen ist – in emotionaler Hinsicht oder auch deshalb, weil sie an einem weit entfernten Ort wohnt. All diese Muster zwingen den Menschen dazu, sich mit der eigenen Angst vor Nähe auseinanderzusetzen. Es liegt die Vermutung nahe, daß der Venus/Uranus-Mensch unbewußt die Person wählt, von der er sich nicht bedroht fühlt – und für ihn ist die größte Bedrohung das Verlangen nach fortwährender Nähe. Es kann diesem Menschen angenehmer sein, sich mit der Trauer des Verlassenwerdens auseinanderzusetzen als damit, sich wie in einem Käfig eingesperrt oder in einer Falle gefangen zu fühlen. Vielleicht gefällt er sich sogar in der Rolle des Verlassenen und Verletzten und vermeidet es damit, die kalte und auf Distanz bedachte Seite seines Wesen anzuerkennen.

Es kann sein, daß diese Menschen sich darüber beschweren, wie kühl, selbstsüchtig und gleichgültig sich die anderen doch zeigen, ohne zu erkennen, daß sie selbst diese Eigenschaften zum Ausdruck bringen. Sie selbst könnten es sein, die in überaus befremdlicher Weise nur auf sich selbst bezogen sind. Das Uranus-Prinzip hat eine fixe, dogmatische und starrsinnige Qualität, und es können genau diese Eigenschaften sein, die in der Beziehung zum Ausdruck kommen. Rücksicht zu nehmen und sich in andere einzufühlen gehört sicherlich nicht zu den Stärken der Menschen mit einem Venus/Uranus-Aspekt. Besorgt und sensibel zeigen sie sich im allgemeinen nur dann, wenn sie selbst betroffen sind und Kränkungen erfahren haben.

Es fällt diesen Menschen oftmals sehr schwer, sich einfach fallenzulassen und sich der Beziehung zu öffnen. Sie wollen dies allerdings auch nicht – mit Ausnahme vielleicht der Menschen, die sich mehr mit ihrem Venus- als mit dem Uranus-Prinzip identifizieren. Stillstand ist ihnen ein Greuel; sie sind von einem sprunghaften und rastlosen Wesen, und in der Liebe wechseln Sonne und Regen einander beständig ab. Vielleicht sind es die Erschütterungen, die mit dem Aufbruch und dem Neuen verbunden sind, die diese Menschen brauchen, um sich wirklich lebendig zu fühlen. Sie sehnen sich danach, durch das Liebesleben Stimulation und Anregung zu erfahren, und sie sind bereit, den Preis zu zahlen, den dies von ihnen und ihrer Beziehung fordert. Alles, was mit Routine zusammenhängt, stößt sie ab. Für sie ist es lebenswichtig, sich frei bewegen zu können.

Es könnte kennzeichnend für diese Menschen sein, daß sie hinsichtlich der Beziehung eher idealistisch eingestellt sind, auf eine unpersönliche, abstrakte, theoretische und wenig pragmatische Weise. Vielleicht bringen sie in ihrem Handeln auf irgendeine Weise die Prinzipien Gleichberechtigung, Freiheit und Humanität zum Ausdruck. Das ist an sich natürlich löblich – der Venus/Uranus-Mensch aber könnte bestrebt sein, diese Ideale in seinem Leben zu verwirklichen, ohne sich darum zu kümmern, ob er überhaupt damit jemandem nutzt. Es kann sein, daß er sich irgendwie abgehoben oder auch auf eine Art und Weise verhält, die verrät, daß er nicht gewillt, sich anzupassen. Vielleicht hält diese Person das Ideal aufrecht, eine offene Zweierbeziehung zu führen, in der Eifersucht und Besitzansprüche nicht vorhanden sind. Sie könnte vorgeben, diese Gefühle nicht zu besitzen und doch in Wirklichkeit sehr mit ihnen zu kämpfen haben. Genausogut könnte sie darauf achten, ob der Partner diese Eigenschaften zum Ausdruck bringt, und in dem Fall, daß dies zutrifft, ihn dafür scharf kritisieren. Möglicherweise weigert sich diese Person, die emotionalen

Schmerzen anzuerkennen, die mit derartigen Idealen verbunden sein können. Sie könnte ihre Angst vor der Nähe dadurch verstecken, daß sie keine Interesse am Persönlichen zeigt.

Uranus beziehungsweise das Prinzip der Freiheit verleitet gewissermaßen die Venus dazu, gesellschaftliche Normen zu durchbrechen, sich von den Konventionen zu lösen und auf eine freie und unbeschränkte Art zu lieben. Mit einem Aspekt zwischen diesen Planeten können wir auf Menschen stoßen, die auf der Suche nach der passenden Liebesbeziehung Experimente machen. Sehr häufig sind hier unkonventionelle Beziehungen anzutreffen – zum Beispiel ein Zusammenleben zwischen Schwulen, Lesben und Bisexuellen. Wir können davon ausgehen, daß in diesem Fall auch sehr lockere Ansichten zur Sexualität bestehen und daß Freiheit beziehungsweise die Möglichkeit, sich in jedem Moment aufs Neue zu entscheiden, mit wem und auf welche Weise Sex praktiziert werden soll, wichtiger als alles andere ist.

Menschen mit einem Venus/Uranus-Aspekt könnten sich zu einem Partner hingezogen fühlen, der sehr unabhängig oder auch sehr unkonventionell ist. Spannung und Aufregung geht ihnen über Zuverlässigkeit, und sie selbst haben oftmals schmerzvolle Erfahrungen des Verlassenwerdens gemacht. Ihre Wahl dürfte nicht auf jemanden fallen, von dem sie abhängig werden könnten. Sie könnten sich für jemanden entscheiden, der exzentrisch und unberechenbar ist, was es wahrscheinlich macht, daß sie abermals verletzt werden. Damit sie einen Partner bekommen, dem sie wirklich vertrauen können, müssen sie es lernen, ihr eigenes Bedürfnis nach Nähe und Intimität anzuerkennen.

Frauen, die nach Nähe und Intimität suchen, könnten fortwährend Schmerzen erleben, weil sie immer wieder Männer anziehen, die sie auf Distanz halten. Um nicht länger die schmerzhaften Erfahrungen zu machen, müssen sie es lernen, ihr Bedürfnis nach Freiheit und Unabhängigkeit zu akzeptieren. Wenn ihnen das gelungen ist, werden sie sich auf ausgewogenere Weise in der Beziehung zum Ausdruck bringen können.

In der Beziehung zwischen zwei *Homosexuellen* können diese Charakteristiken – insbesondere der Anspruch der freien sexuellen Partnerwahl – ebenfalls in Erscheinung treten. Es kann sein, daß dieses Arrangement sich für beide nicht positiv auswirkt. Vielleicht ist es auch so, daß sich der Partner, der nach Freiheit verlangt, wenig darum kümmert, welche Empfindungen im anderen dazu aufsteigen. Der erstere könnte hieraus eine Lebensideologie machen und vom anderen erwarten, daß er vorbehaltlos zustimmt – unter welchen Schmerzen auch immer. Gleichermaßen denkbar wäre, daß der Venus/Uranus-Mensch die passive Rolle in diesem Prozeß übernimmt. Wenn der Lebensstil, der aus der Verweigerung von zu großer Nähe entsteht, einen der beiden Partner unglücklich macht, müssen sich beide darum bemühen, Abhilfe zu schaffen. In diesem Zusammenhang ist aber noch anzumerken, das nichts von dem, was wir hier angeführt haben, nur auf eine bestimmte Art des Zusammenlebens zutrifft. Es handelt sich hier um allgemeingültige Aussagen.

Menschen mit einer Wasser- oder einer Erdbetonung im Horoskop dürften mehr Probleme mit diesen Aspekten haben. In welchem Ausmaß es zu Schwierigkeiten kommt, hängt von der Beschaffenheit des Horoskops in seiner Gesamtheit sowie von den Lebensumständen überhaupt ab. Es gibt die verschiedensten Möglichkeiten, wie sich dieser Aspekt auswirken kann, und es ist anzunehmen, daß sich im Laufe der Jahre Veränderungen hinsichtlich dieses Musters ergeben werden. Die Erfahrung ist es, die hier die besten Einsichten vermittelt, und es ist sehr gut möglich, daß derjenige, der in seiner Kindheit mit diesem Aspekt traumatische Erlebnisse machen mußte, in seinen späteren Jahren auf höchst kreative Weise mit ihm umgeht.

Der Mensch, der einen Venus/Uranus-Aspekt im Horoskop hat, besitzt unerreichbar hohe Ideale im Hinblick auf die Liebe, welche zur Folge haben können, daß er immer wieder Phasen der Einsamkeit erlebt. Wie dem auch sein mag: Ein beschauliches und geruhsames Liebesleben wird er nicht führen.

♀ ♆ *Venus/Neptun-Aspekte*

Aspekte zwischen Venus und Neptun umfassen die meisten der Auswirkungen, die wir bei der Stellung der Venus im Zeichen Fische oder im 12. Haus beobachten konnten. Daneben sind aber noch weitere Entsprechungen möglich.

Venus/Neptun-Aspekte stehen für grenzenlose Liebe. Wer eine Verbindung zwischen diesen beiden Planeten in seinem Horoskop hat, sehnt sich danach, durch die Liebe sich selbst zu überwinden und über diese Welt hinaus zu gelangen. Bei der Suche nach diesem Ideal können diese Menschen die höchsten Gipfel kennenlernen und die schlimmsten Erfahrungen machen. Es steht allerdings zu vermuten, daß oftmals Enttäuschung und Desillusionierung dominieren. Nur wenige unter uns sind in der Lage, den Erwartungen einer Person mit einem Venus/Neptun-Aspekt gerechtzuwerden – und selbst diejenigen, die dazu imstande sind, werden ihre Schwierigkeiten im alltäglichen Umgang mit ihr haben.

Mit diesem Aspekt könnte die Ansicht verbunden sein, daß die persönliche Liebe nicht das Entscheidende ist – vielleicht ist diesen Menschen das Spirituelle, die Religion und der Dienst an anderen wichtiger. Es kann sein, daß es dieser Person leichtfällt, die Menschheit im allgemeinen und die Leidenden im besonderen zu lieben, daß sie aber unfähig dazu ist, ihre Liebe auf einen Partner zu richten. Das kann seinen Grund darin haben, daß ihr dieser zu real beziehungsweise zu präsent ist. Der Traumpartner muß etwas Ätherisches, Mystisches und Geheimnisumwobenes haben.

Mit diesem Aspekt könnte eine Mutter vorhanden gewesen sein, die ihrerseits romantische Träume von der vollkommenen Liebe gehabt hat und unzufrieden mit ihrer Beziehung war. Vielleicht liebte sie jemanden und verlor ihn, vielleicht lernte sie den «Richtigen» niemals kennen oder auch erst dann, als es zu spät war. Was auch immer geschehen ist – es steht zu vermuten, daß die Mutter auf die eine oder andere Weise unzufrieden mit der Beziehung war und daß sie ihre ungestillte Sehnsucht auf das Kind übertragen hat. Dieses Kind dürfte dann seinerseits Schwierigkeiten damit gehabt haben, in der realen Welt Verbindungen herzustellen; möglicherweise zog es vor, in einer selbstgeschaffenen Phantasiewelt zu leben. Vielleicht wartet es dann das ganze Leben hindurch auf das Erscheinen des Märchenprinzen oder der Märchenprinzessin und kommt dabei zu kurz. Ebenfalls denkbar wäre, daß sich dieser Mensch immer wieder aufs Neue in glänzende Gestalten verliebt, um immer wieder enttäuscht zu werden und die Feststellung zu machen, daß es auf den Schein hereingefallen ist. Möglicherweise projizieren diese Menschen aber auch ihre Sehnsucht nach dem Idealen auf jede neue Bekanntschaft, mit dem Resultat, daß ihre Liebe schlagartig in dem Moment erlischt, wenn sie gewahr werden, daß auch diese Person ihre Fehler hat.

Menschen mit einem Venus/Neptun-Aspekt träumen vom vollkommenen Glück, und ihr ganzes Leben sind sie auf der Suche danach. Um Glück durch das Zusammensein mit einem anderen Menschen zu erfahren, beschreiten sie vielleicht den spirituellen Weg oder bringen sich auf künstlerische Weise zum Ausdruck. Was diese Menschen suchen, ist die spirituelle Verzückung des Augenblicks, in dem sie über das Gefühl ihrer Vereinzelung hinauswachsen. Diese Antriebskraft kann eine künstlerische Betätigung nahelegen, und viele Menschen mit diesen Aspekten benutzen die Kunst als Medium, um ihre Fantasien anderen zu vermitteln. Diese Menschen haben etwas Universelles in sich, was es ihnen ermöglicht, zu vielen anderen zu sprechen. Die Sehnsucht, die sie dabei zum Ausdruck bringen, ist etwas, was wir alle in uns haben.

Venus/Neptun kann viel Verwirrung und Konfusion im Hinblick auf Liebe und Beziehungen bedeuten. Diese Menschen wissen oft gar nicht genau, wen sie lieben, und gehen vielleicht eine Beziehung ein, ohne dies wirklich zu wollen. Sie sind sehr einfühlsam gegenüber anderen, was zur Folge haben kann, daß sie möglicherweise nur darauf reagieren, daß ein anderer sie liebt. Es kann sein, daß sie zwei Beziehungen zugleich führen und dabei dem Partner, mit dem sie gerade zusammen ist, versichern, daß nur er ihnen wichtig ist – wovon sie in diesem Augenblick selbst vollständig überzeugt sind. Ihre Unfähigkeit, klare Entscheidungen zu treffen, kann bedeuten, daß sie sich in einem Netz von Lügen verfangen. Allerdings ist es auch ohne weiteres möglich, daß sie selbst das Opfer von Verrat und Lüge werden. Das hat seinen Grund in ihrer Eigenschaft, die Dinge zu sehen, wie sie sie sehen wollen. Dabei erkennen sie oftmals nicht, was doch nur zu offensichtlich ist.

Venus/Neptun-Menschen verfügen über viel Mitgefühl, und Leiden bewegt sie stark. Manchmal verwechseln sie allerdings Mitgefühl mit Liebe und verlieben sich in diejenigen, die in irgendeiner Weise Hilfe brauchen. Nicht selten verliebt sich der Venus/Neptun-Mensch in einen Alkoholkranken in dem Glauben, daß die Liebe diesen heilen wird. Dieser Mensch fühlt sich dann angezogen von dem Potential des Alkoholikers, davon, was dieser sein könnte, wenn er keine Probleme mit dem Trinken hätte; er weiß in seinem Inneren, daß es häufig die übergroße Verletzlichkeit und Sensibilität ist, die zu Alkoholproblemen führt. Wenn aber sein Hilfsangebot zur Rettung ausgeschlagen wird, fühlt er sich enttäuscht und desillusioniert. Vielleicht gibt er sich aber auch selbst die Schuld an diesem Fehlschlag und denkt, daß er sich nicht genügend eingesetzt hat... Wenn aber der Partner den Alkohol aufgibt, entsteht ein Problem: Der Partner ist dann nicht mehr der Schwache, der Hilfe benötigt – was ja zunächst das Motiv für die Verbindung gewesen war. Dies würde ein Test für die Ernsthaftigkeit der Beziehung sein.

Neptun bedeutet häufig Abwesenheit – vielleicht handelt es sich also um einen Liebhaber, der nicht wirklich da ist. Möglicherweise ist der Liebhaber eine Traumfigur aus einer Fantasiewelt, möglicherweise gibt es ihn, aber er ist nicht frei. Menschen mit dem Venus/Neptun-Aspekt können dessen ungeachtet eine spirituell ausgerichtete Beziehung mit diesem Partner führen – in ihrer Vorstellung. Diese «Fähigkeit» enthebt sie dem Zwang, das Zusammenleben in der Realität zu erproben. Ein Mensch, der sie niemals kennenlernt, wird sie niemals im Stich lassen oder enttäuschen. Es könnte sein, daß jeder, den sie treffen, sofort mit dieser Fantasiefigur verglichen wird – und wahrscheinlich dürfte bei dem Vergleich die Fantasiefigur immer besser abschneiden. Auf diese Art und Weise erspart es sich der Venus/Neptun-Mensch, sich mit einer realen Beziehung auseinandersetzen zu müssen. Es kann aber auch sein, daß er mit einer Person zusammen ist und diese ständig mit seiner Fantasiefigur vergleicht, was heißt, daß er gar nicht richtig anwesend ist. In der Folge könnte der Partner die Beziehung beenden, weil er gemerkt hat, daß keine wahre Verbindung zustande gekommen ist. Auch wenn sich der Mensch mit dem Venus/Neptun-Aspekt in jemanden verliebt, projiziert er wahrscheinlich vielerlei von seiner Idealvorstellung auf den Partner – was diesem das Gefühl gibt, nicht für das geliebt zu werden, was er wirklich ist. Mit der Verbindung zwischen Venus und Neptun neigen Menschen dazu, ihren Partner auf ein Podest zu stellen; sie sind enttäuscht oder wütend, wenn der Partner sie zu dem Eingeständnis zwingt, daß sie sich getäuscht haben.

Mit Venus/Neptun kann es dem Menschen schwerfallen, zwischen sich und den anderen eine Grenze zu ziehen. Vielleicht lassen es diese Menschen dazu kommen, daß der Partner sie vollständig absorbiert und sie schließlich kein eigenes Leben mehr haben. Möglicherweise sind sie es auch, die dem Partner keinen Raum geben. In den ersten Phasen der Beziehung könnte dies vielleicht einen gewissen Reiz haben – über längere Zeit hinweg wirkt eine solche Verhaltensweise jedoch lähmend. Es kann diesen Menschen auch schwerfallen, sich damit abzufinden, daß eine Beziehung vorbei ist. In ihrem Gefühl bleiben sie ihrem Partner verbunden, und sie behalten die Hoffnung, daß er eines Tages zurückkommen wird. Es könnte sein, daß bei jeder neuen Beziehung die alte als Maßstab genommen und der frühere Partner als ideal beschrieben wird, was dem neuen vielleicht das Gefühl vermittelt, gegen ein Phantom anzukämpfen.

Diese Menschen sehen andere oftmals als perfekt und sich selbst als mit vielen Fehlern behaftet an. Die Neigung zu Selbstkritik ist sehr stark ausgeprägt, und der Mensch mit einem Venus/Neptun-Aspekt verübelt es sich schnell, wenn er seinen Erwartungen – die er unerreichbar hoch gesteckt hat – nicht gerecht wird. Das kann ihm das Gefühl geben, keinen Wert zu haben und nichts verlangen zu dürfen, und es kann ihn zu einem hingebungsvollen Märtyrer machen, der alles für die Person gibt, die er liebt. Die unglückselige Liebe von Romeo und Julia hat etwas von diesen Zügen – wir sehen in ihr die Idealisierung der Liebe und des Partners, die Verwirrung und Konfusion und schließlich den eigentlich unnötigen, aber jedenfalls höchst dramatischen und romantischen Tod.

Sowohl Männer als auch Frauen mit diesem Aspekt neigen dazu, das weibliche Geschlecht zu idealisieren. Menschen mit einer Venus/Neptun-Verbindung haben oftmals unter dem Einfluß von jemandem gestanden, für den Frauen dienst- und leidensbereite Engel waren. *Frauen,* die diesen Aspekt in ihrem Horoskop haben, sind denn auch oft bemüht, diesem Vorbild sowie allen anderen Erwartungen, die an sie herangetragen werden, zu entsprechen. *Männer* mit dieser Planeten-Verbindung sehen Frauen als etwas Schönes und letztlich Unerreichbares – was soweit gehen kann, daß sie sich schuldig fühlen, wenn sie das Bedürfnis haben, sexuellen Kontakt zu dem angebeteten Wesen aufzunehmen. Es kann sein, daß der Mann dieses Problem zu lösen versucht, indem er eine platonische Beziehung zu der Frau führt, die er liebt, und sein geschlechtliches Bedürfnis bei einer Person befriedigt, die ihm nichts bedeutet.

Es gibt viele Fallstricke für diese Menschen, aber auch die Möglichkeit, Liebe in ihrer höchsten Dimension zu erleben. Das große Ziel für sie liegt darin, in der Liebe spirituelle Erfüllung zu finden, die Grenzen der Persönlichkeit hinter sich zu lassen und die Verschmelzung der Seelen zu erfahren. Ihr Weg ist nicht einfach; er ist schwer zu finden und steckt voller Gefahren. Wenn diese Menschen sich aber dem Fluß des Lebens hingeben und bereit dazu sind, sich mit den Schwierigkeiten und schmerzhaften Erfahrungen auseinanderzusetzen, können sie erkennen, wonach sie wirklich suchen. Oftmals ist es das Leid, welches sie in ihren Beziehungen erleben, das ihnen zeigt, wo ihre inneren Reserven liegen. Häufig wählen sie dann den auf das Spirituelle ausgerichteten Weg.

Der Mensch, der seine neptunische Energie anerkennt, ist in der Lage, mit anderen auf einer sehr tiefen Ebene in Kontakt zu kommen. Er steht auf eine ganz bestimmte Weise in Verbindung mit seinen Mitmenschen; er weiß, was sich hinter den Worten verbirgt und was die anderen sagen wollen. Mit diesen Aspekten besteht ein inneres Wissen um das Wesen der anderen. Wenn diese Menschen dazu fähig sind, ihrem inneren Wissen zu vertrauen, und den richtigen Partner wählen, ist für sie eine Beziehung möglich, von der andere nur träumen können. Mit dieser Stellung ist eine extreme Sensibilität für die Gefühle des Partners sowie viel Feingefühl im eigenen Ausdruck vorhanden. Die Liebe hat hier etwas Magisches, und als Folge daraus kann sich ergeben, daß die Schönheit einer Beziehung über ein ganzes Leben hinweg erhalten bleibt. Liebe wird hier als etwas Spirituelles erfahren, als eine Verbindung, in der zwei Menschen zu etwas verschmelzen, was das Beste in beiden von ihnen aufscheinen läßt.

♀♇ *Venus/Pluto-Aspekte*

Bei diesen Aspekten kommen viele der Auswirkungen – wenn auch in extremerer Form – zum Tragen, die wir bei der Venus im Zeichen Skorpion oder im 8. Haus gesehen haben. Bei dem Menschen, in dessen Horoskop diese beiden Planeten in Verbindung zueinander stehen, hängen Liebe und Krisen aufs Engste zusammen. Liebe bedeutet hier Transformation – häufig allerdings um den Preis von großen Schmerzen.

Pluto zeigt das in der Psyche Verborgene, das Unbewußte und Verdrängte. Venus/Pluto-Aspekte können gewissermaßen für die begrabene Liebe stehen, für Liebe, die verletzt worden ist und die zu großem und unstillbarem Schmerz geführt hat. Wer diesen Aspekt im Horoskop hat, ist in seiner Zuneigung von großer Verletzlichkeit. Für ihn steht sehr viel auf dem Spiel, was die Heftigkeit erklärt, die hier häufig zu beobachten ist. Es könnte zu der Entscheidung gekommen sein, das Gefühl der Liebe in sich zu verschließen und niemanden mehr an sich teilhaben zu lassen. Um diese Blockade wieder aufzulösen, können sehr extreme Geschehnisse notwendig sein. Es ist möglich, daß diese Menschen sich zur Zielscheibe von Gewalt machen oder sich in Situationen begeben, die ihnen große Schmerzen bereiten. Dies kann ein Ansatz dafür sein, wieder einen Kontakt zur eigenen Gefühlswelt und zum eigenen Wesen herzustellen.

Menschen mit einem Venus/Pluto-Aspekt vermeiden es manchmal, eine Beziehung zu führen, weil sie instinktiv wissen, welche problematischen und schmerzhaften Gefühle für sie damit verbunden sein können. Es kann sein, daß sie diese Erwägung nicht bewußt vollziehen – sie ist aber der Grund dafür, daß sie sich gegenüber Beziehungen so vorsichtig verhalten. Trotzdem kann es passieren, daß sich eine Liebesaffäre ergibt, die einen tiefen Einfluß hat. Damit verbunden wäre dann die Gelegenheit, wieder Nähe zulassen zu können und einen Zugang zu den verdrängten Gefühlen zu gewinnen. Mit diesem Aspekt bedeuten Beziehungen immer wieder wichtige Veränderungen im Leben.

Die Venus im Aspekt zu Pluto kennzeichnet oftmals Menschen, die sich unsicher darüber sind, ob sie wirklich geliebt und begehrt werden. Als Kompensation sind hier verschiedene Verhaltensmuster vorstellbar. Es kann sein, daß diese Menschen auf indirekte Weise vorgehen, weil sie es nicht ertragen könnten, abgewiesen zu werden. Aber indem sie sich weigern, Risiken auf sich zu nehmen, verstärken sie ihre Unsicherheit noch. Wenn sie glauben, nur dann geliebt zu werden – auf eine Art und Weise, die sie für Liebe halten –, wenn sie andere hintergehen oder manipulieren, können sie nie erfahren, worin ihr eigener Wert besteht und was andere an ihnen anziehend finden. Am Ende glauben diese Menschen, daß sie nur deshalb geliebt werden, weil sie jemanden dazu gebracht haben, sie zu lieben. Dies ist eine Position der Macht und Kontrolle, die verrät, daß im Inneren viel Angst und wenig Vertrauen herrscht.

In der Beziehung kann die Unsicherheit über die Gefühle dazu führen, daß diese Menschen sehr fordernd auftreten. Es kann sein, daß sie sich niemals sicher fühlen, daß sie meinen, niemals genug von ihrem Partner zu bekommen und daß sie immer mehr wollen. Sie können süchtig nach Liebe sein, und vielleicht erkennen sie gar nicht, wie viel sie bekommen und wie wenig sie selbst geben. Gefühle der Verzweiflung können sie überwältigen, auf eine Art und Weise, daß sie jedes Gefühl der Verhältnismäßigkeit verlieren. Sie können sich besessen von dem zeigen, was sie nicht bekommen, und vielleicht sind sie einfach nicht imstande, Liebe auf die übliche Art und Weise zu geben.

Venus/Pluto kann im Hinblick auf die Liebe Züge der Besessenheit bedeuten, die sich vielleicht darin äußern, daß jemand das Objekt seiner Begierde mit Telefonanrufen und Liebesbriefen überschüttet und sich vom «Nein» dieser Person in keiner Weise stören läßt. Die Zeitungen berichten häufig über derartige Fälle, die oftmals vor Gericht enden. Auf den ersten Blick hat dies etwas Amüsantes; die Person aber, auf die sich die Aufmerksamkeit richtet, dürfte die Situation als sehr unangenehm oder auch schmerzhaft erleben. Wir können davon ausgehen, daß bei beiden Menschen ein Venus/Pluto-Aspekt vorhanden ist – mit dieser Stellung kann es sowohl dazu kommen, das Objekt der Begierde zu sein als auch derjenige, der jemand anderem verzweifelt begehrt. Wenn diese starken Emotionen vorhanden sind, ist es für diesen Menschen schlichtweg undenkbar, daß seine Gefühle nicht erwidert werden. Dies ist die Kehrseite der inneren Unsicherheit – wenn er einmal entflammt ist, fragt er nicht mehr, ob seine Gefühle willkommen sind.

Es gab einmal einen Fall, in dem sich eine Frau in einen Mormonen verliebte und dieser ihre Gefühle nicht erwiderte. Die Frau entführte ihn, hielt ihn mit Ketten gefangen, und vermutlich vergewaltigte sie ihr Opfer auch. Wie berichtet wurde, verfolgte sie ihn auch später – nachdem die Entführung beendet war – weiter, über Jahre hinweg. Wir sehen hier also etwas am Werke, was eine überaus große Macht über diese Menschen ausgeübt hat, eine Macht, die nicht zu begreifen ist und die große Qualen bedeutet hat.

Mit diesem Aspekt hat der Mensch möglicherweise über Jahre hinweg eine Liebesbeziehung, die vor den anderen geheimgehalten wird – vielleicht aus dem Grund, daß einer der Partner bereits anderweitig gebunden ist. Überhaupt neigen diese Menschen zu Dreiecksbeziehungen, und möglicherweise unterschätzen sie dabei, wie verletzlich sie doch sind. Im Einklang mit ihren intensiven Gefühlen begrüßen sie es vielleicht sogar, wenn eine Situation starke Emotionen in ihnen hervorruft. Dreiecksverhältnisse bedeuten im allgemeinen Schmerzen und Probleme – auf diese Menschen üben sie eine unergründliche Faszination aus. Sie bedeuten häufig Neid und Rivalitätsdenken – und in den meisten Fällen weist der Venus/Pluto-Mensch diese Eigenschaften auf. Vielleicht braucht er diese Schmerzen, um sich darüber klarzuwerden, worin seine Bedürfnisse in der Beziehung liegen.

Paradoxerweise neigen Menschen mit einem solchen Aspekt in der Beziehung zu großen Besitzansprüchen. Sie möchten den Partner mitsamt seiner Seele besitzen, und sie können auf eine unerträgliche Weise eifersüchtig sein. Das Ausmaß, in dem sie diese Eigenschaft zeigen, hängt davon ab, wie sicher sie sich ihrer selbst sind. Venus/Pluto bedeutet Liebe auf ursprüngliche, primitive und rauhe Weise. Diese

Menschen haben entweder ein explosives und intensives Gefühlsleben, oder sie verbinden sich mit einem Partner, auf den dies zutrifft. Wir sehen hier ein dunkles weibliches Prinzip, das schwerer für diejenigen zu handhaben ist, die ein feuer- oder ein luftbetontes Horoskop haben – wenigstens solange, bis diese Venus-Eigenschaften bewußt geworden und als Züge der Persönlichkeit anerkannt sind.

Der Mensch mit einem Venus/Pluto-Aspekt kann – in materieller oder auch in anderer Hinsicht – sehr großzügig sein. Vielleicht handelt es sich dabei um einen wesenseigenen Charakterzug – möglicherweise ist dies aber nur die Kompensation für ein mangelndes Selbstwertgefühl. Das untergründige und oftmals unbewußte Motiv dieser Menschen ist es, sich des Partners sicher zu sein. Aus ihrer Unsicherheit heraus unternehmen sie möglicherweise den Versuch, diesen zu kaufen. Sie versuchen durch Großzügigkeit und vielleicht auch durch Manipulation die Kontrolle zu bekommen. Wenn ihre Großzügigkeit nicht mit Liebe belohnt wird, fühlen sie sich verraten und hintergangen. Wenn sie aber genauer in ihr Inneres geschaut und sich selbst akzeptiert hätten, würden sie vielleicht nicht so freizügig gegeben haben. Diese Menschen sollten sich darüber klarwerden, welche Motive ihren Handlungen zugrundeliegen, und sie sollten lernen zu geben, ohne Anerkennung zu erwarten. Natürlich kann es auch sein, daß die Rollen andersherum verteilt sind – der Venus/Pluto-Mensch kann genauso gut gekauft werden wie andere kaufen. Auf diese Art und Weise – oder auch gemäß der oben angeführten Beschreibungen – könnte er versuchen, sich vor schmerzvollen Erfahrungen zu schützen.

Mit diesem Aspekt kann eine Zurschaustellung von Gefühlen einhergehen, die leidenschaftlich und unpersönlich zugleich ist und die auf andere vielleicht unaufrichtig wirkt. Stephen Arroyo beschreibt dies als «äußerlich sichtbares Dominanzstreben». Diese Menschen können, um etwas Bestimmtes zu erreichen, außerordentlich charmant sein; sie vermögen es, mit Freundlichkeit und unter Einsatz ihrer Attraktivität zu Macht und Einfluß zu gelangen. Dieses Verhalten entspringt dem tiefen inneren Gefühl der Unsicherheit, und in den meisten Fällen ist es unbewußt. Andere aber mögen es als Indiz dafür nehmen, daß dieser Menschen hinterhältig und nicht vertrauenswürdig ist.

Der *Mann* mit einem Venus/Pluto-Aspekt im Horoskop könnte eine Frau wählen, die ihn enttäuscht, indem sie ihn betrügt oder ihn verläßt. Es könnte sein, daß er sehr negative Ansichten zu Frauen hat – vielleicht in dem Sinne der Äußerung »Alle Frauen sind Huren«. Wir können davon ausgehen, daß er von seiner Mutter wiederholt gekränkt worden ist und dadurch das Vertrauen in Frauen verloren hat. Er könnte sich als ein Opfer der Frauen oder auch seiner Liebe sehen und dabei jedoch verkennen, daß auch er seinen Anteil an diesem Prozeß hat.

Zur gleichen Dynamik kann es in der Beziehung zwischen zwei *homosexuellen Männern* kommen, wahrscheinlich allerdings mit etwas weniger Schmerzen, da die bestehenden Schwierigkeiten hier auf die Frauen projiziert werden können. Frauen könnten hier als verschlingend und bedrohend gesehen werden. Aber auch in einer Männerbeziehung spielen Themen wie Eifersucht und Besitzansprüche eine wichtige Rolle – sie können nicht beiseite geschoben werden.

Venus/Pluto kann für die *Frau* bedeuten, daß sie animus-beherrscht ist und im Innersten weiß, was Männern gefällt. Mit diesem Aspekt weiß sie vielleicht instinktiv, wie sie einen Mann «verrückt» und – im Extremfall – von sich hörig macht. Dabei kann es sein, daß ihre eigenen Bedürfnisse damit überhaupt nichts zu tun haben. Vielleicht gibt die Frau aus Angst vor Zurückweisung nicht zu erkennen, was sie für sich braucht, und beschränkt sich darauf, sich um den Mann zu kümmern. Ihr Bedürfnis ist dann, den Mann zu haben und zu kontrollieren – dies gibt ihr das Gefühl, begehrt und gebraucht zu sein. Sie legt es dann darauf an, die Fantasien ihres Partners zu verkörpern – was wir insbesondere auch bei Frauen sehen können, die pornografische Literatur für Männer schreiben. Diese Frauen betrügen ihr eigenes Geschlecht, die weibliche Sexualität sowie sich selbst. Sie mögen Männern außerordentlich attraktiv erscheinen – sie sind aber nicht dazu in der Lage, für die Befriedigung ihrer Bedürfnisse einzutreten, was sie in emotionaler Hinsicht unzufrieden macht. Sie bleiben damit in gewisser Weise in der Beziehung unsichtbar.

Auch auf die Beziehung zwischen zwei *lesbischen Frauen* trifft das Ausgeführte im großen und ganzen zu. Im Einzelfall kann die Frau hier zur idealen Projektionsfigur für die dunklen und negativeren, nicht eingestandenen Seiten der Persönlichkeit werden. In diesem Fall wird sich die Frau mit dem Venus/Pluto-Aspekt eine besitzergreifende und fordernde Partnerin suchen, und es kann sein, daß diese Beziehung von außerordentlich komplexen dynamischen Mustern geprägt ist. Solange sich die Person mit dem Venus/Pluto-Aspekt weigert, ihre dunkle Seite anzuerkennen, wird sie von der Partnerin abhängig bleiben. Diese übernimmt es dann für sie, diese Eigenschaften zu leben.

Einige Menschen mit einer Venus/Pluto-Verbindung im Horoskop – insbesondere mit dem Quadrat – könnten in ihrer Kindheit sexuell mißbraucht worden sein und psychische Schäden davongetragen haben. Eine der Möglichkeiten, ein kindliches Trauma zu überwinden, besteht darin, die betreffenden Muster noch einmal durchzuarbeiten. In vielen Fällen ging der kindliche Mißbrauch mit einer sexuellen Frühreife einher. Diese Kinder mögen sich der Macht ihrer eigenen Sexualität bewußt gewesen sein, noch bevor sie damit wirklich umgehen konnten – und es kann sein, daß sie auch als Erwachsene nicht wissen, auf welche Weise sie sich hier eigentlich verhalten sollten. Der Mißbrauch hat ihrer Sexualität schwere Schäden zugefügt – und möglicherweise kämpfen sie nicht gegen diese an, sondern zeigen in ihren Beziehungen ebenfalls ein Mißbrauchs-Verhalten. Die Sirenen, die durch ihren Gesang Männer verführen, und die Meerjungfrau, die Seemännern den Tod bringt, sind kraftvolle Symbole weiblicher Dynamik. Vielleicht liegt vielen Venus/Pluto-Problemen ein Mißbrauchs-Verhalten zugrunde, und hierbei handelt es sich wohl um die schmerzhafteste Erfahrung, die es gibt. In diesem Falle könnte es sein, daß die Hilfe von einschlägig ausgebildeten Menschen in Anspruch genommen werden sollte.

Auf der höchsten Ebene sind Menschen mit einem Venus/Pluto-Aspekt in der Lage, sich ohne Vorbehalte der Beziehung zu verschreiben und durch gute wie schlechte Zeiten ihrem Partner zur Seite zu stehen. Sie erschrecken nicht, wenn es zu Schwierigkeiten kommt – weil sie mit den dunklen Emotionen vertraut sind. Im Gegenteil: Es übt eine tiefe Faszination auf sie aus, die Tiefen zu ergründen. Wenn sie erst einmal Zugang zu den eigenen intensiven Gefühlen gewonnen haben, machen sie die Beziehung zu einer emotional tiefen und bereichernden Erfahrung.

♂ Aspekte zum Mars

♂ ♃ Mars/Jupiter-Aspekte

Hier können wir ähnliche Auswirkungen wie bei der Stellung von Mars im 9. Haus beobachten – allerdings wieder in ausgeprägterer Form. Menschen, deren Mars im Aspekt zu Jupiter steht, sind im allgemeinen für ihren Mut oder auch Übereifer oder ihre Tollkühnheit bekannt. Charles Carter schreibt in seinem Buch *The Astrological Aspects*, daß er die Spannungsaspekte zwischen Mars und Jupiter für das Schlimmste hält, was es gibt, und daß sie katastrophale Folgen haben können. Darüber kann sicherlich gestritten werden – worin aber auf jeden Fall ein Problem liegt, ist der unerschütterliche und manchmal geradezu närrische Optimismus, der hier zu beobachten ist. Im allgemeinen sehen diese Menschen keine Probleme, auch dann nicht, wenn alles um sie herum schon in Trümmern liegt. Diese Menschen verfügen über die beneidenswerte und manchmal geradezu aufreizend wirkende Fähigkeit, unbekümmert loszulegen und ihr Glück zu versuchen. Im Grunde müssen wir unsere Ausführungen an die Partner dieser Menschen richten – sie selbst erkennen ja nicht, daß ein Problem vorhanden ist. Mit diesen Aspekten geht eine farbige Persönlichkeit einher, jemand, der von einem enthusiastischen und nicht zu zähmenden Wesen ist und dessen übergroße Selbstsicherheit ihn immer wieder in Fettnäpfchen treten läßt.

Der Mars/Jupiter-Mensch findet es frustrierend, einfach herumzusitzen und nichts zu tun. Er ist von einer notorischen Rastlosigkeit, und er muß immer ein Ziel vor Augen haben und in Bewegung sein. Dieses Bedürfnis nach Anregung kann sich auf der körperlichen Ebene in verstärkter Aktivität bemerkbar machen; es kann sich aber auch auf den Verstand beziehen und zum Erreichen bestimmter Ziele motivieren. Menschen, bei denen diese Planeten im kritischen Aspekt zueinander stehen, entfalten vielleicht einen Sturm von Aktivitäten – was aber nicht heißt, daß es dadurch zu Fortschritten kommt. Sie hassen es, warten zu müssen; wenn dies in ihrem Alltag der Fall ist, bringt sie das aus der Fassung. Am Telefon auf das Durchstellen zu warten, am Bankschalter anzustehen, sich an der Bushaltestelle in die

Schlange einzureihen – das alles sind Hindernisse, die ihrem Aktivitätsdrang im Wege stehen, und es kann sein, daß sie es vorziehen, in den falschen Bus zu steigen, nur um etwas zu unternehmen. Ihre immense Ungeduld stellt ein großes Problem für sie dar.

Mit diesen Aspekten hat der Mensch Freude an Spannung und Aufregung in jeder Form, und es ist denkbar, daß er sich herausfordernden und streßreichen Aktivitäten verschreibt. In gewisser Weise können wir sagen, daß er es genießt, das Adrenalin durch seinen Körper fließen zu spüren. Er bringt sich also selbst in einen Rausch, mit der Gefahr, daß er sich überfordert und zuviel Druck auferlegt und dann vielleicht Phasen der Angst oder der Furcht erlebt.

Möglicherweise gehen mit diesem Aspekt herausragende sportliche Leistungen einher. Sport ist in jedem Fall ein gutes Ventil für die überreichlich vorhandene Energie – auch wenn es nur zu durchschnittlichen Leistungen reicht. Es steht zu vermuten, daß es diesen Menschen ganz allgemein Spaß macht, körperlich aktiv zu sein, und zumeist verfügen sie über eine robuste Gesundheit. Sie suchen nach einem Partner, der gleichfalls Freude an der Bewegung hat, was neben konventionellen Sportarten auch Aktivitäten wie Fallschirmspringen, Extrem-Wanderungen oder Bergsteigen umfassen könnte. Vielleicht verbringen sie ihre Ferien damit, mit dem Fahrrad unterwegs zu sein, einen Fluß hinunterzufahren oder auf einem Kamel die Wüste zu durchqueren. Jede Herausforderung und jedes Abenteuer ist diesem Menschen willkommen.

Wer den Mars im Aspekt zu Jupiter hat, genießt es, anerkannt und beliebt zu sein. Diese Menschen sind stolz auf das, was sie geleistet haben, und sie stellen ihr Licht nicht unter den Scheffel. Es macht ihnen Spaß, ihre Ansichten zu verbreiten, und im allgemeinen sind sie zufrieden mit dem, was sie machen. Vielleicht haben sie in irgendeiner Weise damit zu tun, etwas zur Aufführung zu bringen – möglicherweise, indem sie eine Seifenkiste für ein Rennen herrichten. Sie können ihre Ansichten und Überzeugungen mit religiöser Inbrunst vortragen, und vielleicht predigen sie sogar – wenn auch wahrscheinlich nicht von der Kanzel. Es kann sein, daß sie mit ihrem selbstsicheren Auftreten andere dazu bringen, an sie oder ihre Überzeugungen zu glauben. Diese Menschen sind gut dafür geeignet, in Berufen zu arbeiten, die mit Beratung oder Verhandlungen zu tun haben. Dies allerdings nur unter der Voraussetzung, daß sie an das glauben, was sie vertreten – was in den meisten Fällen aber der Fall sein wird.

Menschen mit einem Mars/Jupiter-Aspekt neigen zu einem extravaganten Wesen. Sie lieben das Dramatische und tun alles dafür, ihm einen Platz in ihrem Leben einzuräumen. Sie haben den Anspruch, daß alles zu etwas Außergewöhnlichem wird, wofür sie sich nach Kräften einsetzen – ob dies der Situation nun angemessen ist oder nicht. Auch was die Sexualität angeht, herrscht dieses Bedürfnis, und vielleicht äußert es sich darin, daß am Bett ein Champagnerkübel steht. Diese Menschen versuchen, die sexuelle Begegnung zu etwas ganz Besonderem zu machen, zu etwas, was nichts mehr mit dem Alltag zu tun hat. Allerdings läßt das noch keine Rückschlüsse auf den Sex selbst zu.

Mars/Jupiter-Aspekte könnten in enger Auslegung als großes sexuelles Verlangen interpretiert werden. Vielleicht handelt es sich hier um einen Menschen, dem Sex unendlich viel Spaß macht. In diesem Fall dürfte sowohl das Geben als auch das Nehmen von großer Wichtigkeit sein, und wir können davon ausgehen, daß der Partner viel Aufmerksamkeit erhält. Mit dieser Planeten-Verbindung könnte auch ein kavalierhaftes Verhalten in sexueller Hinsicht verbunden sein. Möglicherweise handelt es sich aber auch um jemanden, der jede sich bietende Gelegenheit beim Schopf packt – ohne Rücksicht auf die Umstände der Situation.

Diese Menschen sehen oftmals Sexualität als eine wachstumsfördernde Erfahrung oder auch als einen Lernprozeß an, und sie haben den Anspruch, daß ihre Liebesbeziehung sie weiterbringt. Es könnte sein, daß sie mit vielen Leuten Affären haben – jede einzelne wäre dann ein Etappenziel auf ihrer Reise. Vielleicht fühlen sie eine besondere Anziehung zu denjenigen, die anders als sie selbst sind und von denen sie etwas lernen können. Wie bei dem Mars/Uranus-Menschen auch – allerdings aus anderen Gründen – fällt es mit dieser Verbindung schwer, sich mit einer Beziehung zufriedenzugeben. In sexueller Hinsicht besteht eine ausgeprägte Rastlosigkeit, und die Sehnsucht nach neuen Erfahrungen führt zur Suche nach neuen Partnern.

Wie bereits angeführt, ist der Mensch mit einem Mars/Jupiter-Aspekt stolz auf das, was er geleistet hat, was sich auch auf seine Sexualität beziehen kann. Vielleicht besteht hier der Anspruch, «leistungsfähig» und «gut im Bett» zu sein. Möglicherweise erhöht es das Selbstgefühl dieses Menschen, wenn er von seinen sexuellen Fähigkeiten überzeugt ist, und vielleicht ist für ihn nur wichtig, ob es nun zum Orgasmus gekommen ist oder nicht. In seiner schlimmsten Form haben wir hier einen Menschen vor uns, dem es nur um «das eine» geht und der mit seinen Leistungen prahlt: den Sex-Athleten.

In den meisten Fällen sind diese Menschen wohlhabend – und falls dies nicht zutrifft, vermitteln sie zumindest diesen Eindruck. In ihrer lebensbejahenden Einstellung zeigen sie sich anderen gegenüber stets wohlwollend und großzügig, was bis zur Extravaganz gehen kann. Es ist ihnen wichtig, andere zu beeindrucken, was manchmal dazu führen kann, daß sie finanzielle Probleme bekommen. Im allgemeinen aber haben sie Glück – meistens lösen sich die Probleme wie in Luft auf. Wenn jemand mit einem Mars/Jupiter-Aspekt wirklich einmal in schlechte Zeiten gerät, kann ihn das sehr tief beeindrucken. Diese Menschen können sich nicht damit abfinden, keine Mittel zu haben, und bei der nächstbesten Gelegenheit werden sie sich für das, was ihnen entgangen ist, schadlos halten. Der Mars/Jupiter-Mensch sieht sich selbst als ehrenhaft und vertrauenswürdig an – er hat aber etwas Schalkhaftes, und sein Verlangen ist darauf gerichtet zu gewinnen und es sich gut gehen zu lassen. Es kann sein, daß er im Hinblick auf Geschäfte seine eigenen Regeln aufstellt.

Mehr als alles andere sind diese Menschen Abenteurer. Sie suchen nach Spannung und Aufregung, und wenn ihnen das Leben dies nicht bietet, werden sie es selbst erzeugen. In der Extremform kann sich ihr Leben für andere als eine Art Seifen-Oper darstellen. Der Partner, den sie suchen, soll ebenfalls sein Vergnügen an Spiel und Spannung haben und seinen Teil dazu beitragen, daß die Beziehung aufregend bleibt. Wer in seinem Horoskop einen Aspekt zwischen Mars und Jupiter hat, ist nicht unbedingt besonders weise oder reif – in seiner Spontanität und Lebenslust aber übertrifft er alle anderen.

♂♄ *Mars/Saturn-Aspekte*

Wenn Mars vom Planeten Saturn aspektiert wird, ist der natürliche Fluß der Energien blockiert, was das spontane Handeln erschwert. Irgendwann haben diese Menschen die Erfahrung gemacht, daß ihre Ausgelassenheit sowie ihre Sexualität nicht anerkannt worden sind, was sie dazu gebracht hat, ihr Verlangen und ihr sexuelles Begehren in sich zu verstecken und sich auf reservierte Weise zu verhalten.

Der Mensch mit diesem Aspekt ist wahrscheinlich in einer Atmosphäre aufgewachsen, in der er durch die Angst vor einer Bedrohung davon abgehalten wurde, sich auf natürliche Weise zum Ausdruck zu bringen. Es ist anzunehmen, daß der Vater von strengem und hartem Wesen gewesen ist und damit die kindliche Energie eingeschränkt wurde. Möglicherweise wuchs das Kind in der ständigen Angst vor Zurechtweisung heran, ohne für seine Handlungen gelobt zu werden. Als Erwachsener könnte dieser Mensch dann die ihm gegenüber geäußerte Mißbilligung verinnerlicht haben, und vielleicht hört er jedesmal, wenn er das Verlangen verspürt, etwas Bestimmtes zu tun, eine innere Stimme, die ihm zuruft: »Laß das sein!« Dies könnte auch zu Unsicherheit und Verletzlichkeit im Hinblick auf die Sexualität führen. Schüchtern und befangen, fürchtet dieser Mensch, zurückgewiesen zu werden oder überhaupt anderen unterlegen zu sein. Bei seiner übergroßen Angst vor Kritik fühlt er sich schnell gekränkt oder zurückgesetzt. Insofern ist die Sexualität ein Bereich, der für diese Menschen mit besonderen Problemen besetzt ist. Sie haben hier viele Ängste und Befürchtungen, und sie machen sich unablässig Gedanken darüber, wie es um ihre sexuellen Fähigkeiten bestellt ist und ob andere vielleicht «besser» sind als sie.

Das Gefühl des Unvermögens kann hier zu dem verzweifelten Wunsch führen, sich selbst zu beweisen und Anerkennung zu finden. Das kann sich auf vielerlei Weise äußern, zum Beispiel in einem immer gleichen Verhalten, in dem mit Technik und Ausdauer gegen die Negativität vorgegangen wird. Es könnte durchaus sein, daß diese Person mit vielen Partnern Geschlechtsverkehr hat, aus dem Grund, daß sie damit ihre sexuelle Leistungsfähigkeit und Anziehungskraft beweisen will. Allerdings gewähren diese Kontakte keine wirkliche Befriedigung. Für den Mars/Saturn-Menschen ist Sexualität etwas Ernsthaftes, und diese flüchtigen Abenteuer widersprechen seinem Wesen zutiefst. Wie dem auch sein mag – dieser Mensch versucht unter allen Umständen zu verbergen, wie verletzlich er ist und welche tiefen Bedürfnisse er hat. Er tut dies, indem er vorgibt, daß ihm die Beziehung nicht wirklich wichtig ist. Indem er sich der ernsthaften Liebesbeziehung – wie Saturn sie fordert – entzieht, vermeidet er das Risiko von Verletzungen, allerdings um den Preis innerlicher Schäden.

Weil die von Mars verkörperte Selbstsicherheit hier blockiert ist, kann es sein, daß der Mensch immer wieder Zugeständnisse macht, was einen verheerenden Einfluß auf den Ausdruck der eigenen Persönlichkeit haben könnte. Wenn er nur darauf aus ist, andere zufriedenzustellen, verliert er das Gefühl dafür, was er selbst will, und es ist durchaus möglich, daß damit unter der so ruhig scheinenden Oberfläche die Saat für einen explosiven Ausbruch der Wut gelegt wird. Weil Sex und Wut so viel miteinander zu tun haben, kann der Geschlechtsverkehr immer wieder verdrängten Ärger an die Oberfläche aufsteigen lassen. Es können auch Probleme im Hinblick darauf bestehen, wer die Initiative ergreift. Aufgrund ihres Mangels an Selbstvertrauens überlassen es diese Menschen gerne dem Partner, aktiv zu werden, reagieren dann aber vorwurfsvoll, weil sie sich unter Druck gesetzt fühlen. Sex und Liebesbeweise können in diesem Fall jede Spontanität verlieren.

Mit dieser Stellung ist vielleicht ein außerordentlich launisches Verhalten verbunden. Möglicherweise reizt diesen Menschen nur das, was schwer zu bekommen ist. So könnte es sein, daß viel Zeit und Energie dafür eingesetzt wird, eine Beziehung zu begründen, dann aber das Interesse in dem Moment, in dem dies geschehen ist, schlagartig erlischt.

Die Fähigkeit, Schwierigkeiten zu bewältigen, ist die Stärke dieser Menschen. Sie verfügen über viel Geduld und Zielstrebigkeit, und sie sind mit den Realitäten des Lebens vertraut. Sie sind keine Träumer, die sich zurücklehnen und darauf warten, daß die Dinge geschehen; sie packen an, um das zu erreichen, was sie wollen. Je mehr sie für etwas arbeiten müssen, desto größer ist später ihr Stolz auf das Erreichte sowie ihre Gewißheit, daß es Bestand haben wird. Das Gefühl von Sicherheit in der Beziehung ist ihnen außerordentlich wichtig – es ist die Voraussetzung dafür, daß sie die Sexualität wirklich genießen können. Bevor sie sich ihrem Partner öffnen, brauchen sie die Gewißheit, daß sie ihm wirklich vertrauen können. Wenn in der Beziehung erst einmal diese Ebene erreicht ist, werden sie sich zutiefst verpflichtet fühlen und Verantwortung übernehmen. Und wenn sich einmal Schwierigkeiten ergeben sollten, werfen sie nicht gleich die Flinte ins Korn – sie werden sorgfältig und zielbewußt darauf hinarbeiten, daß alles wieder ins Lot kommt. Diese Menschen zerstören nicht leichtfertig die Beziehung, die sie mühsam aufgebaut haben.

Aufgrund des Bedürfnisses, sich auf kontrollierte Weise zu verhalten, geraten diese Menschen oft an Partner, die schwach sind und ihr Leben nicht allein meistern können. Wenn ihnen dies auch eine gewisse Sicherheit geben mag, ist es letztlich doch unbefriedigend, und es ist abzusehen, daß der Partner irgendwann nur noch eine Belastung für sie sein wird. Möglicherweise kommt es hier zu großen Anforderungen in finanzieller oder auch in anderer Hinsicht. Vielleicht handelt es sich bei dem Partner um einen Invaliden oder um jemanden, der Schulden aufgehäuft hat. Der Mars/Saturn-Mensch gesteht sich nicht ein, daß auch er Schwächen und Bedürfnisse hat, und er projiziert diese auf den Partner, mit der Folge, daß beide eine feste Rolle bekommen: der Pfleger und der zu Pflegende. Der Mensch mit einem Mars/Saturn-Aspekt übernimmt es, die Bedürfnisse des Partners zu befriedigen – die eigenen läßt er unberücksichtigt.

Weil diese Menschen sich gegenüber ihrem Liebespartner in einem so starken Maße verantwortlich fühlen, gehen sie sehr vorsichtig an die Beziehung heran. Dies ist insbesondere bei der *Konjunktion*, dem *Sextil* und dem *Trigon* der Fall. Bei dem *Quadrat* und der *Opposition* kann dagegen die Neigung bestehen, sich auf etwas einzulassen, ohne die Konsequenzen zu bedenken. Vielleicht fühlt der Mensch dann später Ärger gegenüber dem Partner, weil ihm die Anforderungen, die dieser an ihn stellt, zuviel werden. Für den Mars/Saturn-Menschen bedeutet es immer einen Kampf gegenüber dem Partner, das zu tun, was er eigentlich will, und insbesondere bei dem Quadrat-Aspekt könnte der Eindruck vorhanden sein, daß der Partner die Entscheidungen behindert. Der Partner, der dabei gewählt wird, ist die Entsprechung zu den Vorgängen im Inneren. Das gilt natürlich für die Aspekte zwischen allen Planeten – für die Verbindung zwischen Mars und Saturn aber deshalb in besonderer Weise, weil es für diese Menschen besonders wichtig ist, sich mit dem konkret Greifbaren auseinanderzusetzen.

Wer zwischen Mars und Saturn ein *Quadrat* in seinem Horoskop hat, hat vielleicht große Schwierigkeiten damit, eine befriedigende Liebesbeziehung zu führen, mit der Gefahr, daß die Beziehung nur auf das Sexuelle reduziert ist. Mit diesem Aspekt könnte viel Frustration verbunden sein, die vielleicht in Form von übermäßiger Kritik auf den Partner gelenkt wird. Es wäre auch denkbar, daß der Mensch mit diesem Quadrat sich von jemandem angezogen fühlt, der ihn aufs Heftigste kritisiert und damit sein Selbstwertgefühl erschüttert. Diese Menschen sind aufgrund ihrer Verletzlichkeit sehr anfällig für Kritik; sie nehmen sich alles zu Herzen und sind schnell verärgert. Weil sie aber Schwierigkeiten damit haben, ihren Ärger zum Ausdruck zu bringen, staut sich der Groll in ihrem Inneren an, und manchmal gewinnen sie den Eindruck, daß die ganze Welt gegen sie sei. Es kann sein, daß der Partner dann zur Zielscheibe für alles wird, was zuvor schiefgelaufen ist.

Mit der *Opposition* zwischen Mars und Saturn ist häufig das Gefühl verbunden, daß andere gegen einen arbeiten oder die eigenen Aktivitäten behindern. Hier kann eine Anziehungskraft gegenüber denjenigen bestehen, die Macht haben. Es könnte auch sein, daß sie den Partner ausdrücklich um Rat fragen, aber unzufrieden mit der Antwort sind und die Ratschläge nicht beherzigen. Dies ist ein Ausdruck des inneren Kampfes zwischen dem, was diese Menschen tun möchten, und dem, was von ihnen erwartet wird. Wenn sie sich mit Saturn identifizieren und den Mars auf andere projizieren, werden sie sich selbst als gewissenhaft und verantwortungsbewußt sehen und den Partner als selbstsüchtig, unvernünftig und ungestüm einschätzen. Wenn aber die Identifikation auf den Mars hinausläuft, halten sich diese Menschen für spontan, mutig und authentisch; ihren Partner schätzen sie dann als übervorsichtig, gehemmt und vielleicht nörglerisch ein. Es ist notwendig, daß hier die Eigenschaften beider Planeten zum Ausdruck gebracht werden, in einer harmonischen Kombination, in der es zur bestmöglichen Auswirkung kommt. Auf diese Weise kann der passende Partner für eine Beziehung gewählt werden, die ein ganzes Leben hält.

Wenn Mars und Saturn in Verbindung zueinander stehen, hat der Mensch große Schwierigkeiten damit, die Dinge einfach laufenzulassen. Daneben besteht die Angst vor dem Verlassenwerden – welche das Zugehen auf andere ernsthaft behindert könnte. Es wäre denkbar, daß es hier zu einem «Stop-and-go»-Verhalten kommt. Es ist sehr wichtig für diese Menschen, ihr eigenes Tempo zu finden und die Verantwortung für sich selbst zu übernehmen, indem sie ihre Ängste anerkennen. Wir müssen uns vergegenwärtigen, daß es hier eine große Rolle spielt, in welchem Zeichen der Mars steht. Mit einer Stellung im Zeichen Widder zum Beispiel wird es Probleme im Hinblick auf die Spontanität geben, im Zeichen Stier mit der Sinnlichkeit, in den Zwillingen mit der Kommunikation und der Gewandtheit, im Krebs mit der Emotionalität und so weiter.

Es kann sein, daß *Männer* mit Mars/Saturn-Aspekten besondere Schwierigkeiten mit der Sexualität haben. Für beide Geschlechter ist diese Planeten-Verbindung problematisch; für Männer erheben sich deshalb zusätzliche Probleme, weil im allgemeinen Leistungsfähigkeit und Potenz für sie sehr wichtig sind. Es kann sein, daß es hier zu einer Überkompensation in Form eines machohaften Verhaltens kommt und jede nur erreichbare Frau «abgeschleppt» wird. Eine andere Möglichkeit bestünde darin, aufgrund von Versagensangst gar keinen Geschlechtsverkehr zu haben. Es könnte sein, daß dies zu großen Gefühlen der Unsicherheit hinsichtlich der Identität als Mann führt, was sich in der Beziehung zu beiden Geschlechtern auswirken könnte. Die Furcht, als schwächlich und unmännlich angesehen zu werden, kann hier dazu führen, sich auf eine rauhe und kompromißlose Art zu geben.

Alle Menschen, bei denen sich ein Mars/Saturn-Aspekt im Horoskop zeigt, haben auf die eine oder andere Art Probleme damit, ihren Ärger anderen gegenüber zum Ausdruck zu bringen. Als Folge davon fungieren sie in gewisser Weise als Katalysator, der die Aggression der anderen hervorruft, und nur zu oft finden sich diese Menschen in Situationen wieder, in denen es zu einer Konfrontation kommt. Sie übernehmen dabei oftmals bereitwillig die Rolle des Opfers und erlauben es anderen, Mißbrauch mit ihnen zu treiben, und möglicherweise denken sie, daß sie tatsächlich irgend etwas getan haben, was dies rechtfertigt. Vielleicht besteht aber auch eine übergroße Empfindlichkeit und Sensibilität, mit der Konsequenz, daß es beim kleinsten Vorfall sofort zum Konflikt kommt.

Wie bei den anderen Saturn-Aspekten auch spielen hier die Themen Schuld und Scham eine wichtige Rolle. Mit Mars betrifft dies insbesondere den Bereich der Sexualität. Diese Menschen schämen sich möglicherweise ihrer sexuellen Bedürfnisse und sind vielleicht der Ansicht, daß diese eine Zumutung für den Partner sind. Andererseits könnten sie es sein, die dem Partner Vorwürfe machen – weil dieser zu häufig, am falschen Ort oder zur falschen Zeit Sex möchte. Ort und Zeit sind tatsächlich von großer Wichtigkeit für den Mars/Saturn-Menschen – er muß sich sicher fühlen und Zeit haben, um die Sexualität wirklich zu genießen.

Wie sehr diese Menschen auch darum kämpfen, es sich nicht anmerken zu lassen – gegenüber dem Partner besteht ein tiefes Gefühl der Verantwortung und Verpflichtung. Für sie ist jeder geschlechtlicher Kontakt der Versuch, etwas über die Tiefe der sexuellen Erfahrung herauszubekommen. Diese Menschen versuchen, durch die Sexualität Weisheit und Wissen zu erlangen, und ihnen ist dies auch möglich – wenn sie erst einmal die aus den schmerzhaften Erfahrungen resultierende Abwehrhaltung abgelegt haben. Die Lektionen, die Saturn uns bringt, sind nur so lange schmerzhaft, wie wir uns gegen sie stemmen. Wenn der Mensch mit einem Mars/Saturn-Aspekt erst einmal erkannt hat, worin seine wahren Bedürfnisse liegen, kann er in der Liebesbeziehung tiefe und lohnende Erfahrungen machen.

♂ ⛢ *Mars/Uranus-Aspekte*

Hier sind ähnliche Auswirkungen wie bei dem Mars im Zeichen Wassermann zu erwarten – allerdings in extremerer Form. Beide Planeten stehen im Zusammenhang mit dem Willen – wenn eine harmonische Verbindung zwischen ihnen vorhanden ist, haben wir einen Menschen vor uns, der eine Autorität ist und ausgeprägte Vorstellungen hat. In der Beziehung – insbesondere mit einem Partner, der ebenfalls über entschiedene Ansichten verfügt – liegt die Stärke darin, an den eigenen Vorstellungen festzuhalten und sich nicht beirren zu lassen. Diese Menschen sind nicht bereit, sich ihrem Partner zu unterwerfen, und es kann sein, daß sie ihren Willen nur aus Lust am Widerspruch durchsetzen. In positiver Auswirkung können sie sich für die Dinge einsetzen, die ihnen wirklich am Herzen liegen; schlimmstenfalls kommt es hier automatisch zum Widerstand, wenn sie das Gefühl haben, daß jemand sie kontrollieren will.

Freiheit und Unabhängigkeit bedeuten diesen Menschen sehr viel. Sie müssen sich immer frei fühlen, das tun zu können, was sie wollen, und sie wehren sich auf das Heftigste gegen jede Beschränkung ihres Freiraums. Sie sind überzeugte Individualisten und arbeiten nicht gern mit anderen zusammen. In der Beziehung treten sie mit Bestimmtheit dafür ein, daß alles ihren Vorstellungen gemäß geschieht, was sogar dann der Fall sein kann, wenn sie selbst noch nicht genau wissen, worin ihre Vorstellungen eigentlich bestehen. Es kann sein, daß sie sich an dem orientieren, was der Partner sagt, und das Gegenteil fordern. Sie haben große Angst davor, jemandem in die Falle zu gehen, und ihr Verhalten zeigt einen instinktiven Widerstand gegen Beschränkungen – seien diese nun eingebildet oder real. Es kann sein, daß sie in der Beziehung ihrem Partner treu sind, daß es ihnen aber die größten Schwierigkeiten bereitet, dies auch für die Zukunft zu versprechen. Diese Menschen brauchen das Gefühl der Freiheit, immer die Wahl zu haben und immer sich bietende Gelegenheiten nutzen zu können – wobei sie in der Realität davon vielleicht niemals Gebrauch machen. Eine unmoralische Person legt möglicherweise ein Versprechen ab und bricht es – der Mensch mit einem Mars/Uranus-Aspekt kann dies nicht. Mit der Ehrlichkeit hält er es peinlich genau.

Dieser Aspekt hat auch Auswirkungen auf das Sexualleben. Es kann sein, daß die sexuelle Energie von eher unstetem und veränderlichem Wesen ist. Vielleicht gerät dieser Mensch sehr schnell in Erregung, ist aber nicht imstande, die gleichen Gefühle über längere Zeit hinaus zum Ausdruck zu bringen. Es könnte sich hier also um jemanden handeln, der in sexueller Hinsicht von einem sehr abrupten Wesen ist, und eine Entsprechung wäre hier die vorzeitige Ejakulation. Auf der anderen Seite könnte es um einen Menschen gehen, der sich sexuell außerordentlich kontrolliert gibt. Uranus kann in fixer Stellung viel Kontrolle und Zähigkeit, Hartnäckigkeit und Ausdauer bedeuten.

Es kann sein, daß die Sexualität dieser Menschen etwas Abgehobenes und Unpersönliches hat. Was sie suchen, ist die Aufregung. Ihre Begierden sind impulsiv, und sie wollen, daß ihr Geschlechtsleben abwechslungsreich oder sogar abenteuerlich ist. Wenn es zur Routine wird, verlieren sie das Interesse. Es kann sein, daß sie einen kühlen und unsensiblen Eindruck machen, was ihren Partner stören könnte. Mit ihrem Bedürfnis nach persönlicher Freiheit und Abwechslung brauchen sie jemanden, der seinerseits unabhängig ist. Wenn sich etwas Unvorhersehbares ereignet, kann sie das in einem sehr starken Maße faszinieren, und wenn sie dann darauf reagieren, handeln sie wie aus einem inneren Zwang heraus.

Wer in seinem Horoskop Mars und Uranus im Aspekt zueinander hat, ist zu schnellem und entschiedenem Handeln fähig und kann sich in Situationen, in denen rasches Reagieren notwendig ist, auszeichnen. Um es mit einem Bild zu umschreiben: Diese Menschen leben gewissermaßen auf des Messers Schneide und brauchen – zumindest zu einem gewissen Ausmaß – den Streß. Instinktiv übernehmen sie, wenn es darauf ankommt, die Führung und die Verantwortung. Oftmals zeigen sie sich ungeduldig, was damit zusammenhängt, daß sie selbst so schnell sind. Mängel und Nachlässigkeit sind für sie ein rotes Tuch – und es spielt dabei keine Rolle, ob sich ein anderer oder sie selbst schuldig gemacht haben. Sie sind anspruchsvolle Vorgesetzte, und sie verlangen viel von den anderen und von sich selbst. Sie suchen die Herausforderung und die Weiterentwicklung, und sie bieten anderen die Chance, sich selbst zu erproben. Diese Menschen eignen sich nicht als Partner für denjenigen, der ein ruhiges Leben führen möchte.

Mit diesem Aspekt kann eine jähzornige Wesensart oder auch ein gewalttätiges Verhalten verbunden sein. Letzteres trifft aber nur dann zu, wenn der Mensch unfähig ist, den Ärger in sich wahrzunehmen. Gewalt entsteht aus Ärger, der nicht zum Ausdruck gebracht werden konnte. Die Auswirkungen können hier gefährlicher sein, wenn der

Mensch «ruhig Blut» bewahrt – er ist dann gewissermaßen von dem Ärger losgelöst. Die extremste Manifestation ist der Geisteskranke, der nichts dabei empfindet, wenn er anderen Gewalt antut. Bevor jemand zum Psychopathen wird, muß die Psyche natürlich großen Schaden nehmen, und hierbei handelt es sich nicht um eine sehr häufige Auswirkung eines Mars/Uranus-Aspektes. Nichtsdestotrotz könnte der Mensch mit diesem Aspekt in gewissen Momenten, wenn etwas in ihm aufflammt oder er plötzlich rot sieht, eine Vorstellung von dieser Veranlagung bekommen. Das heißt aber nicht, daß sich dies jemals nach außen hin zeigen wird.

Wer Mars und Uranus im Aspekt zueinander hat, ist von seinem Naturell her ein Rebell und gegen die herrschenden Zwänge eingestellt. Es könnte sein, daß er Autoritätspersonen verspottet und ein wildes und anarchisches Verhalten zeigt. Manchmal sind diese Personen in einem geradezu unerträglichen Maße auf sich selbst bezogen. Auf der anderen Seite können sie mit jemandem zusammensein, den sie als kalt, unsensibel und selbstsüchtig erleben.

Diese planetarische Verbindung kann ein großes Ausmaß an nervöser Spannung bedeuten. Vielleicht steht dieser Mensch immer unter Hochspannung, vielleicht ist er von groben oder kantigem Wesen, und vielleicht setzt er seine Energie auf brüske oder sprunghafte Weise ein. Es kann sein, daß seine Vorgehensweise von einem ständigen «Stop-and-Go» gekennzeichnet ist. Bei einem ruhigeren Menschen, der die Mars/Uranus-Energie nicht nach außen bringt, könnten sich körperliche Verspannungen ergeben. Aber auch dieser Mensch wird immer noch unbeirrbar und zielbewußt das verfolgen, was seine Aufmerksamkeit erregt hat. Auch im Angesicht von Schwierigkeiten wird er für seine persönliche Freiheit eintreten.

Wie es schon bei Venus/Uranus der Fall war, ist der Anspruch vorhanden, sich frei für einen Liebespartner zu entscheiden – ungeachtet aller gesellschaftlichen Wertvorstellungen. Aus diesem Grunde finden wir diese Aspekte häufig in den Horoskopen von Männern oder Frauen, die sich für eine gleichgeschlechtliche Lebensweise entschieden haben. Im Beziehungsmuster eines homosexuellen Mannes ist Mars/Uranus oftmals von herausragender Bedeutung – in extremer Form bedeutet diese Kombination Sex mit Fremden unter Ausschluß von Gefühlen. In diesem Fall geht es also ausschließlich um das Element der Spannung und der Erregung. Es könnte sein, daß hier eine ganz andere Person geliebt wird, jemand, zu dem kein sexueller Kontakt besteht. Diese Aufsplitterung ist häufig bei schwulen Männern zu finden; sie kann aber ganz allgemein bei Menschen auftreten, die einen Aspekt zwischen diesen beiden Planeten im Horoskop haben.

Mehr als alles andere sind diese Menschen freie Geister, die sich nicht der Gesellschaft oder einem Partner unterwerfen. Was dieser Mensch liebt, ist die Provokation; er hat seine Freude daran, wenn er die Erwartungen und die Vorurteile der anderen herausfordern und enttäuschen kann. Er ist ein Einzelgänger – und ebnet dabei für seine Mitmenschen den Weg zur größeren Freiheit.

♂♆ *Mars/Neptun-Aspekte*

Wenn ein Aspekt zwischen Mars und Neptun im Horoskop vorhanden ist, besteht ein Verlangen nach dem Grenzenlosen. Diese Menschen sehnen sich nach Vollkommenheit in der sexuellen Erfahrung, und sie können ihr Leben lang auf der Suche danach sein. Die Auswirkungen ähneln denen von Mars im Zeichen Fische oder Mars im 12. Haus, nehmen aber eine stärkere Ausprägung an.

Menschen mit einem Mars/Neptun-Aspekt kommen oftmals aus Verhältnissen, in das Thema Sexualität etwas Vages hatte. Vielleicht war Sex hier zwar etwas Schönes oder Romantisches, aber auch etwas, worüber nicht geredet und was nicht offen zum Ausdruck gebracht wurde. Es kann sein, daß zwischen den Eltern eine große sexuelle Anziehungskraft herrschte, diese aber vor dem Kind niemals gezeigt wurde. Das könnte zur Folge gehabt haben, daß das Kind zwar etwas von der untergründigen Strömung mitbekommen hat, aber nicht genau wußte, worum es dabei eigentlich ging. Wenn das zutrifft, ist es nur logisch, daß später im Hinblick auf die Sexualität Ungewißheit und Verwirrung herrschen. Vielleicht vermittelte das Verhalten der Eltern dem Kind eine zwiespältigen Eindruck – vielleicht äußerten sie sich unbestimmt und deutlich zugleich, und möglicherweise machte dies dem Kind Angst und ließ es etwas von den Tiefen ahnen, die mit der Sexualität verbunden sein können. So könnte das Kind ein Wissen von der Macht und Bedeutung der Sexualität bekommen haben, ohne sich aber im klaren darüber zu sein, welche Erwartungen an es gestellt wurden und wo es Grenzen setzen sollte. Es wäre also gut denkbar, daß Sexualität diesen Menschen Angst macht, aus dem Grund, daß sie so unbestimmt ist und Unklarheit darüber herrscht, wie mit ihr umzugehen ist.

Die sexuelle Ausstrahlung dieser Menschen ist auf irgendeine Weise geheimnisvoll und verführerisch. Diese kommt allen anderen Personen gegenüber zum Ausdruck, was es ihnen schwermacht, sich einem Flirt zu entziehen. In der Folge sind dann die kompliziertesten Liebesaffären möglich. Wer Mars und Neptun im Aspekt zueinander hat, bietet mehr, als er eigentlich geben will – und ist dabei unfähig, «Nein» zu sagen. Oftmals startet dieser Menschen eine neue Beziehung, um sich dann scheinbar in Luft aufzulösen – was zur Folge hat, daß niemand weiß, woran er mit ihm ist. Von umgänglichem und freundlichem Wesen, verwechseln diese Menschen häufig ihre Bedürfnisse mit denen der anderen. Sie fühlen sich oftmals von dem angesprochen, was andere möchten, und bleiben dann dabei, selbst wenn es ihnen letztendlich doch nicht gefällt. Es fällt diesen Menschen schwer, sich zurückzuziehen.

Weil es diesen Menschen an Klarheit darüber fehlt, wen oder was sie eigentlich wollen, kann es sein, daß sie ein promiskuitives Verhalten zeigen. Vielleicht fühlen sie sich davon angesprochen, was ein anderer Mensch will, vielleicht werden sie mit jemandem intim, um eine Kränkung zu vermeiden, vielleicht auch einfach nur aus Mitleid. Es kann sich um einen Menschen handeln, der niemals nein sagt – egal, ob es dabei um Sex oder um etwas anderes geht. Das würde bedeuten, daß dieser Mensch nicht besonders vertrauenswürdig ist. In diesem Fall wäre es schlichtweg unmöglich, alle Versprechungen zu halten, die gemacht werden, mit der Folge, daß dieser oder jener einfach fallengelassen wird. Diese Person hat etwas Unbestimmbares und Flüchtiges; sie ist leicht abzulenken und vergißt schnell, was sie eigentlich hatte tun wollen – vorausgesetzt, daß sie sich darüber überhaupt einmal im klaren gewesen war.

Menschen mit einem Mars/Neptun-Aspekt sind in ihrer Sexualität sehr feinfühlig und empfindlich. Atmosphärische Störungen oder eine unpassende Umgebung beeinträchtigen sie stark. Sie möchten, daß alles schön ist, und sie können sich nicht hingeben, wenn zwischen ihnen und dem Partner Feindseligkeit herrscht oder Streitpunkte nicht ausgeräumt sind. Sie widmen der Sexualität viel Zeit, und sie genießen es, wenn sich der Liebesakt aus einer spontanen Bekundung der Zuneigung entwickelt. Sie mögen es nicht, wenn das Beisammensein abrupt endet; sie ziehen es vor, den Partner immer weiter zu umarmen und zu küssen, so daß es letztlich keinen klaren Anfang und kein klares Ende gibt. Dies gilt auch für die Beziehung überhaupt – im allgemeinen kommt es nicht zu einem scharf markierten Ende, sondern zu einem Fortbestand in Form einer freundschaftlichen Verbindung, in der durchaus auch noch sexuelle Gefühle bestehen können. Auch wenn das Ende der Beziehung schon lange Zeit zurückliegt, kann es zwischen den Partnern noch immer zu sexuellen Kontakten kommen. Mit Mars/Neptun gibt es keine klaren Grenzen.

Der Mars/Neptun-Mensch entwickelt viele Fantasien zur Sexualität. Vielleicht sehnt er sich nach einer Person, die fern und unerreichbar ist, und macht sich Gedanken, wie schön es wäre, mit ihr Sex zu haben. Es könnte sein, daß diese Traumperson für ihn reizvoller ist als die Aussicht auf einen realen Partner. Vielleicht herrschen auch Fantasien über die sexuelle Atmosphäre, und möglicherweise versetzt sich dieser Mensch in Gedanken auf eine tropische Palmeninsel, an einen mondbeschienenen Strand mit dem gleichförmigen Geräusch der sich brechenden Wellen. Dieser Traum wäre dann das Ideal – leider aber finden sich nur allzuviele dieser Menschen in Umständen wieder, die weit davon entfernt sind. Ein Mangel an Unterscheidungsvermögen und Willenskraft kann sie immer wieder in unangenehme Situationen bringen. Nur zu oft führen diese Beziehungen zu Enttäuschung oder auch Betrug. Diese Menschen sind sozusagen dazu imstande, die Realität auszublenden; auf ihrem eingeschlagenen Weg haben sie es vielleicht über Jahre hinweg mit unbefriedigenden Umständen zu tun, ohne sich dies einzugestehen.

Manche dieser Menschen entwickeln sich in die andere Richtung und sehen ein enthaltsames Leben als Ideal an. Es besteht hier die Sehnsucht nach dem Reinen – Sexualität ist für sie eigentlich etwas Primitives und Würdeloses. Diese Menschen könnten den Eindruck vermitteln, keine sexuelle Ausstrahlung und keinen Schwung zu haben. Dies ist mit der Konjunktion am wahrscheinlichsten, weil mit ihr eine große Angst vor der überwältigenden Macht der Sexualität vorhanden ist. Es kann sein, daß diese Menschen glauben, ins Chaos zu fallen, wenn sie ihre sexuelle Energie zum Ausdruck bringen. Das Bedürfnis, mit anderen durch Sex zu verschmelzen, ist in diesem Fall aufgrund des vermeintlichen Verlustes von Autonomie und Individualität eine schreckliche Vorstellung. Wenn das zutrifft, dürfte es der Person sicherer erscheinen, keinen Sex zu haben.

Mit dieser Planeten-Verbindung kann es auch aus anderen Gründen zur Enthaltsamkeit kommen. Neptun bedeutet Opfer, und wenn der Kontakt zu Mars besteht, kann es die Sexualität sein, die geopfert wird.

Vielleicht sind religiöse oder spirituelle Gründe dafür entscheidend, und vielleicht wird alles Verlangen auf eine Gottfigur gerichtet, in dem Bestreben, den Wunsch nach irdischen Genüssen zu transzendieren. Es kann auch sein, daß die Energie auf einen ganz bestimmten Zweck gerichtet beziehungsweise für diesen geopfert wird. Vielleicht entsagt jemand mit diesem Aspekt bewußt seiner Liebe zu einer bestimmten Person. Vielleicht richtet sich dabei die Sehnsucht auf jemanden, der nicht wirklich zur Verfügung steht, und möglicherweise gefällt sich dieser Mensch in seiner «unglücklichen» Liebe. Vielleicht steht er aber auch treu zu einem ehemaligen Partner, der seinerseits nicht mehr intim mit ihm werden möchte. Möglicherweise handelt es sich auch um jemanden, der sein Begehren gegenüber einer bestimmten Person niemals zum Ausdruck bringt, weil er befürchtet, daß dies die Reinheit seiner Motive infragestellen könnte.

Mit Mars/Neptun besteht die Chance für eine inspirierte Sexualität. Menschen mit diesem Aspekt vermögen es, den Geschlechtsakt zu einer mystischen Erfahrung werden zu lassen, die sie und den Partner auf eine andere Ebene bringt. Sie haben die Fähigkeit, dem Menschen, mit dem sie sexuellen Kontakt haben, das Gefühl zu vermitteln, daß es mit ihm ein ganz besonderes Erlebnis ist, und es könnte eine Zeitlang dauern, bis der Partner sich darüber klar wird, daß jeder Geschlechtspartner diesen Eindruck erhält. Diese Entdeckung kann verheerende Folgen haben – diese Menschen wissen oftmals gar nicht, wie wichtig sie dem Partner sind. Eine andere mögliche Entsprechung wäre, daß Mars/Neptun-Menschen ihre Sexualität zu manipulativen Zwecken einsetzen, um von anderen zu erhalten, was sie wollen.

Es könnte auch sein, daß dieser Mensch seine Sexualität dafür benutzt, unbewußte Ängste zu kompensieren. Wie es bei einer Droge der Fall ist, könnte Sex alles überdecken, was Schwierigkeiten bereitet, und damit den Eindruck hervorrufen, daß es keine Probleme gibt. Auf diese Weise kann jemand der Sexualität förmlich verfallen – indem er sie als Antwort für alles mögliche betrachtet und sich ihr zuwendet, wenn er etwas Schönes erleben oder sich der harten Realität des Lebens entziehen will. Es kann sein, daß hier das Alltagsleben nur schwer erträglich scheint und daß wenig Energie vorhanden ist, es zu meistern. Diese Menschen könnten sich eher damit beschäftigen, Tagträumen nachzuhängen und Gedanken und das Leben einfach so passieren lassen. Der Mensch mit einem Mars/Neptun-Aspekt hat oft das Gefühl, auf sich alleingestellt zu sein oder auch keinerlei Kontrolle über das zu haben, was er tut. Wenn hier aus dem Gefühl der Mutlosigkeit heraus nichts unternommen wird, um das Leben auf eine bessere Basis zu stellen, sind Gleichgültigkeit und Fatalismus die Folge.

Mit dieser Stellung kann eine fortwährende Unzufriedenheit verbunden sein. Wie bei Venus/Neptun auch könnten diese Menschen der Meinung sein, daß irgend etwas der Beziehung fehlt beziehungsweise, daß sie nicht das ist, was ihnen eigentlich vorgeschwebt hat. Ihre Sehnsucht ist grenzenlos, und nichts ist ihnen jemals genug; sie scheuen vor jeder tieferen Bindung zurück, weil sie insgeheim hoffen, daß das große Glück noch kommt – vielleicht schon am nächsten Tag. Möglicherweise gehen sie dem Schein nach Verpflichtungen ein, suchen dabei aber weiter, was zur Folge haben kann, daß sie niemals vollständig in der Realität präsent sind. In Verbindung mit ihrem gefühlvollen Herangehen an die Sexualität schafft dies die schwierigsten Situationen. Was immer ihr Partner tut oder wünscht – es wird eine Enttäuschung für sie sein. Es ist unmöglich, den Mars/Neptun-Menschen zufriedenzustellen, aus dem Grund, daß sich das, was er sich wünscht, fortwährend verändert. Es besteht die vage Sehnsucht nach dem Großen oder auch dem All-Umfassenden, ohne die geringste Idee, wobei es sich dabei eigentlich handeln oder wie das erreicht werden könnte. Wer Mars und Neptun im Aspekt zueinander hat, dürfte der Meinung sein, daß die Dinge einfach geschehen müssen – für eine Beziehung zu arbeiten ist nichts für ihn. Die Dinge sollen vom Himmel fallen und sofort an ihrem Platz sein, das ist sein Anspruch. Er hat große Forderungen an den Partner; er erwartet, daß dieser instinktiv weiß, was ihm gefällt. Fragen zu stellen ist in seinen Augen eine Störung der mystischen Interaktion, die sein Ideal ist.

Es fällt dem Mars/Neptun-Menschen schwer, selbstbewußt und bestimmt aufzutreten, weil er seine eigenen Wünschen nicht von denen der anderen unterscheiden kann. Er verliert das, was er einmal gewollt hat, schnell aus dem Blick, und er läßt sich leicht durch die Energie anderer aus dem Konzept bringen. Mars hat damit zu tun, unser Selbst und unsere Identität zum Ausdruck zu bringen, was bei einem Aspekt zu Neptun natürlich schwierig wird. Es ist, als ob du unter Wasser ein Bild zeichnen willst.

Für diese Menschen bestehen im Hinblick auf Sexualität viele Widersprüche und viel Ungewißheit. Die unausgesprochenen Möglichkeiten sowie ihre eigenen opulenten Fantasien verwirren sie und haben zur Folge, daß ihre sexuelle Identität von Konflikten erfüllt ist.

Diese Menschen sind sich nicht sicher, wen oder was sie wollen – ob sie wirklich treu sein oder mit vielen Menschen Geschlechtsverkehr haben wollen oder ob sie die heterosexuelle, die bisexuelle, die homosexuelle oder auch die enthaltsame Lebensweise bevorzugen. Und es kann sein, daß sie nacheinander jede dieser Möglichkeiten ausprobieren.

Wer den Mars im Aspekt zu Neptun hat, ist von der Sexualität immer wieder fasziniert, was so weit gehen kann, daß sie sich bei allem bemerkbar macht. Das sexuelle Verlangen ist universell und allumfassend, und das, was diese Menschen auszeichnet, ist, daß sie kein Gefühl für Grenzen haben. Sie haben insofern etwas Besitzergreifendes; sie können es nicht ertragen, von etwas ausgeschlossen zu sein. Das gilt auch im Hinblick auf die Sexualität, mit der Konsequenz, daß sie es vielleicht fasziniert zu sehen, welche verführerische Wirkung sie ausüben. Es kann sein, daß sie sich ihrer Ausstrahlung vergewissern wollen, indem sie sich jedem hingeben, der ihren Weg kreuzt. Zur gleichen Zeit besteht aber das Bedürfnis, selbst verführt zu werden, und es kann überaus leicht sein, diesen Menschen «herumzukriegen».

Derjenige, der an seinem Mars/Neptun-Aspekt zu arbeiten bereit ist, hat das Potential, eine sexuelle Beziehung zu führen, die weit über das Normale hinausgeht. Der Mangel an Bestimmtheit bedeutet eine Offenheit gegenüber den unzähligen Möglichkeiten, wie Kontakte zwischen Menschen hergestellt werden. Diese Menschen erwarten kein bestimmtes geschlechtsspezifisches Verhalten, und sie sind nicht festgelegt im Hinblick auf Treue oder Hetero- oder Homosexualität. Sie verfügen über die Fähigkeit, die Dinge so zu nehmen, wie sie kommen, und sie reagieren in sexueller Hinsicht so, wie es dem Augenblick angemessen ist. Ihre Sensibilität, ihre Vorstellungskraft und ihre kreative Herangehensweise an die Sexualität kann zu zauberhaften Erlebnissen von seltener Schönheit führen. Ihre Suche nach dem Idealen und dem Absoluten eröffnet die Möglichkeit, über das Moment des Körperlichen hinauszugelangen. Diese Menschen können die spirituellen Höhen und das mystische Verschmelzen, wonach sie sich so sehnen, wirklich erreichen.

♂♀ Mars/Pluto-Aspekte

Diese Planeten-Verbindung hat ähnliche Auswirkungen wie die Stellung von Mars im Zeichen Skorpion oder im 8. Haus – nur in etwas extremerer Form. Pluto herrscht unter anderem über das, was wir verdrängt haben und über unsere unbewußten Antriebskräfte. Alles, womit er in Verbindung steht, bekommt etwas Tiefes und Abgründiges. Um die Verhaltensweise des Menschen mit einem Mars/Pluto-Aspekt zu verstehen, müssen wir uns intensiver mit dem auseinandersetzen, was seinen Erfahrungen zugrundeliegt.

Oftmals haben diese Menschen das Gefühl, daß jemand oder etwas ihnen im Wege steht, daß sie nicht wirklich das machen können, was sie wollen, oder daß sie sich in einem Kerker befinden. Sie müssen häufig sehr viel Energie dafür einsetzen, um nur ein kleines Stück voranzukommen – der Mensch mit diesem Aspekt hat große Probleme zu bekommen, was er will. Andere könnten den Eindruck haben, daß er aufdringlich und sehr fordernd ist – er selbst hält dies für völlig falsch. Er selbst ist zumeist der Ansicht, daß er nur einen Bruchteil von dem erhalten hat, was er eigentlich wollte, woraus Gefühle der Frustration erwachsen können. Es besteht häufig eine große Diskrepanz im Hinblick darauf, wie dieser Mensch sich selbst sieht und wie er bei anderen ankommt, und oftmals liegt hierin die Ursache für verheerende Auswirkungen im Beziehungsleben.

Es kann sein, daß diese Menschen nicht im geringsten ahnen, welchen Eindruck sie auf andere machen. Sie werden zumeist als stark, ruhelos und dominierend beschrieben, während sie selbst meinen, nur das getan zu haben, was für sie notwendig war. Typisch für sie ist es, über den Kopf von anderen hinweg die Initiative zu ergreifen und Entscheidungen zu treffen. Sie übersehen dabei, daß es ihren Partner stören könnte, nicht am Entscheidungsprozeß beteiligt zu sein. Mit dem Mars/Pluto-Aspekt besteht das Gefühl, daß sofort gehandelt werden muß, um die Katastrophe zu vermeiden. Denjenigen, der unter den Auswirkungen dieser Verhaltensweise zu leiden hat, kann das zur Raserei bringen. Der Zwiespalt des Mars/Pluto-Menschen besteht darin, daß er aus dem Gefühl einer unmittelbaren Bedrohung heraus sich zur Aktivität gezwungen sieht. Aus diesem Grund geht er keine Kompromisse ein. Er kann nicht warten, was dem Partner die Möglichkeit nimmt, seinerseits aktiv zu werden.

Das Thema Macht dürfte ein fortwährender Problembereich im Leben dieser Menschen sein. Es ist notwendig, daß sie erkennen, welche Macht sie tatsächlich haben. Wenn dies geschehen ist, können sie diese auf angemessenere Weise zum Einsatz bringen und auch das Echo, das ihre Handlungen auslöst, berücksichtigen. Wer sich über den Eindruck, den er hervorruft, nicht im klaren ist, wird kein Gefühl für seine eigene Macht haben. Es kann diesen Menschen weiterhelfen, wenn sie genau registrieren, wie die Umwelt auf sie reagiert.

Mit dem Mars/Pluto-Aspekt dürfte auch Ärger ein Problempunkt sein. Es wäre denkbar, daß diese Menschen ihre Gefühle von Ärger und Wut nicht bewußt registrieren, was zum Resultat haben könnte, daß sie ein aggressives Verhalten in anderen hervorrufen. Möglicherweise spüren sie die Wut in sich nur zu genau, wissen aber nicht, wie sie sie zum Ausdruck bringen können. Es kann sein, daß sie über das Ausmaß dieser Emotionen erschreckt sind und alles nur Erdenkliche unternehmen, sie unter Verschluß zu halten – aus Angst, daß sie möglicherweise jemandem ans Leder gehen könnten und es vielleicht zum Äußersten kommt.

Diese Angst hat ihre Entsprechung in der Tatsache, daß diese Planeten-Verbindung häufig in den Horoskopen von Mördern zu finden ist. Der Mensch mit diesem Aspekt muß einen Punkt erreichen, an dem er weiß, daß er nicht wirklich jemand anderem etwas zuleide tun wird – wie groß seine Wut und Aufregung auch sein mögen. Er muß zwischen dem Empfinden der Wut und ihrem Ausdruck zu unterscheiden lernen. Wenn der Wut Ausdruck verliehen wird, indem Dinge beschädigt oder Menschen verletzt werden, dann geschieht dies aus einem Gefühl der Machtlosigkeit heraus. Der Mensch mit diesem Aspekt muß lernen, rechtzeitig innezuhalten und nicht zu beherrschend in Erscheinung zu treten, dabei aber nicht die Wut in seinem Inneren zu verschließen – weil das destruktiv wirken würde. Eine typische Auswirkung wäre bei der Person zu sehen, die eine düstere und schwere und möglicherweise bedrohliche Atmosphäre um sich verbreitet: Die Wut ist hier sozusagen implodiert; sie hat zu Depression und Trägheit geführt, und vielleicht fordert sie auch in körperlicher Hinsicht ihren Tribut. Hier bestünde die Aufgabe darin zu lernen, in überschaubaren Situationen den Ärger herauszulassen. Therapieformen, die eine emotionale Katharsis beinhalten – zum Beispiel die Körperarbeit nach Reich – können gerade bei diesen fehlgeleiteten Energien helfen und es dem Menschen ermöglichen, mit Gefühlen von

Ärger und Wut umzugehen. Mit einem solchen Menschen zusammenzuleben ist wie der «Tanz auf dem Vulkan» – und wie bei einem Vulkan ist es weniger gefährlich, wenn sich die Spannung immer wieder in kleinen Schüben entlädt. Richtig bedrohlich wird es erst, wenn sich über längere Zeit hinweg kein Ausbruch ereignet hat.

Der Energiespiegel dieser Menschen schwankt beständig. Sie erleben Phasen großer Aktivität, die sich mit frustrierenden Erschöpfungszuständen und Lethargie abwechseln, in denen sich nichts zu bewegen scheint. Oftmals kommt es nach den Perioden der Niedergeschlagenheit und Mutlosigkeit zu einer Art Wiedergeburt Energie. Diese Menschen treiben sich selbst erbarmungslos an, und sie verfügen über viel Ausdauer und Standhaftigkeit. Wenn sie einmal einen Halt einlegen, dann deshalb, weil für den Moment alle Reserven erschöpft sind.

In der Liebesbeziehung sind diese Menschen meistens leidenschaftlich, eifersüchtig und besitzergreifend. Es kann sein, daß ihnen ihr Gefühl der Eifersucht zu schaffen macht; vielleicht leiden sie auch darunter, daß ihr Partner eifersüchtig ist – möglicherweise in einem Ausmaß, das an Besessenheit grenzt. Mars/Pluto ist keinen Vernunftargumenten zugänglich, und die Sexualität ist hier oftmals ein archaischer Bereich, der mit Problemen besetzt ist. Diese Menschen haben Schwierigkeiten damit, ihre sexuellen Gefühle und Leidenschaften anzuerkennen, und als Resultat davon erleben sie in sich einen emotionalen Aufruhr.

Die kritischen Aspekte zwischen diesen beiden Planeten sind oftmals in den Horoskopen von Menschen zu finden, die sexuell mißbraucht worden sind. Es kann sich dabei um inzestuöse Beziehungen handeln oder auch nur um erniedrigende Erfahrungen, wie zum Beispiel dann, wenn ein Elternteil das Kind schlug, weil es ein sexuelles Interesse erkennen ließ. Vielleicht hatte der Mißbrauch aber auch nichts mit dem Elternhaus zu tun. Auch in den Fällen, in denen es zu keinem offenkundigen Mißbrauch gekommen ist, können sich Beeinträchtigungen der persönlichen Sphäre ergeben haben, die im Hinblick auf weitere sexuelle Erlebnisse traumatische Erfahrungen bedeuten. Mit dieser Stellung kann es dazu kommen, daß der persönliche Freiraum (Mars) verletzt wird (Pluto), was enorme Schmerzen mit dem Gefühl, verraten worden zu sein, mit sich bringt. Weiterhin hat sich vielleicht eine Furcht vor der männlichen Energie ergeben (wobei es keine Rolle spielt, ob die Demütigung durch die Mutter oder den Vater erfolgte – diese Form von Gewalt entspricht dem männlichen Prinzip), aus dem Grund, daß sie sich dem Kind zunächst in destruktiver Form gezeigt hat. Als Resultat könnten dann Schwierigkeiten erwachsen, einen sexuellen Kontakt zu begründen, der auf Liebe beruht. Diese Menschen haben ihren Körper vor langer Zeit verloren, und das bedeutet, daß sie jetzt kein Gefühl für sexuelle Grenzen mehr haben. Viel Arbeit muß hier im Innerlichen verrichtet werden, damit diese frühen negativen Erfahrungen überwunden werden.

Menschen mit diesem Aspekt können von dem Wunsch besessen sein, die Sexualität bis an die Grenzen auszuloten, und vielleicht brechen sie Tabus, um wirklich tiefe Erfahrungen zu machen. Sie fordern ihren Partner auf, sie auf dieser Reise zu begleiten, und sie suchen nach einer sexuellen Verbindung, die alles in Bewegung setzt. Diese Menschen möchten sterben und wiedergeboren werden durch die sexuelle Verbindung. Zu viktorianischen Zeiten wurde Sex auch als «kleiner Tod» bezeichnet, weil er – für einen Moment – die Aufhebung des Egos und das Verschmelzen mit etwas Größerem bringt. Für Menschen mit dem Mars/Pluto-Aspekt kann sich der Wunsch nach diesem Größeren bis zur Besessenheit steigern, und es besteht die Gefahr, daß sie den Partner und seinen Körper als Mittel zum Zweck oder als Weg auffassen, zu diesem Ziel zu gelangen. Sex kann hier etwas zutiefst Unpersönliches und Intensives zugleich haben, und es ist gut denkbar, daß ihm alles «Liebenswürdige» und «Nette» fehlt.

Es könnte sein, daß dieser Mensch Bodybuilding betreibt oder in anderer Form regelmäßig Körperübungen absolviert. Das können wir dann interpretieren als den Wunsch, die Kontrolle (Pluto) über die Muskeln (Mars) zu behalten. Es handelt sich in diesem Falle um jemanden, der durch seine physische Ausdauer und Hartnäckigkeit mit einem Körper belohnt wird, auf den er stolz ist.

Die Verbindung zwischen Mars und Pluto ist niemals einfach. Insbesondere *Frauen* kann es schwerfallen, Wege zu finden, auf denen diese Energien angemessen zum Ausdruck gebracht werden können. Oftmals kommt es hier dazu, daß diese Energien projiziert werden, und häufig fühlen sich diese Frauen zu Männern hingezogen, die ein ausgeprägt «machohaftes» Verhalten zur Schau stellen. Manchmal fühlt sich die Frau mit diesem Aspekt auch zu schwarzen Männern hingezogen, die dann für sie die Verkörperung dieses Prinzips sind. Eine negativere Auswirkung wäre die Verbindung mit einem gewalttätigen Mann. Wenn sich der Mars/Pluto-Aspekt auf eine solch destruktive Weise zeigt, braucht die Frau Hilfe, um sich aus dieser Verbindung zu lösen. Um nicht wieder in eine Beziehung zu geraten, in der sie mißbraucht wird, muß sie erkennen, welche Macht sie selbst hat und wie es um die Gefühle von Wut und Ärger in ihrem Inneren bestellt ist. Manche Frauen entscheiden sich für eine lesbische Beziehung, was der Versuch sein könnte, der Konfrontation mit diesen Energien aus dem Weg zu gehen. In ihrem Bündnis könnten sie dann die Meinung vertreten, daß alle Männer «Schweine», aggressiv und primitiv seien. Es mag bequem sein, diese Energien auf etwas zu richten, was sich außerhalb der Beziehung befindet – nichtsdestotrotz ist davon auszugehen, daß sie auch im Zusammensein eine Rolle spielen werden. Es ist nicht möglich, einen Bestandteil der Persönlichkeit auszublenden. Sowohl für lesbische Frauen als auch für alle anderen Menschen mit einem Mars/Pluto-Aspekt gilt, daß Machtkämpfe im Hinblick in der Beziehung immer von großer Wichtigkeit sind.

Ein gutes Bild für die potentiell äußerst destruktiven Mars/Pluto-Energien ist der Bagger mit der Abrißbirne. Der Partner, der sich nicht damit abfindet, demontiert zu werden, ist hier ein würdiger Widersacher. Für die Person mit dem Mars/Pluto-Aspekt besteht die Aufgabe ihres Lebens darin, Kraft und Macht auf eine konstruktive Weise zu nutzen. Schafft sie das, kann sie Großes vollbringen.

Kapitel 9

Transite zur Venus und zum Mars

Wenn es zu einem Transit zur Venus oder zum Mars kommt, erleben wir eine Phase der Veränderung im Hinblick auf Liebe und Verlangen. Diese Transite beeinflussen in erster Linie unsere Beziehungen, und oftmals gehen sie mit einer Krise – innerlicher und/oder äußerlicher Art – einher. Auch dann, wenn wir mit jemandem zusammen sind und uns in der Beziehung wohlfühlen, wird es mit dem Transit zur Venus oder zum Mars zu einer Veränderung in uns und unserer Art, Verbindungen herzustellen, kommen, und Rückwirkungen von seiten unseres Partners werden die Folge sein. Wenn wir mit der Beziehung unzufrieden sind oder wir keinen Partner haben, können uns diese Transite deutlich vor Augen führen, wonach wir eigentlich suchen. Dabei könnte der Transit eines äußeren Planeten zur *Venus* mit Gefühlen der Einsamkeit einhergehen, während bei der Verbindung zum *Mars* vielleicht die unbefriedigten sexuellen Bedürfnisse in den Blickpunkt rücken.

Transite zur Venus und zum Mars werden uns in den verschiedenen Phasen unseres Leben auf unterschiedliche Art und Weise beeinflussen. Sie können dann, wenn noch andere schwierige Transite bestehen, große Schmerzen bringen. Ein Beispiel: Wenn eine junge Person in der Adoleszenz dabei ist, sich mit ihrer Sexualität auseinanderzusetzen und sich fragt, ob sie wirklich anziehend ist, können Transite zusätzlich Streß und Leid bedeuten. Eine weitere problematische Zeit ist im mittleren Alter gegeben, insbesondere für die Frau in oder kurz vor den Wechseljahren. Während dieser Lebensphase machen sich viele Menschen Gedanken darüber, ob sie angesichts der ersten Alterungserscheinungen noch über genügend sexuelle Anziehungskraft verfügen. Fällt ein schwieriger Transit zur Venus oder zum Mars in diesen Zeitraum, könnten Selbstzweifel und Lebensängste die Folge sein. Es liegt auf der Hand, daß es zu diesen oder anderen problematischen Zeiten leichter dazu kommen kann, daß ein Mensch mit wenig Selbstvertrauen durch Beziehungsprobleme verunsichert wird.

Auch andere Überlegungen können eine Rolle spielen, wenn ein Transit Probleme macht. Wenn zu dem Planeten, zu dem ein Transit besteht, im Horoskop kritische Aspekte vorhanden sind, ist der betreffende Lebensbereich von vornherein mit Schwierigkeiten besetzt. Die Krise rückt dann nur das ins Licht, was ohnehin schon unter der Oberfläche schwelt. Wir müssen unseren Blick auch darauf richten, welches Element und welche Qualität von dem Transit betroffen sind. Mit einer Betonung des Fixen fallen Veränderungen immer schwer, und es kann in diesem Fall notwendig sein, daß sich etwas Gravierendes ereignet, bevor der Mensch etwas unternimmt. Die Auswirkungen hängen sehr davon ab, in welchem Element Venus und Mars bei der Geburt standen. Für jemand mit einem Erd-Mars kann die Zeit eines Saturn-Transits bedeuten, viel und konstruktiv zu arbeiten; steht der Mars im Element Feuer oder Wasser, ist vielleicht eine schmerzvolle Blockade des natürlichen Gefühlsausdrucks die Folge. Ein Uranus-Transit kann für eine Person, deren Venus im Element Feuer oder Luft steht, ungemein viel Anregung und Abwechslung bringen, während er für jemanden mit einer Erd-Venus zu schockierenden Vorfällen führt. Ein Neptun-Transit zum Wasser-Mars bedeutet vielleicht die Steigerung der Fähigkeit, auf die Strömungen des Lebens reagieren zu können; der Mensch mit einem Erd-Mars dagegen könnte ihn als eine frustrierende Aushöhlung all dessen erleben, was er sorgsam aufgebaut hat. Und für denjenigen, dessen Venus im Element Wasser steht, mag ein Pluto-Transit mit der damit verbundenen Intensität eine willkommene und belebende Erfahrung sein, während jemand mit einer Feuer- oder Luft-Venus den Kontakt zu seinen eigenen Abgründen als fürchterliches Erlebnis ansieht. Wenn der Planet, zu dem ein Transit besteht, von vornherein mit Problemen einhergeht, werden zur Zeit des Transits besondere Schwierigkeiten unsere Aufmerksamkeit verlangen.

Weiterhin müssen wir in Betracht ziehen, um welchen Aspekt es sich handelt, weil davon die Art und Weise, wie wir ihn erleben, abhängt. *Konjunktionen* bewirken oftmals einen zwingenden inneren

Druck beziehungsweise die Erkenntnis, daß wir diese oder jene Änderung vornehmen müssen. Das *Quadrat* kann eine Zeit der Blockierung oder des Kampfes bedeuten, und selbst dann, wenn wir wissen, daß wir in bestimmter Hinsicht etwas anders machen müssen, kann es sein, daß wir wie vor einer Wand stehen und nicht weiter kommen. Es könnte sein, daß der Transit erst abklingen muß, bevor wir erkennen, daß wir schon ein gutes Stück vorangekommen sind. Mit der *Opposition* machen wir häufig die Erfahrung, daß uns die Veränderung von außen durch bestimmte Situationen oder Menschen aufgezwungen wird. Die Lektion besteht dann darin, die Lektion, die wir durch die Umstände erhalten haben, innerlich auch wirklich zu akzeptieren. Auch *Sextile* und *Trigone* können Phasen wichtiger Veränderungen anzeigen. Sie stehen aber im allgemeinen mit keinen größeren Problemen oder traumatischen Erfahrungen in Verbindung, und wir akzeptieren das, was unter ihnen geschieht, ohne jeden Widerstand. Allerdings sind bestimmte Planetenverbindungen zu einem bestimmten Ausmaß immer mit Schwierigkeiten verbunden, wie zum Beispiel der Saturn-Transit zur Venus. Hier können auch das Sextil und das Trigon von schmerzhaften Erfahrungen und dem Gefühl der Einsamkeit und der Unzufriedenheit begleitet sein.

Die Transite verdeutlichen uns, auf welche Art wir die Energie des Planeten, zu dem der Aspekt besteht, zu einer bestimmten Zeit zum Ausdruck bringen sollen; sie zeigen uns den Weg, den wir beschreiten müssen. Je klarer wir uns über die Energien sind, um die es hier geht, und je aufgeschlossener wir uns gegenüber dem Transit zeigen, desto weniger schmerzhaft werden die Erfahrungen sein, die wir machen. Wenn wir uns den anstehenden Veränderungen widersetzen, werden wir uns in eine Krise von mehr oder weniger großem Ausmaß hineinmanövrieren.

Die Menschen, mit denen wir zu diesen Zeiten zu tun haben, repräsentieren die Qualitäten, die wir zur Entwicklung bringen müssen. Wenn wir uns während eines Saturn-Transits zu Mars zu jemandem hingezogen fühlen, der sehr reserviert und vorsichtig ist, müssen wir uns bei dem Versuch, ihm näherzukommen, mit unseren eigenen saturnischen Eigenschaften auseinandersetzen und es lernen, unsere Mars-Energie auf ein solides Fundament zu stellen. Bei einem Uranus-Transit zur Venus verlieben wir uns vielleicht in jemanden, der nicht dazu bereit ist, seine ganze Zeit mit uns zu verbringen, so daß wir dazu gezwungen sind, größere Unabhängigkeit zu entwickeln.

Jede Person, die in unser Leben tritt, zeigt uns, was wir zu dieser Zeit in unserem Leben zu lernen haben.

Abschließend möchten wir noch einmal ausdrücklich darauf hinweisen, daß Transite die Gelegenheit darstellen, Veränderungen vorzunehmen, die für unsere Entwicklung notwendig sind. In gewisser Weise sind sie Wegmarkierungen, die uns Anhaltspunkte geben. Wenn wir an eine Kreuzung kommen, haben wir die Wahl zwischen verschiedenen Wegen. Um weiterzukommen, müssen wir eine Entscheidung treffen und losgehen.

♄ *Saturn-Transite*

Saturn-Transite bringen uns die Aufgabe, unsere Ansichten und die Art und Weise, wie wir uns und unser Leben organisiert und strukturiert haben, zu überprüfen. Es handelt sich um eine schwierige Zeit, in der wir hart arbeiten müssen und keine Belohnung in Sicht ist. Woran wir arbeiten müssen, wird durch den Planeten, zu dem der Transit besteht, zum Ausdruck gebracht, durch sein Haus sowie das Haus, durch das Saturn gerade läuft. Das heißt, daß die verschiedensten Themen angesprochen sein können. Ein Saturn-Transit hat etwas von der sorgfältigen Neukonstruktion eines Hauses an sich: Stein für Stein wird abgetragen und dann ein stabileres Gebilde errichtet. Dies erfordert viel Zeit und Beharrlichkeit. Jeder Versuch, das Ganze zu beschleunigen, führt zu Umwegen und Mehrarbeit.

Ein Saturn-Transit bedeutet den Test, ob unsere Muster und Verhaltensweisen wirklich tragfähig sind. Er stellt uns vor die Frage, ob die Art und Weise, wie ein bestimmtes planetarisches Prinzip in Erscheinung tritt, unserem Leben in diesem Augenblick noch entspricht, oder ob es sich dabei um alte und überkommene Verhaltensmuster handelt, die wir nur aus Bequemlichkeit beibehalten. Saturn warnt uns einige Male, daß Veränderungen unternommen werden müssen; schlagen wir diese Warnungen in den Wind, kann es zur Konfrontation mit sehr schmerzvollen Situationen kommen. Dieser Planet steht für das Wissen, das der Erfahrung entspringt, was bedeuten kann, daß wir uns bei unserer Veränderung mit äußerlichen Schwierigkeiten auseinandersetzen müssen. Veränderungen, die auf Saturn beruhen, sind von eher gleitender Art; sie geschehen nicht plötzlich und blitzartig, sondern langsam und allmählich, und sie gehen mit einer fortwährend zunehmenden Erkenntnis einher. Indem wir uns mit den Schwierigkeiten auseinandersetzen, die wir in der Gegenwart haben, erkennen wir die Auswirkungen der Handlungen und Entscheidungen, die wir in der Vergangenheit getroffen haben. Diese Transite führen uns vor Augen, inwiefern wir selbst gegen unsere Interessen gehandelt haben und wieweit wir selbst dafür verantwortlich sind, nicht da zu sein, wo wir hätten sein wollen. Wir können diese Transite als Erntezeit auffassen, und wir können nur das ernten, was wir früher einmal gesät haben. Wenn wir Erbsen wollten, aber Bohnen gesät haben, werden wir Bohnen ernten – egal, wieviel Arbeit wir jetzt noch aufwenden. Wir können jetzt aber den Boden bereiten für die nächste Ernte und nun dafür tätig werden, beim nächsten Mal schöne Erbsen zu bekommen. Auf diese Weise konfrontiert uns der Saturn-Transit mit dem, was wir in der Vergangenheit gemacht haben – unter Umständen eine frustrierende Erfahrung. Vielleicht denken wir, daß dies nicht fair ist, und verfallen zu diesen Zeiten in Selbstmitleid. Wir vergessen dabei aber, daß – ungeachtet der harten Arbeit, die wir in diesem Moment möglicherweise leisten – wir im Frühjahr keine Saat gelegt hatten.

Saturn-Transite haben nichts Zufälliges; ihre Auswirkungen stehen in enger Verbindung mit dem, was wir einmal taten. Wenn wir uns nicht gemäß unserer Bedürfnisse verhalten, zeigen uns diese Transite, an was es unserem Leben fehlt. Das kann sehr schmerzhaft sein – es eröffnet aber die Chance, etwas aus unserem Leben zu eliminieren und etwas Neues anzufangen. Um es an einem Beispiel zu demonstrieren: Es könnte sein, daß sich ein Mensch, der sich bisher keine Gedanken zu seinem Zuhause gemacht hat, sich unter dem Saturn-Transit zu seinem Mond einsam und unsicher fühlt. Vielleicht erkennt er zu dieser Zeit, wie wichtig eine solide Ausgangsbasis und wie groß sein Bedürfnis nach Frieden und Sicherheit ist. Wenn er dieses Thema zuvor nicht beachtet hatte, kann es etwas von einem Neuanfang haben, wenn er sich jetzt damit beschäftigt. Weil er zuvor dieses Bedürfnis vernachlässigt hat, muß er nun – wo er sich verletzlich und schutzbedürftig fühlt – irgend etwas ganz anders machen. Auf diese Weise kann ein Transit, der an sich schon schwierig ist, zu einer extrem leidvollen Erfahrung werden.

Es kann sein, daß wir im Zusammenhang mit einem Saturn-Transit endlos scheinende Umwege und zahllose Rückschläge hinnehmen müssen. Vielleicht kommt es uns so vor, daß wir alles mehrmals machen müßten – und oftmals meinen wir dabei, daß uns das Unvermögen der anderen dazu treibt. In dieser Zeit aber können wir den Wert der Geduld lernen. Wenn wir zuvor rastlos und ungeduldig gewesen sind, könnte es nun dazu kommen, daß uns etwas oder jemand zum Innehalten zwingt. Es dauert möglicherweise recht lange, bevor wir eine Entscheidung treffen oder aktiv werden, und es ist leicht einzusehen, daß das für einen Menschen, der nach seinem eigenen Rhythmus vorzugehen gewohnt ist, eine quälende Erfahrung bedeuten kann.

Während eines Saturn-Transits brauchen wir sehr viel Zeit für uns. Wenn wir das ignorieren, könnten es die äußeren Umstände mit sich bringen, daß wir allein sind, vielleicht, indem wir erkranken, unsere Stelle verlieren oder unsere Freunde keine Zeit für uns haben. Wir brauchen diese Zeit des Alleinseins, um in Gedanken noch einmal durchzugehen, was wir erlebt haben und welche Gründe dafür verantwortlich sind, daß unser Leben seine jetzige Form angenommen hat. Häufig ist es so, daß wir destruktive Verhaltensmuster von unseren Eltern übernehmen. Wenn wir beispielsweise eine überkritische Mutter haben, kann es sein, daß wir diese Eigenschaft auch in uns aufnehmen und sie dann auf die Frauen unserer Umgebung projizieren. So können wir ein auf Abwehr gerichtetes Verhaltensmuster entwickeln, das auf andere verletzend wirkt und Kritik hervorruft. Wenn es jetzt hier zu einem Saturn-Transit kommt, besteht die Gelegenheit, dieses Muster und seine Ursprünge zu überprüfen und uns auf eine bessere Art zum Ausdruck zu bringen.

Möglicherweise ist die Zeit, in der der laufende Saturn zu einem Planeten unseres Horoskops im Transit steht, von viel harter Arbeit begleitet. In Abhängigkeit des Aspektes und des beteiligten Planeten kann dies außerordentlich befriedigend sein oder als drückende Last empfunden werden. Vielleicht stellen wir unser gesellschaftliches Leben zurück und unterwerfen uns bereitwillig der Anstrengung, die Dinge voranzutreiben, oder wir klagen über den unglaublichen Druck, der auf uns lastet, und fragen uns, wie wir damit fertigwerden sollen. Wie dem auch sein mag – in dieser Phase geht es darum, Prioritäten zu setzen und zu lernen, wie die Arbeit organisiert und strukturiert werden kann. Darauf kommt es an, und das ist letztlich wichtiger, als die ganze Zeit zu arbeiten. Weil wir während eines Saturn-Transits häufig die Neigung verspüren, uns zurückzuziehen, und es uns schwerfällt, Kontakte zu genießen, könnte es die Arbeit sein, die uns als einziges wirklich befriedigt.

Während dieser Transite bringen wir uns selbst für gewöhnlich mehr Aufmerksamkeit als sonst entgegen und lernen es, die Verantwortung für uns selbst zu übernehmen. Das muß nicht heißen, daß wir uns nun von den anderen abkapseln sollten – wenn auch einige Leute dieses Bedürfnis verspüren werden. Es geht jetzt darum, daß wir erkennen, was wir brauchen und wie wir vorgehen können, um es zu bekommen. Vielleicht müssen wir zum ersten Mal in unserem Leben eingestehen, daß wir schwach und verletzlich sind und Hilfe brauchen. Möglicherweise werden wir damit konfrontiert, daß wir in einem bestimmten Lebensbereich jemand anderem die Verantwortung übertragen haben. Worin auch immer die Lektion besteht – der Transit konfrontiert uns mit Ängsten und Gefühlen der Unsicherheit und Verletzlichkeit, was seinen Grund darin hat, daß wir Veränderungen in den festgefügten Mustern unseres Lebens vornehmen müssen. Wenn der Transit vorüber ist, werden wir – die konstruktive Umgehensweise mit ihm vorausgesetzt – uns zu einer reiferen Persönlichkeit entwickelt haben und genauer wissen, wer wir sind.

♄ ➤ ♀ *Saturn-Transite zur Venus*

Diese Transite sind möglicherweise die schmerzhaftesten, die es gibt. Venus steht für das Prinzip der Liebe, des Glücks und der Verbindung zu anderen – im Aspekt zu Saturn bekommen wir vielleicht das Gefühl, davon wie abgeschnitten zu sein. Die Welt kann uns zu diesen Zeiten kalt und unwirtlich erscheinen, mit dem Resultat, daß wir uns einsam und allein fühlen und den Wunsch haben, uns zurückzuziehen. In dieser Zeit unterliegen die Liebe und Freundschaften einer Prüfung, und wir sollten nicht davon ausgehen, daß wir irgend etwas als gegeben betrachten können. Auch wenn wir versuchen, mit dem Transit konstruktiv umzugehen, werden wir den Eindruck haben, mehr als sonst auf uns selbst gestellt zu sein. Die Ursache hierfür liegt darin, daß wir uns fragen, wie wertvoll und wie wichtig uns unsere Beziehungen wirklich sind. Wir werden Befriedigung daraus schöpfen, daß wir Energie auf die Beziehungen und auch auf uns selbst richten – Glück aber wird uns jetzt nur in sehr kleinen Mengen zuteil werden. Eine Sache, die wir während dieser Zeit lernen, ist, in der Gegenwart zu leben und die Wichtigkeit dessen anzuerkennen, was wir haben – wozu auch Liebe und Freundschaften zu zählen sind. Es kann aber sein, daß schmerzvolle Lektionen notwendig sind, bis wir diese Einsicht gewinnen, und möglicherweise vermittelt sie uns die Person, die wir begehren, indem sie uns ihre Liebe vorenthält.

Während des Saturn-Transits zur Venus überprüfen wir, wie es um unsere Verbindungen zum anderen Geschlecht bestellt ist, was wir häufig in Form der Erfahrung machen, daß es uns an etwas fehlt. Diese Transite sind sehr oft von Gefühlen der Einsamkeit begleitet. Viele Beziehungen enden zu diesen Zeiten, was dem Menschen ein Gefühl der Unsicherheit und des Ungeliebtsein vermitteln könnte. Es geht hier nicht nur um Liebesbeziehungen, sondern auch um die Freundschaften im allgemeinen – in dieser Zeit stehen alle unsere Verbindungen auf dem Prüfstand. Wir haben in diesen Phasen den Wunsch, mit Menschen zusammenzusein, die uns beistehen, die sich um uns kümmern und die uns nehmen, wie wir sind. Wir brauchen jetzt in unseren Beziehungen Tiefe und Aufrichtigkeit, und wir haben große Schwierigkeiten damit, uns auf beiläufige Gespräche und Plaudereien einzulassen, wie sie normalerweise auf Partys oder bei anderen geselligen Anlässen geführt werden. Selbst dann, wenn uns diese Aktivitäten für gewöhnlich viel Spaß machen, werden wir sie nun zu vermeiden suchen. Wir fühlen uns zu verletzlich, um uns einer unter Umständen negativen Begegnung auszusetzen.

Wenn Saturn im Transit zur Venus steht, werden wir uns der Begrenzungen bewußt, die uns selbst oder diejenigen, die wir lieben, betreffen. Es kann sein, daß wir jetzt erkennen, daß unsere Partnerschaften uns einschränken. Wenn das der Fall ist, muß es entweder zu Veränderungen kommen oder die Verbindung gelöst werden. Uns nahestehende Menschen sind oftmals sehr verunsichert, wenn wir uns verändern, und es kann sein, daß sie alles tun, damit wir so bleiben, wie wir sind – was aber unsere Weiterentwicklung behindern würde. Wenn sie nicht fähig oder willens sind, sich auf die Veränderung einzustellen und uns zu unterstützen, wird die Beziehung zuendegehen, aus dem Grund, daß sie dann keinen Zweck mehr hätte. Allerdings ist es so, daß mit dem Ende der Beziehung häufig große Schmerzen verbunden sind, was auch für den Fall gilt, daß sie keine Funktion mehr hat. Wie dem auch sein mag – Gefühle von Verletztheit werden auftreten, und später eine Phase der Trauer und der Verarbeitung. Dabei spielt es keine Rolle, wer die Beziehung beendet. Wenn wir es sind, könnte zu der Trauer noch das Gefühl kommen, uns schuldig gemacht zu haben. War der Partner die aktive Figur, fühlen wir uns unsicher, zurückgewiesen und ungeliebt – auch dann, wenn wir vom Verstand her das Geschehen billigen. Es bleibt eine Lücke, wenn der Partner unser Leben verläßt.

Dies sind die Erfahrungen, die mit einem Saturn-Transit zur Venus verbunden sein könnten. Wahrscheinlich steigen zu diesem Zeitpunkt auch viele schmerzhafte Erlebnisse aus der Vergangenheit in uns auf, die wir mit unseren Eltern, mit Freunden oder ehemaligen Liebespartnern gemacht haben. Wir müssen diese Erlebnisse nun durcharbeiten, um zu verstehen, wieweit diese uns geformt haben. Die Art und Weise, wie wir uns mit anderen verbinden, ist davon geprägt, welche Erfahrungen wir früher im Zusammenhang mit Liebe und Zuneigung gemacht haben. Bevor wir uns dies nicht vor Augen geführt haben, können wir die alten und negativen Verhaltensmuster nicht überwinden und keine befriedigenden Beziehungen eingehen.

Saturn-Transite zur Venus müssen nicht unbedingt die Zerstörung der Beziehung bedeuten – wenngleich dies eine (von mehreren) Manifestation des zugrundeliegenden Prinzips wäre. Es könnte ebensogut sein, daß wir innerhalb einer Verbindung eine Phase der Neubewertung durchmachen oder eine Partnerschaft beginnen, die eine sehr große Wichtigkeit für uns haben wird. Wenn wir innerhalb einer bestehenden Beziehung Veränderungen vornehmen, wird dies uns Schmerzen bereiten, und je näher uns der Partner steht, desto größer werden diese sein. Unter dem Transit von Saturn zur Venus merken wir, was in unserer Beziehung fehlt und welche Elemente des Zusammenlebens uns Beschränkungen auferlegen.

Wenn eine Beziehung Bestand haben soll, muß sie dem, was wir geworden sind, sowie dem, was wir noch werden wollen, gerechtwerden. Mit diesem Transit neigen wir dazu, uns zurückzuziehen und dem Partner gegenüber ein kühleres Verhalten zu zeigen. Oftmals ist zu diesen Zeiten unser sexuelles Interesse geringer als sonst, was seinen Grund darin hat, daß es uns nun sehr schwerfällt, uns dem Partner wirklich zu öffnen. Das Körperliche, das sonst eine Quelle des Vergnügens für uns ist, spricht uns nun weniger an als zu anderen Zeiten. Das hat wiederum zur Folge, daß wir uns selbst dann, wenn wir mit einem Menschen zusammen sind, der uns liebt, einsam und isoliert fühlen könnten. Und es ist nur zu offensichtlich, daß dies Rückwirkungen auf den Partner haben kann und er das Gefühl erhält, zurückgewiesen und nicht länger geliebt zu werden. Es ist wichtig, daß wir dem Partner unsere Gefühle mitteilen; dies ist ein wesentlicher Bestandteil der Lektion, für uns selbst und unsere Bedürfnisse die Verantwortung zu übernehmen. Wenn unser Partner weiß, was in uns vorgeht und was wir durchmachen, und wenn er diese Veränderungen akzeptiert, wird das einen stärkenden Einfluß auf das Zusammensein haben.

Beziehungen, die unter einem solchen Transit entstehen, haben eine sehr große Bedeutung, und wahrscheinlich werden sie für eine sehr lange Zeit Bestand haben. Wir neigen zu diesen Zeiten dazu, unsere Wahl auf einer realistischen und tragfähigen Basis zu treffen, und wir geben uns nicht mit irgend etwas zufriede. Wir nehmen uns nun selbst ernst genug, um eine Wahl zu treffen, die unseren langfristigen Bedürfnissen gerechtwird.

Zu diesen Zeiten haben wir den Anspruch, daß unsere Beziehungen und Freundschaften tief sind und etwas bedeuten; wenn dies nicht zutrifft, fühlen wir uns frustriert. Wir wollen nicht mit Leuten nur um der Geselligkeit wegen zusammensein, und als Konsequenz daraus können wir uns darauf einstellen, daß oberflächliche Kontakte jetzt ihr Ende erleben. Wir räumen nun den Menschen, die uns wirklich wichtig sind, Priorität ein. Es kann sein, daß jetzt auch Arbeitskontakte sehr befriedigend für uns sind, vor allem dann, wenn es sich um ein kreatives Gemeinschaftsprojekt handelt. Während des Saturn-Transits zur Venus macht Arbeit im allgemeinen mehr Spaß als Vergnügungsaktivitäten. Wenn wir auf kreativem Gebiet tätig sind, können wir ebenfalls Fortschritte erzielen – wenngleich diese aufgrund unserer Geistesverfassung eher unserem Durchhaltevermögen denn unserer Inspiration zu verdanken sein werden. Alles wird langsam vorangehen, und Kämpfe werden notwendig sein – trotzdem kann es sich um eine sehr produktive Phase handeln. Allerdings wäre es denkbar, daß die Freude an der Arbeit zu Konflikten in der Beziehung führt, so daß möglicherweise unsere Aufgabe darin besteht, ein neues Verhältnis zwischen diesen beiden Bereichen zu finden.

Saturn zeigt uns, was uns fehlt. Wenn wir allein sind, sehnen wir uns nun nach Liebe und Unterstützung, und vielleicht scheint es uns, daß diese um so weiter entfernt sind, je intensiver wir uns um sie bemühen. Möglicherweise verlieben wir uns in jemanden, der nichts für uns empfindet oder der bereits gebunden ist, so daß wir auf diese Art nicht zu der Liebe kommen, die wir brauchen. Die Liebe, die wir zu geben haben, hat dann keinen Adressaten. Der saturnische Weg, uns zu zeigen, was wir wirklich benötigen, kann ungemein schmerzhaft sein. Wenn wir zum Beispiel unsere Lebensanschauung auf unsere Unabhängigkeit gegründet und die Hilfe und Unterstützung der anderen zurückgewiesen haben, könnte es sein, daß mit diesem Transit ein Mensch in unser Leben tritt, den wir verzweifelt begehren, aber nicht näher kennenlernen können. So kann sich das Ideal der Unabhängigkeit, welches wir einst selbst verfochten haben, gegen uns wenden, und möglicherweise müssen wir dann einräumen, daß wir uns sehr wohl nach Liebe und Nähe sehnen. Es könnte sich um eine Zeit von extremer Einsamkeit und Empfindlichkeit handeln, in der wir immer noch in dem alten selbstverleugnenden Verhaltensmuster gefangen sind, uns aber nach etwas anderem sehnen. Vielleicht entwickeln wir Selbstmitleid und stellen uns die Frage: »Warum gerade ich? Was habe ich nur getan, daß ich das erleben muß?« Wir vergessen dabei nur zu gerne, daß wir selbst unser Leben zu dem gemacht haben, was es ist, und daß es sieben Jahre zuvor, bei dem letzten Saturn-Transit zur Venus, unser höchstes Anliegen gewesen war, frei und unabhängig zu sein. Wenn wir jetzt etwas anderes wollen, müssen wir damit aufhören, uns selbst zu bedauern. Wir müssen für das zu arbeiten beginnen, was wir anstreben. Allerdings sollten wir dabei im Kopf behalten, daß mit Saturn nichts auf die Schnelle geht – wir können nicht davon ausgehen, daß über Nacht alles anders werden wird.

♄ ► ♂ *Saturn-Transite zum Mars*

Diese Transite sind vielleicht nicht ganz so schmerzvoll wie die von Saturn zur Venus – nichtsdestotrotz können sie Zeiten von großer Verzweiflung bedeuten. Vielleicht haben wir das Gefühl, daß sich bei allem, was wir unternehmen, Hindernisse auftun, und daß alles, was wir begehren, unerreichbar fern ist. Wir fühlen uns schwach und müde, und wir könnten den Eindruck erhalten, daß wir doppelt so hart arbeiten müssen wie sonst, nur um den Status Quo zu bewahren. Möglicherweise tritt das, was wir anstreben, immer weiter zurück, je intensiver wir uns dafür einsetzen. Während dieses Transits müssen wir uns intensiv mit dem Mars-Prinzip beschäftigen, wozu es erforderlich ist, das Tempo zurückzunehmen. Die Art und Weise, wie wir dieses Prinzip zum Ausdruck bringen, gerät jetzt in allen Facetten in den Blickpunkt, was eine komplizierte Angelegenheit ist. Was wir tun und wie wir dabei vorgehen, wen und was wir begehren, unsere Sexualität und die Art und Weise, wie wir uns anderen gegenüber behaupten – das alles steht jetzt im Brennpunkt.

Wenn wir mit jemandem zusammen sind, könnte es sich um eine Zeit der Spannung handeln, in der wir uns von unserem Partner physisch zu entfremden scheinen. Der Energiepegel ist auf einem sehr niedrigen Niveau, und wir haben jetzt keinen Draht für das Sinnliche, was heißen könnte, daß Sex nun eher eine Pflicht als ein Vergnügen ist. Wir müssen in dieser Zeit überprüfen, was wir uns wirklich von der Sexualität versprechen und inwieweit unsere Liebesbeziehung wirklich zu unserem Nutzen ist. Wollen wir das gleiche wie unser Partner? Können wir mit ihm das bereden, was uns bewegt und was wir möchten? Oder haben wir uns des lieben Friedens willen mit den Dingen arrangiert? Nun kommt es darauf an, über all dies vorbehaltlos und ohne Beschönigung nachzudenken, und – wenn nötig – aktiv zu werden, um die Lage zu verbessern. In unserer augenblicklichen Geistesverfassung sind wir weniger auf Kompromisse eingestellt als sonst und nicht willens, eine unbefriedigende Beziehung aufrechtzuerhalten. Wir werden entweder darangehen, konstruktive Schritte einzuleiten, oder aber die Beziehung beenden. Während dieses Transits sind wir von unserem Wesen her härter und zu einer nüchterneren Betrachtungsweise als sonst fähig, was es leichter macht, bestimmte Probleme in Angriff zu nehmen. Wir sind jetzt in der Verfassung, das zu tun, was getan werden muß, wie groß die Unannehmlichkeiten auch sein mögen, die damit verbunden sind.

Wenn wir nicht mit jemandem zusammen sind, könnte die Zeit dieses Transits sehr frustrierend sein. Unser Geschlechtsleben könnte zu einem Stillstand kommen, und vielleicht scheint es uns, daß wir keine Anknüpfungspunkte zu den Menschen finden, die uns anziehen. Das zwingt uns einzuhalten und uns die Frage zu stellen, was wir wirklich von einer Beziehung erwarten. Für denjenigen, der für gewöhnlich von impulsivem Wesen ist, könnte es sich um eine harte und deprimierende Zeit handeln, und vielleicht hat er das Gefühl, daß etwas auf ihm lastet, was ihn behindert. Und in dem Fall, daß er sich frei zum Ausdruck bringen kann, muß er möglicherweise die Erfahrung machen, daß sich ihm jemand in den Weg stellt. Das Losgehen auf ein Ziel hat jetzt etwas vom Waten durch zähflüssigen Schlamm an sich – wir müssen jetzt lernen, Geduld und Planungsvermögen zu entwickeln. Das gilt insbesondere für diejenigen, die den Mars im Element Feuer oder Wasser haben. Für diese Menschen sind die Gefühle die Basis ihrer Handlungen, und jetzt, unter diesem Transit, gibt es große Schwierigkeiten, auf emotionelle Art und Weise vorzugehen.

Wie dem auch sein mag – jetzt können viele Einsichten und Erkenntnisse gewonnen werden. Eine Erkenntnis könnte sein, daß es nicht zu unserem Vorteil ist, sich bei der erstbesten Möglichkeit auf eine sexuelle Beziehung einlassen. Es ist vielmehr ratsam, einzuhalten und zu überlegen, was wir uns von der Beziehung erhoffen und welche Bedürfnisse sie befriedigen soll.

Ein Saturn-Transit zum Mars beschreibt eher eine Phase von sorgfältigem Aufbau denn einen Zeitraum der Reife. Das könnte heißen, daß wir vielleicht viel Arbeit für die Art von Beziehung investieren müssen, die uns vorschwebt. Es könnte sich um eine Zeit der Vorbereitung handeln, in der wir Unnötiges aus unserem Leben aussondern. Was immer wir jetzt auch tun – es wird von großer Wichtigkeit für uns sein, und irgendwann in der Zukunft werden wir die Früchte für unsere Bemühungen ernten können. Nicht gleich Resultate zu sehen, kann allerdings entmutigend sein, was in verstärktem Maße für eine Beziehung gilt, die wir aufbauen wollen. Zu dieser Zeit ist aber Aktivität nicht das Entscheidende – worauf es jetzt ankommt, ist Geduld und Ausdauer.

Eine Beziehung, die unter diesem Transit beginnt, dürfte sehr wichtig für uns sein. Wir suchen nun nach einem ernsthaften Menschen, und wahrscheinlich zeichnet sich derjenige, zu dem wir uns hingezogen fühlen, durch ein realistisches und solides Wesen aus. Wir wollen, daß die Beziehung von Dauer ist, und wir sind dazu bereit, für sie zu arbeiten. Es kann sein, daß viele Schwierigkeiten zu überwinden sind, bevor sich die Verbindung ergibt. Das macht uns aber nichts aus, sondern gibt uns vielmehr das Empfinden, daß sie es wert und daß sie das Richtige für uns ist. Es könnte sein, daß die Beziehung, die jetzt beginnt, etwas Schicksalhaftes hat – als hätte alles darauf abgezielt, daß wir diesen Menschen kennengelernt haben.

Während dieses Transits machen wir uns viele Gedanken zu unseren Liebesbeziehungen, woraus sich vielleicht weitreichende Konsequenzen ergeben. So könnte jetzt derjenige, für den Sex bislang nur ein Spiel war, sich für mehr Ernsthaftigkeit entscheiden. Das vorherige Muster der eher zufälligen und kurzfristigen Beziehungen könnte nun ganz und gar unbefriedigend wirken. Auf der anderen Seite verspürt möglicherweise derjenige, der in einer zur Routine erstarrten Beziehung steckt, den Wunsch nach einem Partner, mit dem er sich auf einer tieferen Ebene verbinden kann.

Zu dieser Zeit müssen wir uns damit auseinandersetzen, welche Ängste und Probleme wir im Hinblick auf die Sexualität haben. Wir verbringen viel Zeit damit, unsere Erfahrungen aus der Vergangenheit durchzugehen, und aller Wahrscheinlichkeit nach wird – durch aktuelle Ereignisse ausgelöst – viel Ärger über die Verletzungen in uns aufsteigen. An uns selbst zu arbeiten – durch Therapie, durch Mitarbeit in einem wachstumsorientierten Gruppenprozeß oder durch welche Formen auch immer – könnte gerade zu dieser Zeit sehr effektiv sein, und wahrscheinlich befriedigt uns dies wesentlich mehr, als irgendwelchen geselligen Vergnügen nachzugehen. Weiterhin könnte es sein, daß wir uns mit unserer körperlichen Fitneß beschäftigen. In der Tat ist zu beobachten, daß Menschen unter diesem Transit oftmals eine gesündere Lebensweise annehmen. Es besteht jetzt das Bedürfnis, die körperliche Verfassung zu stärken und die Leistungsfähigkeit des Körpers zu erproben. So könnte sich zum Beispiel derjenige, dessen Freizeitvergnügen in Kneipenbesuchen bestanden hat, nun Spaß daran finden, auf den Sportplatz oder ins Schwimmbad zu gehen. Den Körper zu gebrauchen und zu fühlen, wie die Muskeln arbeiten, kann zu dieser Zeit eine immens befriedigende Auswirkung haben. Wir sehen jetzt einen Sinn darin, die Dinge bis an ihr Ende zu führen. Passive Vergnügungen wie zum Beispiel Fernsehen erscheinen uns jetzt als Zeitverschwendung.

Die Frage nach dem wirklich Wichtigen kommt auch im Hinblick auf die Beziehung zum Tragen. Wir brauchen nun das Gefühl, daß das Zusammensein einen Sinn hat. In der Beziehung könnten wir jetzt den Wunsch nach größerer Ernsthaftigkeit empfinden und wichtige Entscheidungen treffen – wie zum Beispiel die einer Heirat. Wir werden jetzt dafür aktiv, die Partnerschaft auf ein sichereres und stabileres Fundament zu stellen und die gegenseitige Verpflichtung auch nach außen hin zu zeigen.

Ein Saturn-Transit zum Mars kann eine Krise für unsere sexuelle Identität bedeuten, die möglicherweise aus der Zurückweisung durch jemanden beruht, zu dem wir uns sehr stark hingezogen fühlten. In der Folge könnten wir den Eindruck erhalten, daß wir nicht begehrenswert sind, was in bestimmten Lebensphasen eine frustrierende Erfahrung sein kann. Dies gilt insbesondere für den jungen Menschen, der sich mit seiner Sexualität auseinanderzusetzen beginnt, und für den Menschen im mittleren Alter, der sich über seine nachlassende Anziehungskraft Gedanken macht. In diesem Fall haben diese Transite eine überaus große Bedeutung für das Selbstbild der Persönlichkeit, und es kann sein, daß ihre Auswirkungen sehr problematisch sind. Für alle, die diese Transite durchmachen, gilt es, die eigenen tieferen Bedürfnisse zu entdecken und anerkennen zu lernen und eine neue Perspektive für das zu entwickeln, was an anderen anziehend ist. Es ist jetzt die Zeit, sich von dem Oberflächlichen und rein Äußerlichen zu lösen und die dauerhafteren inneren Qualitäten wahrzunehmen.

⛢ Uranus-Transite

Mit einem Uranus-Transit geht zumeist ein äußerliches markantes Ereignis im Leben einher. Das soll nicht heißen, daß nicht auch im Inneren etwas vorgehen könnte – im allgemeinen ist es aber die äußerliche Veränderung, die Aufmerksamkeit erfordert. Wenn der Mensch nicht auf sein Inneres ausgerichtet ist, könnte es eine Zeitlang dauern, bis er erkennt, welche Auswirkungen dieser Transit auf ihn hat.

Während eines Uranus-Transits brauchst du weniger Schlaf als sonst, und es ist möglich, daß es gelegentlich zu Perioden von Schlaflosigkeit kommt. Es kann sein, daß alles von einem Gefühl von Aufregung und Vorahnung durchdrungen ist. Vielleicht findest du die Stimmung, die damit verbunden ist, angenehm und prickelnd – diese kann aber auch umschlagen und zu Gefühlen der Alarmbereitschaft, der Ängstlichkeit oder sogar der Panik führen. In den meisten Fällen aber dürfen wir davon ausgehen, daß der Mensch stimuliert, angeregt und handlungsbereit ist.

Mehr als alles andere haben Uranus-Transite damit zu tun, daß etwas in uns zum Leben erweckt wird. Häufig geschieht dies durch einen Vorfall, der zunächst eine schockierende Wirkung auf uns hat. Die Auswirkung ist aber eine größere Lockerheit, und nur zu oft können wir beobachten, daß eine Person unter diesem Transit Mitmenschen und neuen Ideen und Erfahrungen gegenüber offener wird. Unter diesem Transit kann der Mensch wilde und ungewöhnliche Dinge tun oder im übertragenen Sinne einfach abheben. Es mag für diese Person den Anschein haben, als stünde jetzt alles unter Strom. Sie wird nun die alten Freunde vernachlässigen und sich von anderen Menschen angezogen fühlen.

Es kann auch sein, daß ein Zusammenstoß eine Pause erzwingt – daß also gewissermaßen die uranische Aktivität zu Stillstand und Lähmung führt. Die Aktivitäten, die der Mensch unter diesen Transiten vornimmt, können etwas zutiefst Sprunghaftes haben. Möglich ist auch, daß die Dinge festgefahren sind – und auf einmal könnte es dann doch wieder weitergehen. Unter Uranus-Transiten spielen sich die Veränderungen nicht auf gemächliche Art ab. Rechne immer damit, daß sich etwas Unvorsehbares ereignet. Und gehe nicht davon aus, daß dieses oder jenes schon eintreffen wird, bevor die Sache nicht unter Dach und Fach ist.

In dieser Zeit bist du nicht zu Kompromissen aufgelegt, sondern vertrittst mit Nachdruck deine ganz persönliche Meinung. Wir alle gehen von Zeit zu Zeit Kompromisse ein, weil uns das manchmal die beste Art und Weise zu sein scheint, das Optimum aus den Dingen herauszuholen. Nun aber müssen wir überprüfen, wie es um diese Kompromisse bestellt ist. Sind wir im allgemeinen zu nachgiebig, könnte es sein, daß wir jetzt deshalb zutiefst unzufrieden sind. Möglich wäre auch, daß jemand anderes sich an unserem kompromißlosem Wesen stößt. Wie dem im Einzelfall auch sein mag – Uranus-Transite bedeuten die Gelegenheit, für früher gezeigte Standfestigkeit die Früchte zu ernten. Nun können sich unverhofft Chancen ergeben, die wir beim Schopf ergreifen sollten.

Unter diesen Transiten geraten oftmals verdrängte, unbewußte oder auch nicht integrierte Teile unseres Wesens in den Blickpunkt. Ein neues Selbst erwacht jetzt und möchte zum Ausdruck kommen. Dies kann mit der plötzlich aufscheinenden Erkenntnis verbunden sein, daß irgend etwas unser Leben beherrscht hat – was wir aber solange nicht gemerkt haben, weil es sich dabei um einen unbewußten Vorgang handelte. Vielleicht haben wir insgeheim immer schon dieses oder jenes gewußt, es aber erst jetzt gelernt, damit umzugehen. Als Beispiel hierfür sei der Uranus-Transit über ein Steinbock-MC angeführt. Die Klientin, für die dies galt, wußte bereits seit längerem, daß sie von ihrer Arbeit besessen war; sie hatte auch schon mehrere Versuche unternommen, sich in dieser Hinsicht zu mäßigen. Bei ihr war es schon von Saturn und von Neptun aus zu Transiten zum MC gekommen – erst der Uranus-Transit aber stellte ihr in aller Deutlichkeit vor Augen, wie sehr die Arbeit ihr Leben beherrschte. Zu arbeiten war ihr, soweit sie sich zurückerinnern konnte, immer wichtig gewesen. Schon als Kind neigte sie dazu, sich bis zur Erschöpfung zu verausgaben – um die Zuneigung der Mutter zu gewinnen. Als sie dies erkannt hatte, konnte sie darangehen, sich von diesem Muster zu befreien. Uranus-Transite können uns Augenblicke bringen, in denen wir bestimmte Verhaltensweisen in aller Klarheit erkennen. Wenn wir ersteinmal diese Klarheit gewonnen haben, sind wir diesem Muster nicht länger ausgeliefert; wir sind dann fähig, eine bewußte Wahl zu treffen.

Wenn das Leben, das wir führen, nicht in Übereinstimmung zu unserem inneren Wesen steht, werden Uranus-Transite Veränderungen bringen. Uranus beseitigt die Dinge, die uns beschränken oder uns daran hindern, unseren Weg zu gehen. Oftmals wird diese Zeit als unfallträchtig angesehen, und in der Tat kann sie schockierende und aufrührende Erlebnisse mit sich bringen. Allerdings muß hier berücksichtigt werden, wie es im Einzelfall um die Bereitschaft, Veränderungen zuzulassen, bestellt ist. Nur zu häufig betrachtet der Mensch, der sich der Veränderung widersetzt, die äußeren Umstände als «böswillig». Vielleicht ist aber ein Gips am Bein die einzige Möglichkeit, daß er einmal innehält und sich Gedanken über sein Leben macht. Was immer das Leben auch für uns bereithält – wir haben die Möglichkeit, auf unsere ganz persönliche Art und Weise darauf zu reagieren.

♅ ► ♀ *Uranus-Transite zur Venus*

Während dieser Transite solltest du dich auf das Unvorhersehbare in allen Bereichen einstellen, die mit Venus zu tun haben. Liebe, Beziehungen, Freundschaften, aber auch das Thema Geld stehen jetzt im Brennpunkt. Diese Zeit könnte von viel Stimulation und Anregung gekennzeichnet sein, und auf allen diesen Gebieten sind vielerlei Veränderungen möglich.

Eine bestehende Beziehung erlebt jetzt vielleicht eine Prüfung, die möglicherweise damit zusammenhängt, daß einer der Partner nach mehr Freiraum verlangt. Wie sich der Transit im einzelnen auswirkt, hängt davon ab, ob es dir und deinem Partner gelingt, eine neue Balance herzustellen. Wenn die Beziehung starr ist, zerbricht sie möglicherweise zu dieser Zeit. Dabei steht nicht fest, von wem das Ende ausgeht. Das Kernproblem ist, daß es für beide Partner möglich sein muß, ihre Individualität innerhalb der Beziehung zum Ausdruck zu bringen. Wenn die Beziehung zerbricht, heißt das wahrscheinlich, daß es zu große Kompromisse gegeben und zumindest einer der Partner zuwenig Freiraum gehabt hat. Jetzt ist die Zeit für eine Neubewertung. Wenn die Beziehung nur auf der Ebene von Kompromissen läuft, ist es besser, sie zu beenden. Häufiger aber ist zu beobachten, daß es unter diesem Transit in der Beziehung zu einer «wilden» Zeit kommt, was dann zu einem neuem Verständnis der beiden Partner füreinander und nicht zum Ende der Beziehung führt.

Für Menschen ohne festen Partner könnte diese Zeit in emotionaler Hinsicht sehr anregend sein, vielleicht insofern, daß sie neue und interessante Kontakte knüpfen. Während dieses Transits könntest du über mehr sexuelle Anziehungskraft als sonst verfügen. Wenn jetzt eine Beziehung beginnt, kannst du davon ausgehen, daß sie aufregend ist und daß ihr euch auf eine geradezu magnetische Weise anzieht. Um herauszubekommen, wie es um das langfristige Potential bestellt ist, mußt du aber warten, bis der Transit vorüber ist. Die Person, mit der du dich jetzt zusammentust, könnte dein Bedürfnis nach Liebe und Nähe wecken, was insbesondere dann gilt, wenn es deinem Leben daran zuvor gefehlt hat. In gewisser Weise dürfte dies wie eine Befreiung für dich sein. Ob es sich bei der Beziehung nun um etwas Langfristiges handelt oder nicht – die Wirkung, die sie auf dich macht, wird für immer ihre Spuren hinterlassen.

Eine Beziehung, die unter einem Uranus-Transit zur Venus beginnt, hat naturgemäß etwas Lebendiges und Erregendes. Die sexuelle Komponente spielt dabei die größte Rolle. In dieser Beziehung gibt es keinen Stillstand, aber auch keine besonders ausgeprägte Stabilität. Ihre Dauer hängt davon ab, wie du mit dieser Art von Stimulation umgehen kannst. Vielleicht wird es dir einfach irgendwann zuviel, und du beschließt, einen Schlußstrich zu ziehen. Wenn du aber erst einmal die Erkenntnis gewonnen hast, daß etwas Wichtiges in deinem Leben fehlt, könnte es sein, daß du gleich weitersuchst.

Möglicherweise erkennst du nun in aller Schärfe die Muster, die deinen Beziehungen zugrunde gelegen haben. Es könnte sein, daß diese Erkenntnis wie ein Blitzschlag in dir aufleuchtet – vielleicht gerade dann, wenn du aufgrund deiner Lebensumstände das Gefühl hast, in einer Falle zu sitzen. Diese Erkenntnis könnte der Beginn sein, die Art von Beziehungen herzustellen, die du wirklich willst. Dabei muß sich bei einer bestehenden Beziehung nicht unbedingt etwas verändern – nur deine Einstellung wird jetzt eine andere, und das ist es, was zählt.

Wenn du einen festen Partner hast, könnte es sich unter diesem Transit ergeben, daß eine neue und aufregende Person in dein Leben tritt. Während der Dauer dieses Transits bist du offen für Beziehungen zu Leuten, zu denen du sonst keinen Kontakt hast. Die Art von Menschen, mit denen du jetzt in Verbindung kommst, weckt dich möglicherweise auf – in emotionaler Hinsicht oder auch auf andere Weise.

Wenn dein Leben eintönig geworden ist oder du in Selbstzufriedenheit erstarrt bist, wird sich das jetzt mit einem Schlag ändern.

Du mußt damit rechnen, daß nun einige deiner Freundschaften zu Ende gehen. Freundschaften überhaupt stehen jetzt im Blickpunkt. Du mußt eine Neubewertung vornehmen und feststellen, wie gut sie funktionieren. Es könnte sein, daß sie in Wirklichkeit uninteressant für dich geworden sind, was seinen Grund darin haben könnte, daß deine Ideen, Einstellungen und Überzeugungen sich allmählich in eine andere Richtung entwickelt haben. Du könntest jetzt die Entdeckung machen, daß dich mit diesem oder jenem Freund nichts mehr verbindet. Möglicherweise haben einige der Freundschaften auf einer neuen Ebene weiterhin Bestand. Du solltest dich aber besser darauf einstellen, daß du jetzt einige Freunde aufgeben mußt. Du wirst dich nun aber in einem größeren Kreis als zuvor bewegen.

Finanzielle Probleme können ebenfalls Auswirkung eines Uranus-Transits sein. In positiver Hinsicht erlebst du vielleicht, daß dir unerwartet Geld zuströmt; nur zu wahrscheinlich ist aber, daß das Geld dich genauso schnell verläßt, wie es gekommen ist. Gleichfalls denkbar wäre es, daß sich unerwartete Ausgaben ergeben. Finanzielle Vereinbarungen, die nicht auf einem soliden Fundament stehen, können jetzt zum Problem werden. Während dieser Zeit könntest du das Gefühl erhalten, daß dir die Kontrolle über deine Finanzen entgleitet – oftmals im Zusammenhang mit einem Ereignis, welches die Ordnung der Dinge erschüttert. Vielleicht ist in diesem Zusammenhang zur Vorsicht zu raten – vielleicht könntest du aber auch intuitiv wissen, was in finanzieller Hinsicht zu tun ist. Du erlebst jetzt eine Zeit, die einfach herrlich ist oder in der sich eine Katastrophe nach der anderen ereignet.

⛢►♂ *Uranus-Transite zum Mars*

Diese Transite verstärken ganz allgemein das Tempo in allen Lebensbereichen, die mit Mars zu tun haben. Die Art und Weise, wie du dich anderen gegenüber behauptest, rückt nun in den Blickpunkt. Du zeigst dich in einem Ausmaß wie sonst nie rastlos, willensstark und bestimmt, und du möchtest, daß deine Vorgehensweise Anerkennung findet. Besonders rücksichtsvoll oder kompromißbereit bist du jetzt nicht gerade. Es könnte sein, daß du dich verzweifelt darum bemühst, die

Dinge unter deine Kontrolle zu bringen. Du willst jetzt dein Leben auf eine Grundlage stellen, die dir wirklich entspricht. Du hast nun ein genaues Gespür dafür, was im Widerspruch zu deiner Person steht, und du läßt das auch sofort nach außen hin deutlich werden. Das ist auch deine Chance – du mußt jetzt Veränderungen vornehmen, oder du wirst vor Frustration platzen. Wenn du dir normalerweise deinen Ärger nicht anmerken läßt – oder vielleicht auch gerade dann –, könnte es jetzt dazu kommen, daß dir die Sicherungen durchbrennen. Wie dem auch sein mag – deine Geduld wird bis zum Äußersten strapaziert sein. Alles, was du bisher mehr oder weniger gleichmütig ertragen hast, wird jetzt zu einem großen Problem. Im Vordergrund steht für dich dein Bedürfnis, wirklich du selbst zu sein und deinem inneren Wesen gemäß zu leben. Du bist nicht mehr in der Lage, dich mit Kompromissen zufriedenzugeben – du mußt deine Individualität zum Ausdruck bringen, hier und jetzt.

Mit anderen Worten heißt das, daß manche Situationen, mit denen du dich arrangiert hast, dir nun unerträglich werden und die Gefahr von Ausbrüchen besteht. Wenn du Kompromisse schließt, die dir nicht entsprechen, und vielleicht auf den richtigen Moment wartest, um aktiv zu werden, könnte es sein, daß die Anspannung zu groß für dich wird. Vielleicht bist du es auch, der eine Konfrontation herbeiführt; vielleicht gerätst du ohne eigenes Zutun in eine derartige Situation hinein. Es ist denkbar, daß du jetzt gegen bestimmte Verhältnisse oder einen bestimmten Menschen rebellierst. Was du brauchst, ist das Gefühl, ohne jede Einschränkung freizusein.

Wenn du die Veränderungen, die dir vorschweben, nicht durchführen kannst, macht dir das zu schaffen. Du bist jetzt so schnell frustriert wie sonst nie. Wenn es dir an Mut fehlt, etwas zu verändern, könnte es sein, daß sich durch andere Menschen Veränderungen ergeben – was dir wiederum das Gefühl vermitteln könnte, keine Kontrolle über die Geschehnisse zu haben. Vielleicht verabscheust du seit langem schon deinen Chef und leidest schon einige Zeit unter der Arbeitssituation, und vielleicht hättest du deshalb deine Stelle kündigen sollen. Wenn du dies versäumt hast, könnte sich jetzt etwas ereignen, was die Situation verschärft. Möglicherweise mußt du klein beigeben, wirst zu einer stumpfsinnigeren Arbeit versetzt oder erhältst deine Kündigung. Wenn es zu einer derartigen Auswirkung kommt, hast du es vor langer Zeit versäumt, deinerseits die Initiative zu ergreifen – mit der Folge, daß es jetzt die Lebensumstände sind, die dir das bescheren, was du hättest tun sollen. Es ist keine einfache Situation, mit der du hier konfrontiert bist, und je rascher du erkennst, wo dein Anteil liegt, desto schneller wirst du wieder die Verantwortung für dein Leben übernehmen können.

Es ist möglich, daß sich die mit diesem Transit verbundene Energie im Inneren manifestiert. Vielleicht wirst du nun krank oder mußt dich einer Operation unterziehen, möglicherweise gerätst du in einen Unfall. Dies alles sind eher dramatische Auswirkungen, und niemand, der diesen Transit erlebt, muß in der Erwartung leben, daß sich jeden Moment eine Katastrophe ergeben könnte. Uranus-Transite zum Mars werden der Überlieferung nach in der Tat mit Unfällen in Beziehung gebracht – es ist aber eher selten, daß sich die zugrundeliegende psychologische Dynamik auf diese Art und Weise äußert. Wenn du zu dieser Zeit verunglückst oder krankt wirst, solltest du dir die Frage stellen, welchen Nutzen du daraus ziehen kannst. Es könnte sein, daß du anstehenden Veränderungen aus dem Wege gegangen bist, weil du dich von diesen bedroht gefühlt hast. Die Krankheit beziehungsweise der Unfall zwingen dir dann vielleicht die Veränderung auf – zumindest aber verschaffen sie dir freie Zeit, in der du über dein Leben nachdenken kannst. Du denkst vielleicht, daß ein gebrochenes Bein das Letzte ist, was du gerade brauchen kannst – möglicherweise ist dies aber die einzige Möglichkeit, dich zum Einhalten und Nachdenken zu bringen. Im Rückblick wirst du dann vielleicht dankbar für diese erzwungene Unterbrechung sein, weil sie es dir ermöglicht hat, dein Leben zu ändern.

Während eines Uranus-Transits zum Mars ist dein sexuelles Verlangen wahrscheinlich gesteigert. Innerhalb einer bestehenden Verbindung könnte es zu einer neuen Leidenschaft zwischen den Partnern kommen. Auf der anderen Seite wirst du nun möglicherweise deinem Partner untreu, wenn du ihn nicht mehr begehrst. Wenn es dir nicht wirklich entspricht, wirst du dich jetzt nicht mit einer monogamen Beziehung begnügen. Zufriedenheit in sexueller Hinsicht hat nun einen sehr hohen Stellenwert für dich, und in einer Beziehung, die jetzt beginnt, dürfte Sex eine sehr wichtige Rolle spielen. Daneben ist die Freiheit des persönlichen Selbstausdrucks von grundlegender Wichtigkeit. Es könnte sein, daß es sich um eine Zeit handelt, in der du sexuelle Experimente unternimmst. Vielleicht fühlst du jetzt den Wunsch, das, wovon du bisher nur geträumt hast, auszuprobieren. Du bringst jetzt deine sexuellen Bedürfnisse unverstellt zum Ausdruck, was heißen könnte, daß du dich von gesellschaftlichen Konventionen freimachst, um ein größeres Spektrum an sexuellen Ausdrucksmöglichkeiten zu haben.

Ob die Beziehung, die unter einem Uranus-Transit zum Mars beginnt, nun von Dauer ist oder nicht – ihre Aufgabe liegt darin, deine Sexualität zu erwecken. Du hast nun die Möglichkeit, dich sexuell auf eine neue Art und Weise darzustellen, und es könnte sein, daß deine neue Beziehung die freizügigste ist, die du jemals geführt hast. Wenn sie von Dauer ist, wird Sex immer eine mächtige Kraft zwischen euch sein.

♆ *Neptun-Transite*

Ein Neptun-Transit ist eine Zeit des Zweifels, der Ungewißheit und der Verwirrung. Unsere Stimmungslage kann nun zwischen rosigem Optimismus und nackter Verzweiflung hin- und herschwanken. Die Erwartungen, die wir einmal gehabt haben, sind vielleicht zu hoch gewesen, und aufgrund der häufigen Enttäuschungen, die wir in diesem Zusammenhang erlebt haben, könnte es sein, daß wir jede Hoffnung verlieren. Wenn Neptun rückläufig wird, verlängert das diese Phase noch – insgesamt kann es bis zu fünf Kontakte geben und bis zu fünf Jahre dauern, bis alles vorbei ist. Am Ende dieser Zeit können wir uns vollständig ausgelaugt, aber auch gereinigt und geläutert fühlen. Der Transit wird einiges von dem Müll weggespült haben, den wir angesammelt hatten; er wird uns die Augen für eine spirituellere Sicht auf das Leben öffnen.

Diese Transite bedeuten die Vorbereitung für eine vollständig neue Erfahrung des Planeten und des Hauses, die von ihm betroffen sind. Wir sind hier dazu aufgefordert, vieles von dem, was uns zuvor lieb und teuer gewesen ist, loszulassen. Während eines Neptun-Transits zu Merkur zum Beispiel werden uns die Erfahrungen, die wir im Leben machen, zeigen, daß unsere alte Art zu denken überlebt ist. Alles, was starr geworden ist, löst sich unter einem Neptun-Transit einfach auf. Es ist aber nicht einfach, mit diesem Prozeß der Auflösung umzugehen. Bei einigen Dingen lassen wir vielleicht durchaus bereitwillig los; anderes mag ohne jedes Zutun unsererseits fortgeschwemmt werden. Es ist, als ob wir am Strand stehen und zuschauen, wie die Wellen bei Flut höher steigen, und die Sandburg, die wir mit so viel Mühe gebaut haben, allmählich weggewaschen wird.

Wann immer wir etwas loslassen müssen, sind Schmerz oder Traurigkeit die logische Konsequenz, und tatsächlich sind Neptun-Transite von viel Kummer begleitet. Wenn wir zuvor den Kummer unterdrückt oder in uns verschlossen hatten, so könnte es jetzt sein, daß sich die Fluttore öffnen. Eine Klientin, die viel Schmerz in ihrer Kindheit erlebt hatte, mußte erleben, daß sie jeden Tag, wenn sie von ihrer unbefriedigenden Arbeit nach Hause kam, in Tränen ausbrach. Dies fand statt, als der laufende Neptun ihr Mond/Saturn-Quadrat aspektierte. Wenn es ihr auch viel Schmerzen bereitete, wußte sie doch, daß sie dabei die Möglichkeit hatte, die Erfahrungen ihrer Kindheit endgültig hinter sich zu lassen.

Unter einem Neptun-Transit haben wir manchmal das Gefühl, daß das, was wir aufgebaut haben, in Stücke fällt, und vielleicht machen wir die Erfahrung, daß selbst das, was wir für gesund und tragfähig hielten, nicht gut für uns ist. Möglicherweise verlieren wir den Arbeitsplatz, den wir für sicher gehalten hatten; vielleicht schmilzt der Notgroschen, den wir mühsam angespart haben, wegen unvorhersehbaren Ausgaben zusammen; vielleicht bekommt der Selbständige auf einmal das Gefühl, daß seine Arbeit nicht mehr gefragt ist und möglicherweise entpuppt sich eine vermeintlich gute Gelegenheit als Reinfall. Mit dem Neptun-Transit zu den Planeten Venus und Mars ist es der Bereich der Beziehungen, der sich der bewußten Aufmerksamkeit entzieht. Vielleicht kommt es entgegen unseren Erwartungen nun plötzlich zum Ende der Beziehung, vielleicht entfernen wir uns allmählich von unserem Partner. Es wäre aber auch denkbar, daß wir nun jemanden kennenlernen, den wir begehren, der sich aber uns entzieht. Und weiterhin könnte es dazu kommen, daß Menschen, denen wir vertraut haben, uns hintergehen oder uns im Stich lassen.

Mit einem Neptun-Transit ist Sehnsucht verbunden. Diese kann von sehr unbestimmter Natur sein, und vielleicht wissen wir nur, daß alles ganz anders sein sollte – auf welche Weise auch immer. Dies ist zu beschreiben mit dem Satz: »Es muß doch noch mehr geben im Leben als ...« Möglicherweise sehnen wir uns aber auch nach etwas Bestimmtem oder nach einer bestimmten Person. Wir sind jetzt bestrebt, unsere Träume und Ideale in die Praxis umzusetzen, was mit Problemen einhergehen kann. Es mag sein, daß immer dann, wenn wir uns einem Ziel nähern, sich alles in Luft auflöst und wir neu anfangen müssen. Möglicherweise verrennen wir uns in unrealisierbare Träume – allerdings sollten wir dabei im Kopf behalten, daß wir nun tatsächlich das

Unmögliche schaffen könnten. Und es könnte sein, daß wir jetzt einen Traum zur Realität werden lassen, nur um die Erfahrung zu machen, daß er unseren Erwartungen doch nicht entspricht.

Unter einem Neptun-Transit müssen wir lernen, uns dem Fluß des Lebens hinzugeben. Wir dürfen nichts erzwingen, sondern müssen die Dinge geschehen lassen. Je starrer wir an dem festhalten, was wir haben, und je starrsinniger wir unseren Willen durchsetzen wollen, desto mehr wird in Stücke fallen. Wir müssen uns damit abfinden, daß alles kommt, wie es kommt – auch dann, wenn das nicht in Übereinstimmung mit unseren Planungen steht. Es wird einiges in Scherben gehen – weil es nicht das Richtige für uns ist. Das sollten wir uns vor Augen führen und Vertrauen gegenüber dem haben, was uns auf unserem Weg durchs Leben passiert. Die Grenzen, die uns eingeschränkt haben, lösen sich jetzt auf, mit der Folge, daß wir dem Leben gegenüber offener werden.

Unter diesem Transit entwickeln wir eine sowohl offenere als auch geistigere Einstellung, was bedeuten könnte, daß wir vielleicht mit unbestimmten Ängsten unserer Mitmenschen oder atmosphärischen Störungen konfrontiert werden. Vielleicht leiden wir unter befremdlichen oder bedrückenden Träumen, die uns auch nach dem Aufwachen noch beschäftigen. Diese Träume knüpfen an die Erfahrungen an, die wir jetzt noch einmal durchgehen; sie haben uns viel zu sagen, wenn wir nur die Bereitschaft aufbringen, ihnen wirklich Aufmerksamkeit zu schenken. Es ist eine gute Idee, während dieser Zeit ein Traumtagebuch zu führen – viele wertvolle Einsichten können auf diese Weise gewonnen werden. Wir sollten aber die Träume sofort nach dem Aufwachen niederschreiben – sie gehen ja so schnell in unseren Alltagsgedanken unter. Wir sind jetzt auch dafür empfänglich, Meditation oder Aktive Imagination zu betreiben.* Diese Techniken sind gut dafür geeignet, uns und unser Inneres besser kennenzulernen. Unter Neptun-Transiten kann es zu Gefühlen der Desorientierung oder zum Eindruck kommen, daß wir den Sinn für die eigene Identität und die Richtung verloren haben. Die Reaktionen und Forderungen der anderen können uns jetzt schnell außer Gefecht setzen. Wir haben zu dieser Zeit etwas

---

* Die Technik der Aktiven Imagination geht auf C. G. Jung zurück und bedeutet, zusammengefaßt, Bilder aus dem Unbewußten hervorzurufen, um größere Klarheit über die Vorgänge in unserem Inneren zu gewinnen. Nähere Informationen hierzu kannst du dem Buch *Das 12. Haus. Die verborgene Kraft in unserem Horoskop* von Karen M. Hamaker-Zondag entnehmen (erschienen im Verlag Hier & Jetzt).

von der Krabbe, die beim Häutungsprozeß ohne Muschelpanzer ist; es braucht nicht viel, daß wir uns verletzt fühlen, und wir benötigen viel Zeit für uns allein, um wieder unser psychisches Gleichgewicht zu gewinnen und um wieder in Übereinstimmung mit unserer inneren Stimme zu kommen. Musik hören, malen, spazierengehen, Gedichte schreiben, schwimmen oder einfach faulenzen sind jetzt heilsame Aktivitäten für uns. In spiritueller Hinsicht ist diese Zeit außerordentlich wertvoll, weil wir nun in der Lage sind, die Energien von anderen Menschen in uns aufzunehmen. Wir könnten jetzt die Chance haben, psychische oder heilende Fähigkeiten zu entwickeln, was es uns gestatten würde, die Neptun-Energie direkt einzusetzen. In diesem Fall müßte es nicht mehr dazu kommen, daß sie sich auf destruktive Weise entlädt.

Es ist wichtig, sich unter diesem Transit viel Ruhe zu gönnen. Wir neigen nun dazu, alle Spannungen der Umgebung wie ein Schwamm in uns aufzusaugen, was zu Erschöpfung und Destabilisierung führen kann. Unser Energiespiegel wird großen Schwankungen unterworfen sein, und wahrscheinlich haben wir kein genaues Bewußtsein dafür, wie es um unseren körperlichen Zustand bestellt ist. An manchen Tagen schaffen wir es wahrscheinlich kaum, aufzustehen, während wir zu anderen Zeiten vor Energie vielleicht nur so strotzen.

Während eines Neptun-Transits dürften wir einige liebgewonnene Illusionen im Hinblick auf uns selbst, auf andere und das Leben überhaupt verlieren. Vielleicht dient uns jetzt eine Fantasie als Anlaß für eine wichtige Erkenntnis; vielleicht müssen wir uns aber auch der schmerzlichen Einsicht beugen, daß die Bäume nicht in den Himmel wachsen und wir unsere Grenzen haben. Wenn wir zu unseren Mitmenschen eine eher idealistische Einstellung gehabt und immer nur das Beste in ihnen gesehen haben, könnte es sein, daß wir nun erkennen, wie sie wirklich sind – auf ihr Leben ausgerichtet und an unserem nicht besonders interessiert. Das könnte schmerzhafte Gefühle von Einsamkeit und Isolation zur Folge haben, und vielleicht zweifeln wir nun daran, ob sich überhaupt jemand für uns interessiert.

Ein Neptun-Transit kann etwas vom Gehen durch dichten Nebel haben. Wir können nicht sehen, wohin wir gehen – wir müssen es lernen, unserem Instinkt zu vertrauen. Alles, was uns fest und sicher schien, löst sich jetzt auf. Das zwingt uns zu der Einsicht, daß wir nichts Äußerlichem trauen können, sondern auf unser Inneres hören müssen.

♆ ► ♀ *Neptun-Transite zur Venus*

Wenn Neptun im Transit zur Venus steht, wird alles, was im Bereich der Beziehungen festzustehen schien, unsicher und vage. Es handelt sich um eine Zeit der Desillusionierung, in der wir die schmerzhafte Erkenntnis machen, daß Liebe, Partnerschaft und Freunde nicht dem entsprechen, was wir uns von ihnen erhofft haben. In allen engen Beziehungen ergeben sich jetzt Veränderungen, und die Mängel, die vorhanden sind, fallen nun deutlich ins Auge. Wenn die Beziehung nicht flexibel genug ist, mit den Veränderungen fertigzuwerden, wird es zu einer Schwächung ihrer Struktur kommen.

Dies ist eine Zeit großer Unsicherheit und Ungewißheit, und wir erhalten vielleicht den Eindruck, daß die Menschen, denen wir vertraut haben, sich entweder von uns abwenden oder uns hintergehen. Das kann quälende Gefühle von Einsamkeit zum Resultat haben, und vielleicht meint der Mensch, daß es niemanden auf der Welt gibt, an den er sich wenden könnte. Bei diesem Transit spült Neptun all das fort, was wir über Beziehungen zu wissen glauben – wenn wir nur wollen, ist dies die Gelegenheit, einen neuen Start zu machen. Wir können nun eine Realität schaffen, die unserem Ideal besser entspricht.

Möglicherweise führen wir nun unbewußt eine Situation herbei, die das Ende der Beziehung bedeutet. Vielleicht halten wir auch wider besseres Wissen an einer Liebesaffäre fest – obwohl es uns klar ist, daß sie nicht das richtige für uns und das Ende absehbar ist. Unter dem Neptun-Aspekt zur Venus könnte das Ende auf einem Umweg herbeigeführt werden – zum Beispiel, indem die Entscheidung getroffen wird, mit jemandem zusammenzuleben, was aber aufgrund der dann auftretenden Spannungen zur Auflösung der Beziehung führt. Oberflächlich gesehen könnte unsere Entscheidung verrückt wirken – tief im Inneren wissen wir aber, daß dies die einzige Möglichkeit ist, uns von diesem Menschen zu lösen.

Unter diesen Transiten erfahren alle Träume im Hinblick auf Beziehungen eine besondere Betonung, und es kann sein, daß wir uns jetzt nach dem idealen Partner sehnen. Wir können daran erkennen, was uns in diesem Augenblick fehlt, was auch für die Beziehung gilt, die wir gerade führen. Vielleicht zeigen wir uns jetzt überaus gereizt und nörglerisch und machen kein Hehl daraus, daß wir uns alles ganz anders vorgestellt haben. Wir könnten unserem Partner das Gefühl vermitteln, daß nichts von dem, was er tut, gut genug ist – was ihn vielleicht dazu bringt, sich von uns abzuwenden. Unter diesem Transit könnten wir uns auch eine Art Martyrium auferlegen und so tun, als ob wir nur aus Mitleid mit diesem Menschen zusammen sind. Das könnte eine negative Weiterentwicklung der Beziehung zur Folge haben und letztlich beiden Partnern das Gefühl geben, verletzt, hintergangen und alleingelassen zu werden. Oftmals leidet unsere Kommunikationsfähigkeit während dieses Transits, was sich daran zeigt, daß wir häufig nicht klar zum Ausdruck bringen können, was wir wirklich fühlen. Aber vielleicht wissen wir auch einfach nicht, was in uns vorgeht. Das kann bedeuten, daß es zu einer allmählichen Entfremdung kommt, bis wir schließlich kaum noch etwas voneinander wissen.

Wenn wir es zu diesem Prozeß der Entfremdung kommen lassen, kann das große Schuldgefühle in uns auslösen. Wir sind dann der Ansicht, den Partner im Stich gelassen zu haben, und wir bereuen es dann möglicherweise, nicht mehr für den Bestand der Beziehung getan zu haben. Dann aber ist es zu spät. Wir merken nun, wo wir überall gegen unsere Ideale und Überzeugungen verstoßen haben, und es könnte sein, daß wir uns mit scharfer Selbstkritik überschütten und glauben, daß wir niemals die Art von Beziehung haben werden, die wir uns vorstellen. Es dürfte viel Hoffnungslosigkeit und Verzweiflung vorhanden sein, zusammen mit dem Gefühl von Einsamkeit. Wir sehnen uns nach einer Seelengemeinschaft mit jemandem, und es scheint uns, daß diese weiter entfernt ist denn je.

Neptun-Transite bedeuten oftmals eine Phase der Reinigung durch Schmerz. Dies kann auf verschiedene Weise geschehen – eine klassische Neptun/Venus-Auswirkung ist jedoch das Ende einer Verbindung zu jemandem, der uns sehr nahe gewesen ist. Es könnte sein, daß die Verbindung zunächst von Leidenschaft und Intensität erfüllt war, sich dann aber Mißstimmungen und Unverträglichkeiten gezeigt haben. Diese resultieren häufig aus dem Bedürfnis nach größerer Nähe – je näher wir einander aber kommen, desto deutlicher treten die Unterschiede hervor. Eine Entsprechung zu diesem Aspekt wäre, daß ein Ehepaar eine schöne Reise unternimmt und sich dabei ein neues Gefühl der Verbundenheit einstellt. Allerdings ist das, was auf der Insel Mykonos eine herrliche Erfahrung gewesen ist, keine tragfähige Basis für das Alltagsleben in Castrop-Rauxel. Insofern könnte die schmerzhafte Erkenntnis die Folge sein, daß die Verbindung nicht stabil genug für ein ständiges Zusammenleben ist.

Eine andere Manifestation unter diesem Transit wäre, daß du jemanden findest, der deinen Vorstellungen hundertprozentig entspricht, der aber schon gebunden ist. Allerdings sind hier die Grenzen nicht so klar gezogen wie unter Venus/Saturn – es könnte sein, daß sich diese Person eher entzieht als ein klares Wort spricht. Vielleicht ist sie durchaus interessiert, weigert sich aber, eine Entscheidung zu treffen, was die Situation sehr kompliziert machen könnte. Diese Person bedeutet dir möglicherweise zuviel, als daß du sie aufgeben könntest, was aber möglicherweise zur Folge hat, daß alles auf diese Weise weitergeht und du nicht weißt, woran du bist. Der Verlust von emotionaler Energie wird sehr schmerzhaft für dich sein, und du wirst nur zu deutlich merken, daß es an Liebe in deinem Leben mangelt. Vielleicht bist du jetzt vollständig auf dich gestellt, weil deine Freunde nur den Kopf schütteln über dein Verhalten. Es kann sein, daß dich jetzt niemand versteht.

Während dieses Transits lösen sich die Schranken, die wir zwischen uns und den anderen errichtet haben, auf. Während das passiert, sind wir ohne Schutz und verletzlich. Wir reagieren sofort auf negative Energien, die andere ausstrahlen, und werden von diesen beeinflußt. Jede Form von Aggression oder demonstrativer «Coolneß» verletzt uns in einem stärkeren Ausmaß als sonst. Dinge, über die wir früher nur gelacht oder die wir gar nicht registriert haben, können jetzt tiefe Wunden schlagen. Das hat seinen Grund in unserer größeren Offenheit gegenüber anderen.

Unter einem Neptun-Transit zur Venus ist unsere schöpferische Inspiration größer als sonst, was sich für diejenigen, die in ihrem Beruf mit Kreativität zu tun haben, förderlich auswirken kann. Wer sich noch nicht mit seiner Kreativität auseinandergesetzt hat, hat nun die ausgezeichnete Gelegenheit, seine diesbezüglichen Fähigkeiten zu erproben. Das könnte nicht nur eine Quelle von großer Befriedigung werden, sondern darüber hinaus noch zu einem verbesserten Verständnis dessen beitragen, was während dieses Transits geschieht. Zu dieser Zeit haben wir auch eine Ader für die künstlerische Arbeit anderer; wir sind nun in der Lage, uns darauf auf einer tiefen Ebene einzustimmen und sie auf eine neue Art und Weise zu verstehen.

Vielleicht machen wir nun die Entdeckung, daß sich unser Geschmack ändert und wir einige von unseren alten Ansichten fallenlassen. Möglicherweise experimentieren wir mit einem neuen Kleidungsstil, und vielleicht entdecken wir nun Facetten von uns, die uns zuvor unbekannt waren. Weil wir jetzt offener gegenüber den Gegebenheiten sind, bekommen wir vielleicht auch einen Blick dafür, welche Eigenschaften andere zum Ausdruck bringen. Wir neigen jetzt nicht länger dazu, uns auf dieses oder jenes festzulegen, und wir fühlen uns nicht länger auf die Art von Partnern beschränkt, die aus dem gleichen Holz wie wir selbst geschnitzt ist.

Weil sich so viel verändert und so viel einfach verschwindet, könnte es eine Zeit sein, in der wir viel Angst haben. In gewisser Weise ist es so, als ob wir auf einer Eisscholle stünden, die allmählich schmilzt – es scheint keinen Platz zu geben, an dem wir uns wirklich sicher fühlen können. Wenn wir uns durch diese Phase von tiefer Verzweiflung und Hoffnungslosigkeit hindurchmanövrieren, könnte es uns manchmal so vorkommen, als sei unser Leben ein einziger Fehlschlag. Wir blicken zurück auf unsere Beziehungen und erkennen nur zu deutlich, wo wir versagt haben und vor der Aufgabe zurückgeschreckt sind, tätig zu werden, und wir empfinden jetzt ein Gefühl der Sinnlosigkeit. Wir haben unsere Chancen gehabt, sie aber verstreichen lassen – und wir sind uns nicht sicher darüber, ob sich noch einmal neue Gelegenheiten ergeben werden. Weil diese Transite so lange dauern und sich so wenig zu bewegen scheint, könnten wir den Eindruck erhalten, daß sich nichts ändert und wir niemals mehr glücklich sein werden. So haben wir es nicht nur mit Gefühlen der Einsamkeit und des Unglücks zu tun, sondern auch mit einem mangelnden Vertrauen in uns selbst, in die Zukunft und das Leben überhaupt. Gegen Ende dieses Transits könnte sich noch einmal eine Krise ergeben, wenn sich in uns das Gefühl ausbreitet, daß keine Hoffnung besteht. In dem Aufgeben von bestimmten Erwartungen und Hoffnungen aber liegt die Chance, wieder aktiv zu werden. Wie es das Sprichwort sagt: Die dunkelste Stunde ist die vor Sonnenaufgang. Wenn wir durchhalten, kann der neue Sonnenaufgang von strahlender Schönheit sein und uns eine Vielzahl von Möglichkeiten im Hinblick auf Beziehungen eröffnen. Während des Transits haben wir viele von den Schranken und Begrenzungen beiseitegeräumt, die uns daran gehindert haben, anderen nahezukommen. Wir sind jetzt dazu fähig, ein neues Gefühl von Einheit und Harmonie in der Beziehung zu erleben.

♆►♂ *Neptun-Transite zum Mars*

Während eines Neptun-Transits zum Mars erleben wir, wie bestimmte erstarrte oder kristallisierte Formen von Mars-Energie aus unserem Leben verschwinden. Neptun lehrt uns, uns nicht auf starre Weise zu definieren; er bringt uns die Einsicht, daß das Leben seinen natürlichen Gang gehen und sich auf seine Art entfalten muß. Diese Phase der Auflösung oder auch Desillusionierung bewirkt, daß unsere Energien und das, was wir wollen, nicht in Übereinstimmung miteinander stehen, was heißt, daß wir zwischen beiden eine neue Verbindung schaffen müssen. Weil Mars für unsere Antriebskräfte steht, werden wir nun möglicherweise in sehr unangenehmer Form den Verlust von Richtung und Kraft erleben, und vielleicht kommt es zu Gefühlen der Konfusion und Machtlosigkeit, die uns den Eindruck vermitteln, daß wir uneffektiv und zu nichts zu gebrauchen sind. Es ist, als ob wir ohne Ruder auf die offene See hinausgetrieben würden und nichts anderes bleibt, als abzuwarten, wohin die Strömung uns führt.

In sexueller Hinsicht sehnen wir uns nach dem vollkommenen Partner und der erfüllenden Erfahrung. Haben wir bereits eine Beziehung, neigen wir jetzt zu Unzufriedenheit und Rastlosigkeit. Es kann sein, daß das, was wir erleben, uns langweilig oder banal erscheint und wenig mit dem Traum zu tun hat, der uns vorschwebt. Auf der anderen Seite könnte derjenige, der bislang seine Freiheit über alles gestellt hat, sich nun nach Nähe und gegenseitiger Verpflichtung sehnen, mit einem Wechsel von einer eher zynischen zu einer romantischen und idealisierten Vorstellung von der sexuellen Liebe. Aber auch die Änderung in die andere Richtung ist denkbar, und vielleicht sehnt sich der Mensch, der früher sexuell sehr aktiv gewesen ist, jetzt nach einem reinen und friedvollen Leben ohne Sex. Es könnte das Gefühl bestehen, daß eine Phase ohne Sex dazu beitragen kann, einen neuen Start zu machen – sozusagen in aller Unschuld noch einmal von vorn zu beginnen. Das Bedürfnis nach diesem Zustand der Unschuld kann so stark sein, daß wir Sex jetzt auf eine spirituellere und mystischere Weise erleben.

Mars zeigt, auf welche Weise wir versuchen, uns selbst und unsere Individualität zum Ausdruck zu bringen. Wenn der Transit-Neptun auf ihn einwirkt, dürften Gefühle der Richtungslosigkeit das Resultat sein. Wir könnten nun die Erfahrung machen, daß wir nicht mehr wissen, wo die Grenzen sind und wovon wir eigentlich ausgehen sollen, und weil es auch zu einer Antriebsschwäche kommen kann, versinken wir vielleicht in einem Zustand von orientierungsloser Passivität. Wir verfügen jetzt über wenig Energie, und unsere Libido ist nur gering ausgeprägt – alles bedeutet in dieser Phase eine Anstrengung für uns. Vielleicht ist es uns jetzt am liebsten, nichts zu tun und unseren Träumen nachzuhängen. Oftmals wissen wir in sexueller Hinsicht nicht, was wir eigentlich wollen oder ob wir zufrieden sind mit dem, was wir haben. Unter Umständen kommt es nun zum Rückzug aus einer Liebesbeziehung und zur Hinwendung in eine Fantasiewelt. Vielleicht ist der Sex, den wir uns in unseren Gedanken ausmalen, viel schöner als das, was wir in der Realität erleben. Worum es jetzt geht, ist das Loslassen von Verhaltensmustern, die es verhindern, daß wir unser Leben vollständig ausschöpfen. Wir ertragen es nun nicht länger, auf all die alltäglichen Dinge festgelegt zu sein – was für den Menschen, der sein Leben bis zu diesem Zeitpunkt klar strukturiert hat, eine beunruhigende Erfahrung sein könnte. Dieser Transit lehrt uns, flexibler und spontaner vorzugehen, die Stimmung des Augenblicks wahrzunehmen und uns dem Fluß des Lebens hinzugeben. Je mehr wir versuchen, die Ordnung unseres Lebens aufrechtzuerhalten, desto verworrender wird uns das alles vorkommen. Bei allem vermeintlichen Chaos: Neptun hat sehr wohl seine Logik; er bewirkt, daß die äußeren Umstände in Übereinstimmung mit unseren inneren Bedürfnissen kommen.

Während dieses Transits werden unser Energiespiegel und unser Verlangen nach Sex immer wieder Schwankungen unterworfen sein. An manchen Tagen mögen wir das Gefühl haben, alles tun zu können, und zu anderen Gelegenheiten werden wir glauben, nichts zu schaffen. Manchmal meinen wir vielleicht, daß das Geschlechtliche gar keine Rolle mehr für uns spielt, und in anderen Momenten wiederum werden wir von sexuellem Verlangen erfüllt sein. Ein Neptun-Transit zum Mars bedeutet Unklarheit im Hinblick auf Sex, mit der Folge, daß wir uns nicht mehr darüber im klaren sind, wen oder was wir begehren – oder ob wir überhaupt etwas wollen. Wir könnten jetzt unbestimmte Ängste im Hinblick auf Sex entwickeln und uns vielleicht Sorgen über unsere Leistungsfähigkeit oder Anziehungskraft machen. Möglicherweise beginnen wir uns jetzt auch zu fragen, auf welches Geschlecht sich unser Begehren eigentlich richtet. Jemand, der bis zu diesem Zeitpunkt ausschließlich heterosexuellen Verkehr gehabt hat, könnte sich jetzt Gedanken dazu machen, wie es wäre, mit einem Menschen des eigenen Geschlechts Kontakt zu haben, und anders herum wäre es denkbar, daß ein homosexueller Mann nun neugierig auf Frauen wird. Manche Menschen probieren diese Fantasien aus und entscheiden sich dann vielleicht für etwas Neues – für andere wiederum handelt es sich nur um eine Idee, die bald wieder vergessen ist. Wie dem auch sein mag – es ist möglich, daß unser sexuelles Verlangen zu diesem Zeitpunkt kein bestimmtes Ziel hat und wir nicht mehr wissen, wen oder was wir begehren. Wir erleben nun eine Phase der verschiedensten sexuellen Reize, in der uns viel mehr Menschen ansprechen als zu anderen Zeiten. Und es könnte sein, daß wir jetzt auf unserer Suche nach dem vollkommenen Partner viele sexuelle Erfahrungen machen.

In diesem Zeitraum werden wir wahrscheinlich einige der sexuellen Beschränkungen, die aus unterdrückten Wünschen resultieren, fallenlassen. Diejenigen, die sich in dieser Hinsicht bis zu diesem Zeitpunkt eher konservativ gezeigt haben, können sich jetzt unangenehmen Erfahrungen gegenübersehen. Es ist nun die Zeit, in der die unbewußten sexuellen Triebe an die Oberfläche steigen. Vielleicht werden sie nicht zur Basis unserer Handlungen – auf jeden Fall aber merken wir, daß sie vorhanden sind. Möglicherweise träumen wir nun viel von Sex, was ein Zeichen dafür sein könnte, daß unsere verborgenen Sehnsüchte Aufmerksamkeit verlangen. Neptun macht uns empfänglicher für uns selbst – mit ihm werden unsere geheimen Wünsche Teil unseres Alltags.

Erinnerungen an frühere sexuelle Erlebnisse steigen nun ebenfalls auf, und indem wir diese durchgehen, bekommen wir einen neuen Blick für unser augenblickliches Verhalten. Wir können durch diesen Prozeß viel über uns und die Gegenwart sowie über die Vergangenheit lernen. Dieser Prozeß ist ein wichtiger Bestandteil des Neptun-Transits zum Mars, weil er einige der Blockaden auflöst, die uns daran gehindert haben, sexuell befriedigende Beziehungen zu führen. Neptun schwemmt auch hier wieder etwas davon – in diesem Fall einiges von dem Schmerz der Vergangenheit, der auf so destruktive Weise in Erscheinung getreten war.

Es könnte sein, daß wir nun auf etwas verzichten oder jemanden aufgeben müssen. Vielleicht müssen wir die schmerzhafte Entscheidung treffen zwischen einem Menschen, den wir lieben, und etwas, was wir schon immer tun wollten. Wenn es schon immer unser Traum gewesen war zu reisen, könnte es sein, daß wir jetzt eine Stelle angeboten bekommen, bei der wir oft unterwegs sein müssen – was aber im Widerspruch dazu stehen könnte, daß wir gerade eine Beziehung eingegangen sind und jetzt keine längeren Phasen der Trennung ertragen wollen. Wofür entscheiden wir uns? Vielleicht verlieben wir uns auch in jemanden, der bereits gebunden ist. Nicht mehr hoffen zu können ist die schmerzhafteste Erfahrung, die es gibt, und wenn wir nicht mehr auf die Zukunft hoffen, kann das düstere Gefühle von Verzweiflung und Aussichtslosigkeit zur Folge haben. Wenn zum Mars ein kritischer Aspekt besteht, hat es für uns vielleicht den Anschein, als ob unser Überleben auf dem Spiel steht. Wir fühlen uns schwach und unfähig zur Gegenwehr, und es mangelt uns an der Willenskraft, die Dinge zu verändern. Unser Energieniveau und unsere Motivation können auf Null absinken, wenn wir in dieser Sinn- und Lebenskrise stecken. Wir dürfen dabei aber unser Vertrauen nicht auf andere, sondern nur auf uns selbst setzen. Zum Wendepunkt kommt es in dem Moment, in dem wir erkennen, daß der Verlust eines kostbaren Traumes notwendig war als Vorbereitung auf die nächste Phase unseres Lebens. Wenn wir uns allmählich klarmachen, daß wir über genug Kraft verfügen, für die Zukunft aktiv zu werden, erhalten wir neue Energien und Motivation.

Neptun-Transite zum Mars können inspiriertes Handeln bedeuten. Wenn wir uns wieder auf das Leben einlassen, können wir uns nun in unseren Aktivitäten außerordentlich kreativ zeigen. Wir wissen jetzt instinktiv, was gut für uns ist, was uns neue Möglichkeiten im Hinblick auf die Arbeit und die Beziehungen eröffnet. Jetzt, wo wir viele der nicht länger notwendigen Abwehrmechanismen und Beschränkungen hinter uns gelassen haben, sind wir frei für eine neue Offenheit und dafür, etwas zu geben. Dies kann in bezug auf Sexualität mehr Freude und Nähe bedeuten; auf jeden Fall kommt es dem Ideal der Mars/Neptun-Verbindung von der spirituellen Vereinigung durch Sexualität nahe.

Pluto-Transite

Pluto-Transite werden im allgemeinen auf der innerlichen Ebene erlebt, was heißt, daß sich äußerlich nichts Besonderes zeigen muß. Es kann sein, daß sich auf der äußerlichen Ebene nichts abspielt, was im Zusammenhang mit den enormen innerlichen Veränderungen steht. Ob uns diese Vorgänge bewußt sind oder nicht, hängt davon ab, wie es um die Verbindung mit unserem Inneren bestellt ist. Einige Menschen merken möglicherweise nicht, was alles in ihnen vorgeht – erst im

Rückblick werden sie erkennen, daß ihr Leben nun eine neue Richtung genommen hat. Bei anderen können äußere Ereignisse als Entsprechung für das, was in ihrem Inneren abläuft, auftreten.

Der Ablauf eines Pluto-Transits hat etwas vom Prozeß des Werdens und Vergehens, von Tod und Neugeburt sowie von Transformation an sich. Wir können dies damit vergleichen, daß aus der Raupe ein Schmetterling wird. Äußerlich ist nichts davon zu erkennen – im Kokon aber geht eine bemerkenswerte Metamorphose vor sich.

Im allgemeinen fällt es schwer, sich diesem Prozeß bereitwillig zu unterwerfen. Wir neigen dazu, der Phase des Todes Widerstand zu leisten, und je härter wir gegen sie kämpfen, desto schlimmer wird sie für uns sein. Was immer es ist, das aufgegeben werden muß – wenn wir es nicht freiwillig aus unserem Leben streichen, wird es uns entrissen werden. Je länger wir – gefühlsmäßig oder auch mit konkreten Handlungen – Widerstand leisten, desto größer wird das Leid sein, das sich für uns ergibt. Solange wir das, was vergehen muß, nicht loslassen, haben wir keinen Zugang zum nächsten Lebensabschnitt. Manchmal ist es aber schwierig zu entscheiden, was eigentlich losgelassen werden muß – insbesondere deshalb, weil das Leben widersprüchliche Träume und Gefühle präsentiert und die Botschaften nicht eindeutig sind. Es kann sein, daß diese Phase von einem großen emotionalen Aufruhr begleitet ist.

In der nächsten Phase ereignet sich nichts Besonderes. Etwas ist aus dem Leben verschwunden, und vielleicht sind wir in trauriger Stimmung und haben uns in Einsamkeit zurückgezogen. Es kann sich um einen Zeitraum der Selbstschau und Reflektion handeln, oder auch um eine Art Winterschlaf. Wir befinden uns jetzt im Puppenstadium des Prozesses und wissen eigentlich gar nicht, was passiert – wir haben möglicherweise das Gefühl, daß alles so bleibt wie immer. Oftmals sagen Menschen über diese Phase, daß sie das Gefühl gehabt hätten, alles wäre festgefahren, und häufig waren Verzweiflung und Depression die Folge. Das Gefühl, daß nichts mehr geht, drängt sich dem Menschen oftmals genau in dem Augenblick auf, der der großen Veränderung vorangeht. Vielleicht müssen wir diese Gefühle der Hoffnungslosigkeit erleben, um uns besser motivieren zu können.

Die Endphase ist die, in der neues Leben entspringt. Wir haben nun eine neue Einstellung dem Leben gegenüber gewonnen, und etwas Neues tritt auf den Plan. Ein neues Kapitel in der Geschichte unseres Lebens beginnt, und irgend etwas wird sich auf unwiderrufliche Weise verändert haben. Wie für den neugeborenen Schmetterling, der seine schönen Flügel ausbreiten und trocknen muß, kommt es für uns darauf an, mit unserer neuen Erscheinung vertraut zu werden. Wir sind jetzt, wenn wir in den neuen Lebensabschnitt treten, nackt und verletzlich.

Die Übergänge des Transit-Pluto über einen Planeten oder Punkt des Horoskops fallen nicht zwangsläufig mit den eben beschriebenen Phasen zusammen. Die Abschlußphase tritt möglicherweise erst auf, nachdem der letzte Transit stattgefunden hat. Dieser Transit könnte noch einmal zu einer vertieften Innenschau und Nachdenklichkeit führen, während der zweite vielleicht der Auslöser für Verzweiflung und traumatische Erfahrungen gewesen ist. Wenn Pluto bei seinem Lauf einen Horoskop-Planeten oder -Punkt nur einmal berührt, beschleunigt sich der Prozeß, und die Veränderung in unserem Leben tritt vielleicht nicht so deutlich in Erscheinung. Bei fünf Berührungen geht der Prozeß langsamer vonstatten; er ist dann tiefer und die einhergehenden Veränderungen sind von radikalerer Natur. In diesem Fall wird in psychologischer Sicht sozusagen sehr viel Arbeit an den Fundamenten geleistet.

Einige Menschen sind nicht in der Lage, die hier auftretenden Spannungen auszuhalten, was bedeutet, daß sie ärztliche Hilfe in Anspruch nehmen müssen. Während eines Pluto-Transits kann ein Mensch die Fähigkeit verlieren, sich in der Realität zurechtzufinden – er erlebt nun vielleicht eine psychotische Episode. Die Psychose stellt eine Möglichkeit des «Ausflippens» dar für den Fall, daß der Schmerz zu groß wird oder daß das Ego den Zusammenbruch nicht tolerieren kann. Medizinische Hilfe zu diesen Zeiten kann helfen, das Überleben zu sichern; sie blockiert aber häufig den Menschen beziehungsweise den Prozeß, in dem dieser steckt. Die Medikamente könnten den Menschen darin bestärken, die Struktur seines Lebens aufrechtzuerhalten. Was losgelassen werden sollte, erfährt auf diese Weise seine Konservierung, mit der Folge, daß sich keine Neugeburt abspielt. So steckt dieser Mensch zwischen den Welten fest; er versucht seine alte zu bewahren, die doch dabei ist, in Stücke zu fallen. Erst dann, wenn er in der Lage ist loszulassen und das Unbekannte in den Blick zu nehmen, kann er daran gehen, sich eine neue Welt aufzubauen. Wer es vermeidet, in den Abgrund zu schauen, indem er sich mit Tranquilizern oder Antidepressiva betäubt, wird sich nicht weiterentwickeln und nicht auf Heilung hoffen können. Die Neugeburt ist dann auf unbestimmte Zeit verschoben, und es kommt zu keinem neuen Selbstverständnis.

Während eines Pluto-Transits können wir Kontakt zu den dunkelsten Bereichen unseres Wesens, die uns die meisten Schmerzen bereiten, finden. Es kann sein, daß der Einfluß, der von ihnen ausgeht, überwältigend ist. Wer schon einmal mit dem Gedanken gespielt hat, sich beraten zu lassen oder eine Therapie zu machen, sollte dies jetzt tun. In dieser Zeit sind Wachstum und Veränderung möglich, aber vielleicht ist es notwendig, daß wir uns einen Helfer suchen, der uns den Weg zeigt.

Pluto-Transite können auch äußerliche Ereignisse bringen, zum Beispiel das Ende einer Beziehung, was in gewisser Weise auch ein Tod ist. Dies wird dann zum Brennpunkt, in dem sich der Prozeß in seiner Gesamtheit spiegelt. Es kann sein, daß die verschiedensten Ereignisse in deinem Leben als Metaphern für dein innerliches Erleben fungieren. Diese Vorfälle können in ihrer Bedeutung unergründlich sein, und möglicherweise fällt es dir schwer, den Zusammenhang zwischen ihnen und deinem Leben herzustellen. Ihre Wichtigkeit spiegelt sich darin wider, wie sehr sie dich und deine Gefühle beeinflussen und wie du auf sie reagierst.

Ein anderes Muster, das mit Pluto verbunden sein kann, ist das Gefühl der Macht. Es könnte sein, daß du während des Pluto-Transits – in welcher Form auch immer – auf eine Position gelangst, die dir bestimmte Möglichkeiten eröffnet. Das muß sich nicht unbedingt auf eine offensichtliche Art und Weise vollziehen – vielleicht geschieht es dadurch, daß du nun eine höchst charismatische und unwiderstehliche Energie zur Ausstrahlung bringst. Du könntest dir jetzt deiner Macht und deiner Wirkung auf andere bewußt werden, was vielleicht zur Folge hat, daß du dich selbst nun in Frage zu stellen beginnst. Vielleicht lernst du jetzt als Folge deiner neugewonnenen Macht dein Leben in einem anderen Licht zu sehen und gewinnst neue Einsichten. Du hast es nun geschafft, zu dir selbst zu kommen; du verfügst jetzt über ein psychologisches Rüstzeug, mit dem du dich behaupten kannst. Dein Erfolg kann dazu führen, daß du nun in eine Krise gerätst. Deren Kern besteht aber darin, dich an dein neues Selbst anzupassen.

♇►♀ *Pluto-Transite zur Venus*

Während eines Pluto-Transits zur Venus kommt es zur vollständigen Transformation der Art und Weise, wie du dich in Beziehungen verhältst. Du wirst dir nun bewußt, wie diese beschaffen sind, und nimmst aufgrunddessen vielleicht Veränderungen vor. Die Verhaltensmuster haben ihren Ursprung in der frühkindlichen Beziehung zu deinen Eltern. Es könnte sein, daß du diese Beziehung plötzlich in einem anderen Licht siehst und erkennst, daß bestimmte Probleme der Gegenwart hier ihre Wurzeln haben. Dieses Erkennen ist der Mechanismus, der es uns erlaubt, von den schmerzhaften Mustern loszukommen. Du hast jetzt die Gelegenheit, erfüllendere Beziehungen zu führen. In Abhängigkeit davon, wie schwer dir dieser Prozeß fällt, ist es vielleicht notwendig, daß du therapeutische oder beratende Hilfe in Anspruch nimmst.

Du könntest nun eine Neubewertung deiner früheren und deiner jetzigen Beziehungen vornehmen. Vielleicht spielt sich dies auf einer verborgenen oder unbewußten Ebene ab – vielleicht handelt es sich nun um das Puppenstadium des Entwicklungsprozesses. Du könntest dich im Hinblick auf deine Beziehungen und Freundschaften verzweifelt und deprimiert fühlen, und diese Zeit ist möglicherweise sehr schmerzhaft für dich.

Manchmal kommt es unter diesem Transit zum Ende der Beziehung. Vielleicht bist du es, der den Schlußstrich zieht, vielleicht wirst du verlassen. Wie herum es auch sein mag – die Trennung wird dir nicht leicht fallen. Wir alle müssen uns damit abfinden, immer wieder etwas oder jemanden aufzugeben, wenn wir uns weiterentwickeln wollen. Wenn wir aus Angst den Versuch machen, am Alten festzuhalten, wird uns das Leben dazu zwingen, unseren Widerstand aufzugeben. Dabei könnte es sein, daß etwas nur deshalb zu Ende geht, um auf eine andere und bessere Weise fortzubestehen. Ob deine Beziehung Bestand hat, hängt davon ab, ob sie wirklich stark ist und ob ihr dazu imstande seid, euch den Veränderungen anzupassen. Für diejenigen, deren Beziehung zu dieser Zeit endet, wird der Transit viel Trauer über das Vergangene sowie die Vorbereitung auf die neue Phase des Lebens bedeuten.

Während des Pluto-Transits zur Venus unterliegt dein Leben großen Veränderungen. Diese werden sich in erster Linie auf das Unbewußte beziehen, was eine große Herausforderung bedeutet. Vielleicht bist du jetzt allein, vielleicht sind immer Leute um dich herum. Wenn du ein Mensch bist, der bis zu diesem Zeitpunkt immer in Gesellschaft war, mußt du dich möglicherweise zum ersten Mal mit dem Alleinsein auseinandersetzen. Dies könnte dir aber die Chance eröffnen, dich psychologisch weiterzuentwickeln. Vielleicht hat dir das Alleinsein schon immer viel Angst gemacht, und vielleicht war dies der eigentliche Grund für dich gewesen, Beziehungen einzugehen. Die Feststellung, daß du auch allein weiterleben kannst oder daß dir diese Lebensform vielleicht sogar in mancherlei Hinsicht angenehm ist, wird dir vor Augen führen, daß du nicht länger aus einem Gefühl von Angst unbefriedigende Partnerschaften eingehen mußt. Es kann sich hierbei zunächst um einen sehr schmerzhaften Prozeß handeln, in dem du gezwungen bist, innezuhalten und dich mit der Einsamkeit und Leere in dir auseinanderzusetzen. Dieser Prozeß gibt dir aber schließlich die Möglichkeit der Wahl beziehungsweise die Freiheit zu entscheiden, ob du mit jemandem zusammen oder allein sein möchtest.

Menschen, die sich für gewöhnlich allein wohler fühlen, könnten für die Zeit dieses Transits gezwungen sein, engere Kontakte einzugehen. Es dürfte sich dabei um intensive und aufrüttelnde Beziehungen handeln, die einen tiefen Einfluß haben. Es kommt hier durch äußerlichen Zwang dazu, daß die Bindungsängste hinterfragt werden. Oftmals geschieht dies durch die Verwicklung in eine leidenschaftliche Liebesaffäre.

Während eines Pluto-Transits zur Venus bringt uns unser Bedürfnis nach Liebe und Nähe in Kontakt mit den Tiefen unseres Wesens. Es könnte sein, daß die Umstände der Beziehung zu dieser Zeit besonders schmerzhaft sind – vielleicht deshalb, weil sich jetzt ein Dreiecksverhältnis ergibt. Möglicherweise handelt es sich um eine neue Situation, die alte Ängste wieder aufsteigen läßt. Nichtsdestotrotz besteht mit ihr die Möglichkeit, zu zuvor unzugänglichen Gefühlen vorzudringen – wenn auch um den Preis von großen Schmerzen. Es wäre auch denkbar, daß es zu Problemen im Hinblick auf sexuelle Machtkämpfe kommt, und vielleicht besteht der innere Zwang zu beweisen, daß die sexuelle Anziehungskraft immer noch vorhanden ist – eventuell dadurch, daß jemand anderem der Partner ausgespannt wird. Der Mensch, der eine feste Beziehung hat, könnte den Wunsch verspüren, daß ihm seine Attraktivität bescheinigt wird – vom Partner oder von einer anderen Person. Während dieses Transits kann «verbotene Liebe» eine überaus große Faszination ausüben. Deine Motive dürften überaus komplex sein, und wer sich dazu berufen fühlt, sie zu untersuchen, könnte aus ihnen die vielfältigsten psychologischen Einsichten gewinnen. Für Menschen, die für eine gewisse Zeit an einer Dreiecksbeziehung beteiligt waren, könnte dieser Transit einen Wendepunkt anzeigen. Dies ist die Bedeutung dessen, was Pluto dir «erzählen» will. Was auch immer das Resultat sein mag: Du wirst nun erkennen, welche Bedürfnisse du im Hinblick auf Beziehungen wirklich hast, was es dir leichter macht, sie tatsächlich zu befriedigen.

Beziehungen, die unter einem Pluto-Transit zur Venus beginnen, haben eine große transformatorische Bedeutung. Ob du mit dem betreffenden Menschen auf Dauer zusammensein wirst oder nicht – der Einfluß, den dieser auf dein Leben nimmt, wird dich für lange Zeit prägen. Möglicherweise tritt jetzt jemand als eine Art Katalysator in dein Leben, nur zu dem Zweck, Veränderungen anzuregen. Wenn sich die Beziehung als dauerhaft erweisen sollte, wird sie dich emotional auf einer sehr tiefen Ebene ansprechen. Sie wird immer von großer Intensität und Tiefe sein. Es wäre aber auch denkbar, daß sie sich nach überstandenem Transit als zu intensiv für ein alltägliches Zusammensein erweist.

Auch Freundschaften werden nun von Veränderungen erfaßt. Trennungen könnten nun entweder als aufreibend oder aber als natürlicher Prozeß verstanden werden. Vielleicht zieht jetzt ein guter Freund von dir in eine weit entfernte Stadt – vielleicht hätte sich aber auch sonst das Ende der Verbindung ergeben. Das, was du von deinen Freunden brauchst, unterliegt jetzt einem Wandel, was heißen könnte, daß du nun Freundschaften zu anderen Menschen entwickelst.

Möglicherweise kommt es nun aufgrund von großzügigen Ausgaben zu finanziellen Problemen, vielleicht aber verdienst du jetzt auch sehr viel. Geld könnte zu dieser Zeit starke Gefühle in dir wecken, und möglicherweise ergibt sich für dich jetzt in Gedanken eine Verbindung zwischen Geld und Liebe. In extremerer Auswirkung könntest du nun die Überzeugung gewinnen, daß Geld in deinem Leben Liebe ersetzen kann.

Während eines Pluto-Transits zur Venus ist für Frauen die Möglichkeit, schwanger zu werden, erhöht. Wenn kein Kinderwunsch besteht, sollte der Verhütung größte Aufmerksamkeit geschenkt werden. Viele Frauen müssen sich zu dieser Zeit mit der traumatischen Erfahrung einer Abtreibung auseinandersetzen. Es besteht nun ein instinktives und ursprüngliches Bedürfnis, etwas zu schaffen, ohne daß dies möglicherweise auf der Bewußtseinsebene erkannt wird. Insbesondere in einer neu eingegangenen Beziehung könnte das starke, aber oftmals unkluge Bedürfnis herrschen, der Liebe durch ein Kind sichtbaren Ausdruck zu verleihen. In dieser Zeit sind die Instinkte stark ausgeprägt, und ein Kind bindet zwei Menschen auf einer bestimmten Ebene für immer aneinander.

Die Chance, die der Transit von Pluto zur Venus eröffnet, liegt darin, mit unseren psychischen Tiefen und unseren Bedürfnissen im Hinblick auf Beziehungen vertraut zu werden. Dieses Wissen hat einen günstigen Einfluß auf deine Beziehungen und Freundschaften, die damit einen erfüllenderen und befriedigenderen Charakter annehmen können. Wie die Umstände im Einzelfall auch beschaffen sein mögen – du entwickelst jetzt eine neue Einstellung zu den Verbindung zu deinen Mitmenschen.

♇ ▶ ♂ *Pluto-Transite zu Mars*

Während eines Pluto-Transits zum Mars unterliegen der Wille und die Antriebskraft, der Energiespiegel, das Verlangen und die Sexualität dem Prozeß von Tod und Neugeburt.

Es könnte sich um eine Zeit handeln, in der deine Willenskraft auf eine harte Probe gestellt wird. Vielleicht mußt du dich nun damit auseinandersetzen, daß irgend etwas aus deinem Leben verschwindet. Möglicherweise wirst du zu der Einsicht gezwungen, daß die Schwierigkeiten, die du vorfindest, Veränderungen notwendig machen. Es könnte aber auch sein, daß jetzt deine Seriosität und deine Sicherheit auf dem Prüfstand stehen, oder daß deine Aufgabe darin liegt, abzuwarten, bis der Sturm vorbei ist. Es fällt zu diesen Zeiten oftmals sehr schwer, die inneren und äußeren Botschaften richtig zu deuten und die richtigen Entscheidungen für das Leben zu treffen.

Während dieses Zeitraums nimmst du eine Neubewertung dessen vor, was du willst, sowie der Art und Weise, wie du dabei vorgehst. Es ist denkbar – insbesondere, wenn es zum *Quadrat-* oder zum *Oppositions-Aspekt* kommt –, daß dieser Prozeß durch jemanden erzwungen wird, der dir starken Widerstand entgegensetzt. Vielleicht erleidest du du jetzt eine Niederlage, und vielleicht bleibst du auf dem Schlachtfeld zurück und leckst deine Wunden. Die Gelegenheit, die du nun hast, besteht darin zu untersuchen, auf welche Art und Weise du bislang aktiv geworden bist und welche Widerstände du mit deinen Aktivitäten hervorgerufen hast. Es könnte sein, daß du über jemanden hinweg gehandelt hast, der sich nun gegen dich wendet. Was nun auf dem Prüfstand steht, ist die Weise, in der du deinen Willen genutzt und zum Ausdruck gebracht hast. Falls du in der Vergangenheit gegen moralische Gebote verstoßen oder ein tyrannisches Verhalten gezeigt hast, erlebst du jetzt vielleicht den Tag der Abrechnung.

Unter diesem Transit könntest du in heftige Machtkämpfe verwickelt sein, die von primitiver und ursprünglicher Art sind und dir vielleicht das Gefühl geben, daß dein Leben auf dem Spiel steht. Das, wofür du kämpfst, hat in den meisten Fällen sehr viel mit deinem Ego zu tun. Es könnte um die Herrschaft im Hinblick auf einen bestimmten Bereich gehen – ob dieser nun etwas Gegenständliches oder auch nur etwas Emotionales bezeichnet. Und was das Gefühl betrifft, daß dein Leben bedroht ist: So kritisch dürfte es in den meisten Fällen nicht sein. Es ist aber vorstellbar, daß es nun zu einem Punkt kommt, an dem sich nichts mehr bewegt. Pluto-Transite sind oftmals von Phasen begleitet, in denen alles festgefahren scheint.

Mars beschreibt, wie es um unsere physische Energie bestellt ist – und Pluto kann diese, symbolisch gesehen, töten. Daraus könnten sich Gefühle der Stagnation, Depression oder auch der Verzweiflung ergeben. Es kann seine Zeit brauchen, bis du all dies untersucht und verarbeitet hast. Vielleicht brauchst du nun mehr Schlaf als sonst, um mehr Zeit für Träume zu haben. Träume könnten dir dabei helfen, das psychologische Material, das an die Oberfläche kommt, zu sondieren. Du brauchst jetzt möglicherweise einfach mehr Zeit dafür, zu *sein* – und nicht dafür, etwas zu *machen* . Es geht darum, herauszufinden, was deine Antriebsquellen sind. Wenn dich bisher immer ein innerer Zwang dazu getrieben hat, aktiv zu sein, könntest du dich jetzt von diesem freimachen und eine Pause einlegen. Merkst du, daß deine Aktivitäten nicht deinen eigenen Motiven entspringen, mußt du dich hinsetzen und abwarten. Das ist die Bedeutung, die hinter der Apathie und Depression dieser Phase liegt.

Während dieses Transits werden sich auch sexuelle Veränderungen ergeben. Du wirst dir selbst bestimmte Fragen stellen: Wie du zu dem geworden bist, was du bist; was du brauchst, um sexuell aktiv zu werden; was dich sexuell anspricht. Es könnte sein, daß du etwas Neues hinsichtlich deiner Sexualität entdeckst. Es könnte sich um eine Zeit handeln, in der du sexuell sehr neugierig bist und die Grenzen des Gewöhnlichen überschreitest – eine Phase, in der sexuelle Tabus nur dein Interesse wecken. Schlimmstenfalls könnte dich das in Situationen bringen, die von destruktivem Charakter sind. Aber auch dann, wenn alles glatt geht, können damit gewisse emotionale Probleme verbunden sein. Es ist dein sexuelles Verlangen, das dich während dieses Transits aktiv werden läßt, und es steht zu vermuten, daß du hier nicht besonders sensibel zu Werke gehen wirst.

Unter diesem Transit wird dir klar, ob dein Sexualleben befriedigend für dich verläuft oder nicht. Einige Menschen dürften nun erkennen, in welchem großen Ausmaß sie sich unterdrückt oder beschränkt fühlen und welche großen Blockaden bezüglich der Sexualität vorhanden sind. Es könnte sein, daß sich hier eine Phase von Impotenz ergibt, die ihre Ursache in dem Ansturm der Gefühle hat, welche nun an die Oberfläche kommen. Es braucht seine Zeit, bis diese verarbeitet sind. Während dieses Transits wird entweder die sexuelle Energie so gut wie nicht vorhanden oder aber sehr stark ausgeprägt sein. Sicher ist nur, daß es sich um einen extremen Zustand handelt. Es ist möglich, daß diese Zeit von Leidenschaft beherrscht ist und schmerzhafte Sehnsüchte eine große Rolle spielen. Die sexuellen Gefühle, die nun freigesetzt werden, sind primitiv, ursprünglich und rauh. Für einige Menschen ist dieser Zeitabschnitt die Phase, in der sie die größte sexuelle Anziehungskraft entfalten.

Die Beziehung, die unter diesem Transit beginnt, dürfte eine starke sexuelle Komponente enthalten. Es kann sein, daß eine leidenschaftliche und geradezu obsessive Anziehungskraft gegeben ist. Du wirst dich jetzt in einem weitaus stärkeren Maße als sonst besitzergreifend zeigen, und möglicherweise gerätst du in eine Situation, in der du viel Eifersucht spürst. Dunkle und komplexe Energien steigen nun in dir auf – sie sind Bestandteil jeder Beziehung, die du nun eingehst. Diese intensiven Gefühle bilden ein machtvolles Band zwischen dir und deinem neuen Partner, wobei aber die Gefahr besteht, daß es sich um ein destruktives Muster handelt. Sei auf der Hut! Vielleicht kommt es zu Machtkämpfen, und möglicherweise hast du jetzt einen gleichwertigen Kontrahenten gefunden. Ob diese Beziehung Bestand haben wird, hängt von der Stärke der Gefühle zwischen euch ab. Es mag Zeiten geben, in denen du meinst, daß es zuviel Kampf für ein normales Zusammenleben ist.

Kapitel 10

Mia Farrow und Woody Allen – eine Fallstudie

Die Beziehung zwischen Mia Farrow und Woody Allen hat die Öffentlichkeit von Anfang an fasziniert, auch bevor es zum Skandal gekommen war. Sie hatte etwas Ungewöhnliches an sich. Woody Allen hat einmal in der Öffentlichkeit gesagt, daß er und Mia nichts gemeinsam hätten. Und doch waren sie für zwölf Jahre zusammen, haben zusammen gearbeitet, Kinder bekommen und adoptiert – es allerdings abgelehnt, eine gemeinsame Wohnung zu beziehen. Alle diese Faktoren sind für sich allein schon von Interesse; weil die Trennung jetzt aber mit einer aufsehenerregenden Schärfe vollzogen wurde, erhebt sich die Frage, worum es bei dem Ganzen eigentlich ging und was aus astrologischer Sicht dazu zu sagen ist.

Eine der Fragen, die sich im Zusammenhang von Woody Allens Beziehung mit seiner Stieftochter Soon Yi erhob, war die, wie weit seine Kunst und sein Leben gleichzusetzen sind. In dieser Fallstudie wollen wir untersuchen, in welchem Ausmaß die Themen, die wir in seinem Horoskop finden, auch seine Filme prägen.
Das Hauptthema der Filme von Woody Allen sind die zwischenmenschlichen Beziehungen. Er ist besessen von den Moralvorstellungen in bezug auf Sexualität und Liebe, und alle seine Filme spiegeln schmerzhafte Beziehungsprobleme wider. Wenn wir sein Horoskop (auf Seite 241) betrachten, sehen wir, daß der Mars im 5. Haus erhöht im Zeichen Steinbock steht. In gewisser Weise ist dies eine paradoxe Stellung. Steinbock hat zu tun mit Würde, Status,

Selbstbeherrschung; er bedeutet im Hinblick auf Sexualität ein eher vorsichtiges Verhalten. Nichtsdestotrotz ist – weil es sich um ein Erdzeichen handelt – das physische und instinktive Verlangen stark ausgeprägt. Das 5. Haus steht für den kreativen Selbstausdruck, für das Schöne und für Liebesaffären. Mit Mars in diesem Haus können wir davon ausgehen, daß Woody Allen das Bedürfnis verspürt, seine Sexualität öffentlich zur Darstellung zu bringen – in gewisser Weise so, wie wir es bei vielen männlichen Tieren bei Paarungsritualen sehen können. Wir können das anhand seiner Filme nachvollziehen, in denen er auf kreative und künstlerische Weise seine sexuellen Zweifel und Ängste (Steinbock kann sehr viel Zweifel bezüglich der eigenen Fähigkeiten bedeuten) zum Ausdruck bringt. Bei aller Unsicherheit aber: Meistens hat er Erfolg.

Mars im Zeichen Steinbock ist ausführlich in Kapitel 5 beschrieben worden. Wir haben dort erwähnt, daß diese Stellung häufig Arbeits-Beziehungen bedeutet. Wenn das 5. Haus betroffen ist, können wir davon ausgehen, daß die Arbeit etwas Kreatives hat. Während der Beziehung zu Mia Farrow hat Woody Allen Rollen für sie geschrieben und sie in allen seinen Filmen auftreten lassen. Dies ist typisch für ihn – vor dieser Beziehung hat er sich im Zusammensein mit Diane Keaton auf die gleiche Weise verhalten. Mars im Steinbock bedeutet Ehrgeiz und das Bestreben, die Kontrolle zu behalten, und wir können die Schlußfolgerung ziehen, daß Woody Allen viel sexuelle Energie auf seine kreativen Ziele richtet und daß die Partnerin an diesen mitarbeiten soll. Diese kreative Zusammenarbeit mit Frauen ist auch durch die Mond/Saturn-Konjunktion im Zeichen Fische am Deszendenten symbolisiert. Für Woody Allen gibt es keine Trennung zwischen beruflichen und privaten Beziehungen. Diese Bereiche befruchten sich gegenseitig; zwischen ihnen kommt es zu einem gegenseitigen Austausch. Seine Kreativität wird durch seine Partnerin angeregt.

Die Venus steht im 2. Haus im Zeichen Waage, und Woody Allen hat sich immer zu schönen Frauen hingezogen gefühlt. Für eine Zeit war es sicherlich Mia Farrow, die diese Stellung für ihn verkörperte. Das 2. Haus beschreibt angeborene Talente sowie das, was für den Menschen von Wert ist. Für Woody Allen ist insbesondere der Sinn für Schönheit und das Kreative wichtig, und dieser Bereich ist es, in dem seine Fähigkeiten liegen. Die Venus in diesem Haus hat auch die sehr konkrete Auswirkung, daß er mit seinen Filmen viel Geld verdient hat. Wir haben die Venus im Zeichen Waage in Kapitel 4 aus-

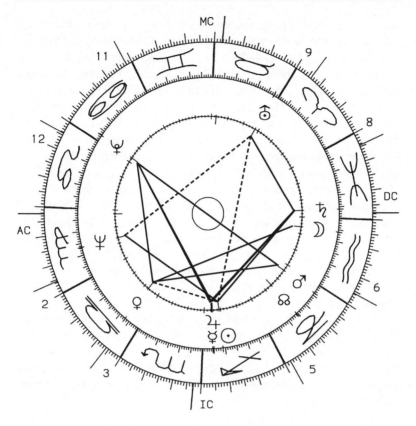

Woody Allen: Geburtshoroskop. 1.12.1935, 22.55 Uhr EST, Bronx (New York)

☉ 09° 03′ ♐	♂ 26° 06′ ♑	♆ 16° 41′ ♍	AC 02° 18′ ♍
☽ 24° 06′ ♒	♃ 05° 07′ ♐	♀ 27° 11′ ♋	MC 27° 12′ ♉
☿ 04° 31′ ♐	♄ 04° 01′ ♓	☊ 13° 11′ ♑	Häusersystem Placidus
♀ 22° 54′ ♎	☊ʙ 02° 11′ ♉		

führlich beschrieben, und wir haben dort die Feststellung gemacht, daß diese Stellung einen Sinn für das Romantische sowie den Wunsch bedeutet, anderen zu gefallen.

Woody Allen dürfte den Wunsch haben, daß seine Partnerschaften von Harmonie geprägt und die Quelle von Wohlbefinden sind. Es ist nicht anzunehmen, daß er seine Freude an Konflikten hat – wir können im Gegenteil davon ausgehen, daß er dazu neigt, sich zu sehr an andere anzupassen. Die Neigung, andere versöhnlich zu stimmen, könnte zu Unsicherheit und Gefühlen der Schuld führen. Unsicherheit und Schuldgefühle sind auch Bestandteil seiner Filme, und ohne Zweifel resultieren diese aus dem Bedürfnis, gefällig zu sein. Er befindet sich dabei aber in der Gefahr, nicht mehr zu wissen, was er selbst will und braucht.

In Woody Allens Horoskop gibt es zwischen Mars und Pluto eine Opposition, von der aus Quadrate zu Uranus und Venus bestehen, so daß es zwischen diesen Planeten zu T-Quadraten kommt (der Venus/Uranus-Orbis ist zu groß, als daß wir von einem Großen Kreuz sprechen könnten). Diese Stellung bedeutet, daß die Interpretation von Mars und Venus noch komplexer wird. Wir haben in Kapitel 8 zu Aspekten zwischen Venus und Pluto, Mars und Uranus und Mars und Pluto Stellung genommen. Pluto zieht das, womit er in Berührung kommt, ins Verborgene, in die «Unterwelt». Das Planetenprinzip, mit dem er sich verbindet, bekommt etwas Leidenschaftliches, mit der Möglichkeit, daß Unbewußtes in Kontakt zum Bewußten gerät. Hier ist es der Bereich des Sexuellen und der Beziehungen, in dem Verdrängtes und Unbewußtes ans Tageslicht kommen kann. Mit dieser Stellung handelt es sich um Menschen, bei denen im Hinblick auf Liebe und Sexualität Probleme bestehen – die vielleicht etwas mit einem Tabu zu tun haben. Auch dies spiegelt sich in Woody Allens Filmen wider. Die Tabu-Themen Sex, Untreue und Betrug, Besessenheit und Wollust, Dreiecksbeziehungen und Freizügigkeit – alles ist in diesen T-Quadraten angesprochen. Früher war es nur möglich zu spekulieren, wie sich dies bei Woody Allen auf der persönlichen Ebene ausgewirkt haben mochte – jetzt, nach der Affäre mit Soon Yi und der aufsehenerregenden Trennung von Mia Farrow, wird die Bedeutung dieser Konstellation in seinem Leben offensichtlich.

Zu diesen T-Quadraten kam es ab Anfang 1993 für die Dauer von einigen Jahren von Uranus und Neptun aus zu kritischen Transiten. Für den Fall, daß Woody Allen bislang noch keinen Grund gesehen hat, sein Verhalten im Hinblick auf Soon Yi zu überprüfen, könnten diese Transite anzeigen, daß die öffentliche Reaktion ihn nun dazu zwang. Diese Transite bedeuten ein vollkommen neues Bild der Bedürfnisse im Hinblick auf Beziehungen.

Wenn wir das Horoskop betrachten, fällt der Aszendent im Zeichen Jungfrau auf, der für sein neurotisches Hypochondertum steht. Was seine Filme betrifft, ist dies bekannt, und Woody Allen hat zugegeben, daß dies auch für sein Leben gilt. Er ist ebenfalls bekannt für seinen selbstkritischen Witz, der von Merkur – dem Herrscher des Horoskops – in Konjunktion zum Jupiter im Zeichen Schütze, dicht am IC, symbolisiert wird.

Das Stellium von Sonne, Merkur und Jupiter im Zeichen Schütze im 4. Haus verkörpert das Kernproblem, mit dem Woody Allen sich fortwährend in seinen Filmen auseinandersetzt. Er beschäftigt sich mit philosophischen Fragen über die Bedeutung des Lebens – mit Fragen zur Unsterblichkeit, dem Tod sowie der Moral. Sein Drang nach Selbsterkenntnis beeinflußt seine Filme stark. Allen hat sich viele Jahre lang psychoanalytisch behandeln lassen. Er ist auf der Suche nach seiner eigenen inneren Wahrheit, und seine persönliche Reise inspiriert seine Kreativität.

Woody Allen verlangt viel von sich, und das Stellium von Sonne, Merkur und Jupiter verheißt ein großes Potential. Mit dem Quadrat zu Saturn aber ist er der Ansicht, seinen Maßstäben nicht zu genügen. Es wird ihm nachgesagt, daß er Kritiken keine Aufmerksamkeit schenkt – aus dem Grund, daß diese ihn bei der Beschäftigung mit dem nächsten Projekt ablenken könnten. Wenn ein Film fertig ist, prüft er, wie weit er dem, was er beabsichtigt hat, entspricht; danach wendet er sich seinem nächsten Projekt zu. Darin sehen wir die Auswirkung des Quadrats zwischen Saturn auf der einen und Sonne und Jupiter auf der anderen Seite: Er setzt seine eigenen Maßstäbe und ist PR-Mann und Kritiker in einer Person. Gleichermaßen sehen wir hierin das T-Quadrat zwischen Mars, Pluto und Uranus verkörpert: Er ist willensstark und setzt sich seine Ziele selbst, und er hört nicht auf andere Menschen.

Es ist bekannt, daß Woody Allen sich bei seinen Filmen immer wieder auf die gleichen Leute verläßt. Er ist sein Leben hindurch bei den gleichen Produzenten geblieben, er arbeitet mit der gleichen Crew und stützt sich auf einen kleinen Kreis von Schauspielern. Es hat in gewisser Weise den Anschein, als ob es sich um eine kleine Familie handelt – auf jeden Fall bietet dieses Arrangement mehr Nähe und Sicherheit, als es in Filmkreisen sonst üblich ist. Allen hat etwas von einem wohlwollenden Patriarchen an sich – was durch die Stellung der Planeten im 4. Haus dargestellt ist. Im Hinblick auf seine Projekte hat er die vollständige Kontrolle, und er ist dabei in jeder Hinsicht unabhängig. Er hat bezüglich seiner Arbeit außerordentlich hohe Ansprüche. Wir können dies wiederum als Auswirkung des Mars im Zeichen Steinbock beziehungsweise dessen T-Quadrat zu Pluto und Uranus sowie von Saturn am Deszendenten ansehen.

Allens Filme sind ein getreuer Spiegel der Themen, die sein Horoskop anzeigt. Im folgenden geben wir eine kurze Beschreibung des Filmes *Verbrechen und andere Kleinigkeiten,* der 1989 gedreht wurde – welche allerdings den vielen Unterhandlungen nicht gerecht wird. Ein Mann kann seine Geliebte, von der er loskommen will, nicht dazu bringen, in die Trennung einzuwilligen. Diese droht damit, seine Frau zu informieren. Weil er mit dieser Drohung nicht umgehen kann, bringt er die Geliebte schließlich um. Der Film dreht sich um das moralische Dilemma, in dem er sich befindet, und um seine Schuld. Was als leidenschaftliche Affäre beginnt, endet tödlich. Dieser Handlungsfaden steht im Zusammenhang mit Woody Allens Horoskop beziehungsweise seinen Schütze-Planeten im Quadrat zu Saturn am Deszendenten. Das T-Quadrat zwischen Mars, Pluto und Venus zeigt das Moment der Leidenschaft sowie die Möglichkeit eines daraus resultierenden Desasters.

Dieser Film ist die extreme Version eines Themas, das wir bei Allen häufig finden. Allerdings handelt es sich zumeist darum, daß bestimmte Leute verliebt sind in Menschen, die diese Liebe nicht erwidern. Oftmals sind damit Tabus verbunden, so in dem 1986 herausgebrachten Film *Hannah und ihre Schwestern*, in dem der Ehemann von Hannah sich in deren Schwester verliebt. Abermals also das Thema Beziehung und Betrug, diesmal in Verbindung mit Inzest.

In einem anderen Film, dem 1987 herausgebrachten Streifen *September,* kommen dunkle Familiengeheimnisse zum Vorschein, als die vermeintlich nervenkranke Tochter ihre unsensible und dominierende Mutter herauszufordern beginnt. Jahre zuvor hatte die Mutter einen Mord begangen, für den die Tochter, um diese zu schützen, die Verantwortung übernommen hatte. Die Mutter hatte verdrängt, was dies für die Tochter in emotionaler Hinsicht bedeutete. Dieses Szenario hat seine Entsprechung zu Allens Mond/Saturn-Stellung – wobei diese beiden Planeten für Mutter und Tochter stehen – am Deszendenten. Die moralische Dimension ist wiederum durch das Schütze-Stellium verkörpert, und der Mord – der nicht im Bild gezeigt wird – durch das T-Quadrat zwischen Mars, Pluto und Venus.

Woody Allens Leben ist im Augenblick schockierender als jeder seiner Filme. Er hat eine Affäre zu seiner 21jährigen Stieftochter und sieht sich dem Vorwurf ausgesetzt, seine sieben Jahre alte Adoptiv-Tochter sexuell mißbraucht zu haben. Er weist diese Vorwürfe entschieden zurück und klagt seinerseits Mia Farrow an, ihre mütterlichen Pflichten verletzt zu haben. Er verlangt das Sorgerecht der drei gemeinsamen Kinder für sich.

Als der Skandal im August 1992 ausbrach, lief der Transit-Jupiter über Woody Allens Neptun im 1. Haus. Zu letzerem stand auch der Transit-Mars im Quadrat. Es hat den Anschein, daß Woody Allen sich zuvor nicht darüber klargewesen war, daß es moralisch fragwürdig oder auch verwerflich ist, eine Beziehung zur Stieftochter zu unterhalten. Abgesehen von dem Vorwurf des Mißbrauchs der siebenjährigen Tochter: Die Beziehung mit Soon Yi war es, die – illegal oder nicht – die Familienverhältnisse erschütterte. In Allens Horoskop ist der Faktor, der den Bruch von Tabus bedeutet, das T-Quadrat zwischen Mars, Pluto und der Venus. Daß er seinen eigenen Moralkodex hat und nicht der Meinung ist, dem der Allgemeinheit verpflichtet zu sein, kommt in dem Quadrat zwischen Sonne/Jupiter und Saturn zum Ausdruck. In gewisser Weise spielt er Gott – indem er sich mit Sonne/Jupiter identifiziert und Saturn projiziert. Andere – die durch den Saturn verkörpert sind – verurteilen ihn dafür.

Seine Anschuldigung, daß Mia Farrow ihren Mutterpflichten nicht nachgekommen ist, wird durch die Konjunktion des Wassermann-Mondes mit dem Fische-Saturn symbolisiert. Woody Allen hat in sich das Bild einer gerechten, strengen und aufopferungsvollen Mutterfigur. Wahrscheinlich verspürt er im Inneren Angst und versucht, seine Gefühle zu kontrollieren – möglicherweise deshalb, weil es ihm selbst nicht vergönnt gewesen war, Vertrauen und Sicherheit in seinem Inneren zu erfahren. Woody Allen war als Kind ein Einzelgänger – ein Hinweis auf seine Schwierigkeiten, Kontakte zu knüpfen. Aller Wahrscheinlichkeit nach war er ein schüchternes Kind, das sich viele Gedanken über sich gemacht hat. Als Erwachsener hat er es dann gelernt, diese Verletzlichkeit hinter einer Maske zu verbergen.

Mit dem Mond im Zeichen Wassermann hat Allen seine Schwierigkeiten damit, sich diese Gefühle einzugestehen. Diese Stellung beschreibt einen Menschen, der in dem Bereich der Ideen zu Hause ist, der sich wohl dabei fühlt, sich Gedanken zu machen und der alles rational betrachtet. Diese Menschen lieben es, ihre Gefühle zu diskutieren – allerdings haben sie Probleme damit, sich über ihre Gefühle und die der anderen klarzuwerden. Es ist anzunehmen, daß Ausbrüche von Emotionalität Woody Allen eher abschrecken. Seine Wahl war auf Mia Farrow gefallen, die eine Betonung des Elementes Erde in ihrem Horoskop hat. Bei ihr handelt es sich um eine Frau, die einen nüchternen und rationalen Eindruck macht – und die ihrerseits Schwierigkeiten damit hat, sich ihre Gefühle einzugestehen. Insofern paßte sie gut zu Woody Allen. Mit der Verbindung kam es allerdings zu einer Verstärkung der Probleme der beiden.

Als die Beziehung im Jahre 1980 begann, stand Uranus im Quadrat zu Woody Allens Geburts-Mond. Im Jahre 1993, als alles in Scherben lag, standen im Transit Pluto im Quadrat und Saturn in Konjunktion zum Geburts-Mond. Der Uranus-Transit ist ein Anzeichen dafür, wie aufregend, anregend und anders als alle anderen Frauen Mia Farrow auf Woody Allen gewirkt hat. Er wird von ihrem unabhängigen Geist angesprochen gewesen sein, und vielleicht hat er dabei die anderen Züge der Persönlichkeit verkannt. Als die Beziehung unter den Transiten von Saturn und Pluto endete, erlebte er Farrow als machtbesessen, manipulativ, rachsüchtig und wütend. Sie ist eine Frau, die sich auf die schmachvollste Weise hintergangen sieht – von ihrem Geliebten und ihrer Tochter betrogen. Vielleicht erlebte Allen die Saturn und Pluto-Transite in erster Linie durch die Gefühle, die sie hat (in seinem Horoskop steht der Mond ja auch am Deszendenten). Wie dem auch sein mag – seine ursprünglichen Projektionen im Hinblick auf Mia Farrow haben sich nun ins Gegenteil verkehrt.

Als die Beziehung begann, war Uranus im Transit auf Woody Allens IC zugelaufen. Allen hatte zuvor niemals selbst ein Familienleben geführt. Mit der Verbindung zu Mia Farrow, die in dieser Hinsicht keinerlei Forderungen an ihn stellte, konnte er hier seine Erfahrungen machen. Er war im höchsten Maße von ihr als Mutter beeindruckt. Woody Allen kommt aus einer jüdischen Familie, die dem mütterlichen Blut eine hohe Bedeutung zumißt. Mia Farrow machte ihm deutlich, was in seinem Leben fehlte, und sie entsprach seinem Wassermann-Mond in Konjunktion zum Fische-Saturn beziehungsweise dem Bild der rationalen, praktischen, anteilnehmenden und aufopferungsvollen Frau. Bei ihr fühlte er auch keine Angst, aufgesogen zu werden (die Herrscher von MC und IC sind Venus und Mars, und die beiden bilden zusammen mit Pluto ein T-Quadrat).

Der Transit-Pluto bewegte sich zu dieser Zeit auf Woody Allens IC zu, und der Transit-Saturn stand im Quadrat dazu. Allens Familienleben liegt in Trümmern. Ihm ist gerichtlich untersagt worden, seine Kinder zu sehen, bis die Anklage wegen des Mißbrauchs sowie die Frage des Sorgerechts entschieden worden sind. Es heißt, daß sich die ganze Familie aufgrund der traumatischen Vorfälle mit der Beziehung

Beginn des öffentlichen Skandals		Anfang der Beziehung zu Mia Farrow	
Woody Allens Transite und Progressionen im August 1992		Woody Allens Transite und Progressionen im April 1980	
Transite	Progressionen	Transite	Progressionen
♃ ☌ ♆	♃ₚ □ ♆	♃ ☌ AC	☉ₚ □ ♀
♀ ☌ ♆		♃ ☍ ♄	☉ₚ ☌ ♂
♂ □ ♆		♃ △ ☊	☽ₚ ☌ ACₚ
☊ △ ♆		♃ □ ☿	♀ₚ ☌ ♃ₚ
♆ △ ♆		♃ □ ♃	♀ₚ □ ♆
♇ □ ☽		☊ □ ☽	♃ₚ □ ♆
		☊ ☌ IC △ ♇	♂ₚ ☌ DC
		☊ ✶ ♂	
		♇ ☌ ♀	

zu Soon Yi in therapeutische Behandlung begeben mußte. Von Mia ist der Ausspruch überliefert, daß sie einem «Monstrum» den Zugang zu ihrer Familie erlaubt hätte. Es ist nicht zu erkennen, wo inmitten aller Anschuldigungen und Gegenanschuldigungen die Wahrheit liegt – deutlich ist nur, daß etwas Monströses in Gang gesetzt worden ist.

Beim Beginn der Beziehung im Monat April des Jahres 1980 – wie er verschiedentlich angeführt worden ist –, stand der Transit-Jupiter in Konjunktion zu Woody Allens Aszendent und in Opposition zu seinem Saturn. Weiterhin befand er sich im Trigon zu Uranus und im Quadrat zu Merkur und Jupiter. Wir können davon ausgehen, daß Allen sich zu dieser Zeit unternehmungslustig und optimistisch gefühlt hat. In seiner Einstellung dürften sich der Wunsch nach Geselligkeit, Rastlosigkeit und der Hunger nach neuen Erfahrungen und neuen Kontakten gemischt haben. Vielleicht hatte er jetzt das Gefühl gehabt, nach einer Periode der Einsamkeit dem Leben auf eine neue, offenere Weise gegenüberzutreten.

Der Beginn der Beziehung war auch von dem Transit des Pluto über die Venus gekennzeichnet. Bei dessen weiterem Lauf kam es dann zu den Transit-Quadraten zum Geburts-Mars und -Pluto sowie zur Opposition zum Geburts-Uranus. Der Transit-Pluto auf der Venus symbolisiert – wie wir es in Kapitel 9 ausführlich beschrieben haben – geradezu klassisch den Beginn einer intensiven und transformierenden Partnerschaft. Im Hinblick auf Beziehungen hat dieser Transit etwas Extremes; er bedeutet den Wunsch nach einer intensiven und tiefen

Verbindung mit dem anderen, und vielleicht bringt das quälende Gefühle von Einsamkeit mit sich. Es handelt sich um die Zeit, in der die Seele auf der Suche ist und in der wir das, was in unseren früheren Beziehungen geschah, vor unserem geistigen Auge Revue passieren lassen. Jetzt kommt es zur Geburt einer neuen und angemesseneren Art, mit anderen in Beziehung zu treten. Woody Allen war jetzt in der Lage, jemanden zu treffen, der ihm wirklich etwas bedeutete. Seine Gefühle werden zu dieser Zeit von tiefer Leidenschaft erfüllt gewesen sein, und es ist davon auszugehen, daß Mia Farrow ihn auf der emotionalen Ebene angesprochen hat wie keine Frau zuvor.

Der Transit-Pluto stand auch im Quadrat zu Allens progressiver Sonne. Die progressive Sonne hatte gerade im Quadrat zur Geburts-Venus gestanden und war jetzt dabei, auf die Konjunktion zum Geburts-Mars und auf die Opposition zum Geburts-Pluto zuzulaufen. Das T-Quadrat aus dem Geburtshoroskop zwischen Mars, Pluto und Venus war also zu dieser Zeit aktiviert. Wenn in der Progression die Sonne einen Aspekt zur Geburts-Venus bildet (oder umgekehrt), ist oftmals der Beginn einer wichtigen Liebesbeziehung gegeben. Zu dieser Zeit haben wir die Chance, Glück und Erfüllung zu finden. Es fällt uns dann auch leicht wie sonst nie, uns kreativ zum Ausdruck zu bringen. Die progressive Sonne hat Allen gewissermaßen erleuchtet; sie hat ihm gezeigt, was seine Bedürfnisse im Hinblick auf Beziehungen waren und welche Art von Nähe er brauchte. Als sie auf den Aspekt zum Geburts-Mars hinlief, wird er größere Selbstsicherheit und Risikobereitschaft gezeigt haben.

Der progressive Mond hat zu dieser Zeit in Konjunktion zu dem progressiven Aszendenten gestanden, was die Möglichkeit bedeutete, befriedigendere Kontakte zu anderen zu knüpfen. In der Progression kam es nun zwischen Venus und Jupiter zur Konjunktion – eine glänzende Ausgangsbasis für eine neue Beziehung. Allerdings stand diese Konjunktion im Quadrat zu dem Geburts-Neptun, was ein Anzeichen dafür gewesen sein könnte, daß er in dieser Zeit den Kontakt mit der Realität verloren hat. Wenn wir alle Faktoren in ihrer Gesamtheit berücksichtigen, können wir sagen, daß in dieser Zeit die Einsamkeit überwunden worden ist und es zu leidenschaftlichen und intensiven Beziehungen kam. Aller Wahrscheinlichkeit nach hat Allen sich jetzt zutiefst optimistisch, frei und glücklich gefühlt.

Vor den Filmen mit Woody Allen war Mia Farrow dafür bekannt gewesen, daß sie mit 20 Jahren Frank Sinatra geheiratet hatte. Diese Ehe war nicht von Dauer gewesen. In den Blick der Öffentlichkeit geriet Mia Farrow erneut mit der Beziehung zu Andre Previn, zu der Zeit, als dieser noch mit Dory verheiratet war. Es kam zu einer mit viel Verbitterung durchgeführten Scheidung. Danach heirateten Andre und Mia; sie blieben für zehn Jahre zusammen. In dieser Zeit zeugten sie drei Kinder und adoptierten drei weitere, unter ihnen Soon Yi. Kurz nach der Trennung von Andre nahm Mia noch ein viertes Kind an, einen behinderten Jungen, den dann auch Woody Allen adoptierte. Sie und Allen hatten dann noch zwei Kinder, eines davon wiederum adoptiert – womit Mia die Mutter von neun Kindern war. Wie es heißt, hat Mia nach der Trennung von Allen noch weitere drei Kinder adoptiert. Neben all den Kindern arbeitet sie aber noch als Schaupielerin weiter. Es wird berichtet, daß bei ihr im Haus kein Kindermädchen wohnt und daß sie mit einem Minimum an Hilfe auskommt. Sie ist eine Super-Mutter.

Wenn wir ihr Horoskop betrachten (Seite 250), sehen wir, daß der Mond im Zeichen Steinbock steht. Mit der Stellung von Saturn im Zeichen Krebs kommt es zwischen diesen beiden Planeten zu einer Rezeption. Der Mond im Steinbock symbolisiert eine effektiv vorgehende und kompetente Person mit einem starken Bedürfnis nach festen Strukturen im Leben. Er verkörpert einen Sinn für das Konkrete und viel gesunden Menschenverstand. Im Element Wasser finden wir nur den Planeten Saturn. Diese geringe Besetzung bedeutet Schwierigkeiten im emotionalen Bereich. Es ist davon auszugehen, daß Widersprüche zwischen ihrer inneren Welt und ihrem öffentlichen Auftreten vorhanden sind. Sie macht auf andere den Eindruck, daß sie unzugänglich ist – was allerdings auch ein Bestandteil ihrer faszinierenden Ausstrahlung ist. Die Gefahr besteht hier darin, daß es vielleicht niemanden gibt, bei dem sie sich zu Hause fühlt. Vielleicht hat sie auch selbst keinen Zugang zu ihren Gefühlen und ihrem wahren Wesen.

Die Mond/Saturn-Verbindung ist etwas, was Mia Farrow und Woody Allen gemeinsam haben, was vermuten läßt, daß bei beiden Schwierigkeiten bestehen, Nähe zuzulassen. In positiver Auswirkung könnte dies bedeuten, daß sie sehr sensibel gegenüber der Verletzlichkeit des anderen gewesen sind und sich mit diesem identifiziert haben. In negativerer Auswirkung ist es vielleicht dazu gekommen, daß sie beide nicht daran interessiert gewesen sind, wirklich in Kontakt zueinander zu treten. Vielleicht war Nähe für beide sowohl Herausforde-

FALLSTUDIE

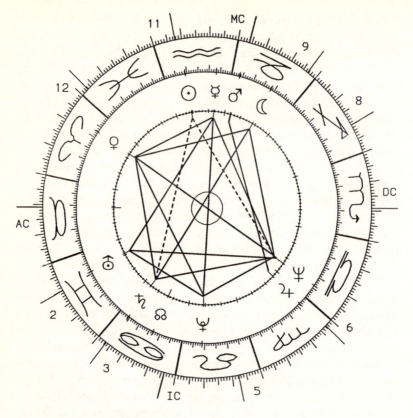

Mia Farrow: Geburtshoroskop. 9.2.1945, 11.27 Uhr PWT, Los Angeles

☉	20° 40′ ♒	♂	26° 26′ ♑	♆ʙ	06° 08′ ♎	AC	10° 55′ ♉
☽	11° 41′ ♑	♃ʙ	26° 13′ ♍	♀ʙ	08° 50′ ♌	MC	25° 59′ ♑
☿	06° 50′ ♒	♄ʙ	04° 22′ ♋	☊	16° 42′ ♋		Häusersystem Placidus
♀	07° 21′ ♈	⚷ʙ	09° 07′ ♊				

rung als auch Bedrohung, und möglicherweise haben beide in ihrem Umgang sehr darauf geachtet, den anderen nicht zu verärgern oder einzuschüchtern. Wenn sich dies zunächst vielleicht positiv anhört, muß dazu doch gesagt werden, daß es einer solchen Beziehung an Tiefe und Bedeutung fehlt und daß unter diesen Umständen keine Entwicklung möglich ist. Daß dies tatsächlich ein Problem zwischen den beiden gewesen ist, bestätigt sich aufgrund der Feindseligkeit, die jetzt hervorgebrochen ist. Wir müssen davon ausgehen, daß etwas Wichtiges in der Beziehung ignoriert worden ist.

Bevor sich die Trennung ergab, kam es zu einer Reihe von wichtigen Transiten zu Mia Farrows Mond. 1989 standen Neptun und Saturn in Konjunktion zu diesem (Neptun blieb dort bis Ende 1990), und auch der Transit-Uranus kam auf den Mond zu stehen – am Anfang des Jahres 1991. All dies zeigt, daß es in Mia Farrow zu radikalen Änderungen gekommen war. Es ist anzunehmen, daß jetzt über lange Zeit verdrängte Gefühle in ihr aufgestiegen sind. Das dürfte für sie die Gelegenheit bedeutet haben, in Kontakt mit ihrer inneren Welt zu kommen und ihre Kindheit, die Vergangenheit im allgemeinen sowie die Beziehung zu ihrer Mutter im besonderen in einem neuen Licht zu sehen. Der Mond im Horoskop beschreibt, wieweit unsere Bedürfnisse erfüllt werden und wieweit wir unsere Bedürfnisse und uns selbst akzeptieren. Die Opposition zwischen Mia Farrows Mond und Saturn legt den Schluß nahe, daß es hart für sie gewesen ist, sich ihre Bedürfnisse einzugestehen. Vielleicht hat sie sich in diesem Zusammenhang selbst abgelehnt und dann den Eindruck gewonnen, auch von anderen zurückgewiesen zu werden. Es ist ihr eigenes, allerdings unbewußtes Verhalten, das zu dieser Zurückweisung geführt hat. Wir können davon ausgehen, daß sie als Kind nicht viel Anteilnahme erfahren hat. Die unbefriedigten Bedürfnisse hat sie dann – um gewissermaßen weiterleben zu können – als unangemessen und verurteilenswert eingestuft und verdrängt. Die so überaus große und beschämende Zurückweisung, die sie kurz nach all diesen Transiten im Zusammenhang mit den öffentlichen Enthüllungen erfahren hat, könnte als Höhepunkt der Prozesse gesehen werden, mit denen sie sich zu dieser Zeit auseinandersetzen mußte. Damit bestand für sie aber die Möglichkeit, sich zu einem stärkeren Ausmaß als zuvor akzeptieren zu lernen.

Es wird gesagt, daß Mia Farrow es schon immer als Herausforderung betrachtet hatte, Kinder zu bekommen. Diese Herausforderung war ein realer Antrieb für sie. Dieses Bedürfnis kann zumindest zum Teil als Kompensation für den Mangel an Zuwendung und Anteilnahme aufgefaßt werden, den sie selbst erfahren hat – als Versuch, das eigene mutterlose Kind in sich zu versöhnen. Jupiter steht im 5. Haus, dem Haus der Kinder – was im übrigen der einzige Faktor ist, der in ihrem Horoskop für die vielen Kinder spricht. Der einzige Aspekt, der von Jupiter ausgeht, ist das Trigon zum Mars am MC. Vielleicht wetteifert Mia Farrow insgeheim mit ihrer Mutter – die ja vom MC symbolisiert sein kann. Mia Farrow stammt aus einer Familie mit sieben Kindern; sie wurde von Kindermädchen in einem Seitenflügel des Elternhauses großgezogen. In dem Wettstreit mit der Mutter fühlt sie sich möglicherweise als Siegerin, wenn sie mehr Kinder und eine bessere Beziehung zu diesen hat. Demzugrunde dürfte der vielleicht unbewußte Wunsch liegen, der Mutter zu zeigen, wie sie es hätte besser machen können.

Mit Mars im Zeichen Steinbock am MC dürfte sich Mia Farrow zu Männern hingezogen fühlen, die eine würdevolle Ausstrahlung und Erfolg haben, die Ansehen genießen und die ihre Karriere fördern können. Zwischen dem Mars von Woody Allen und dem von Mia Farrow kommt es zu einer genauen Konjunktion, was heißt, daß sie sich – wie Allen auch – durch Arbeitsbekanntschaften stimuliert fühlt. Diese Stellung verdeutlicht auch, daß sie gut zusammenarbeiten und die gleichen Ziele verfolgen konnten.

Bei Mia Farrow steht die Venus, der Herrscher des Horoskops, im Zeichen Widder im 12. Haus. Mia Farrow ist eine geheimnisvolle Persönlichkeit, ein Rätsel, das sich nicht preisgibt. Ihr persönliches Leben hat etwas Chaotisches und Naives; das, was sie interessiert, nimmt sie mit Ungestüm in Angriff. Mit der Venus im Zeichen Widder fühlt sie sich angezogen von temperamentvollen Männern mit deutlich ausgeprägter Individualität.

Mia Farrow sagte einmal, daß sie es gelernt hatte, sich ein eigenes magisches Königreich zu errichten, weil sie als Kind oft sich selbst überlassen gewesen war. Ihre Venus steht in Opposition zum Neptun, und mit der Mond/Saturn-Opposition kommt es damit zu einem Großen Kreuz. Sie fühlte sich als Kind unbeachtet und abgelehnt und schuf sich zur Kompensation eine Fantasie-Welt. Von ihr ist der Ausspruch überliefert, daß die Schauspielerei mit ihrer Scheinwelt deshalb so schön sei, weil sie dabei nicht sie selbst sein muß. Das Schauspielen war ein Ventil oder auch eine Flucht für sie – etwas Magisches, was dabei aber seine festen Regeln hatte, wodurch es ihr möglich war, das, was in ihrem Großen Kreuz verkörpert ist, zum Ausdruck zu bringen. Allerdings stellt sich die Frage, wieweit diese Fantasiewelt Einfluß auf ihr Alltagsleben hat. Ihr vermeintlich einfaches und unschuldiges Wesen (symbolisiert durch den Stier-Aszendenten) und ihre scheinbare Naivität und Zerbrechlichkeit (Venus als Herrscher des Horoskops in Haus 12) stehen in Widerspruch zu ihrem bisherigen Leben und den Erfahrungen, die sie – angezeigt durch das Große Kreuz – machen mußte.

Ausbruch des Skandals

Mia Farrows Transite und Progressionen im August 1992

Transite	Progressionen
♇ □ ☉	☉$_p$ ☌ ♀
♄ ☌ ☉	☉ ☍ ☽$_p$
☿ ☍ ☿	☉$_p$ ☍ ☽$_p$ Jan.92
☿ ☌ ♇	☽$_p$ ☍ ♀ Jan.92
☿ ⚹ ♆	☽$_p$ ☌ ♆ Dez.91
☿ △ ♀	☿$_p$ □ ♂
	☿$_p$ ☌ MC
	♃$_p$ ⚻ ☉

Anfang der Beziehung zu Woody Allen

Mia Farrows Transite und Progressionen im April 1980

Transite	Progressionen
♃ ⚹ ♄	☉$_p$ ☍ ♃
♄ ☌ ♃	☉$_p$ ⚹ ♂
♄ △ ♂	☉$_p$ ☌ MC
♄ △ MC	☽$_p$ ☌ ♀$_p$
♅ □ ☉	☿$_p$ □ ☽
♅ ⚹ ♃	
♅ ⚹ ♂	
♆ ⚹ ☉	
♇ △ ☉	

Das Selbstbild, das Mia Farrow von sich hatte, wurde durch die Anschuldigungen von Woody Allen und ihrer Adotivtochter zutiefst erschüttert. Allen warf ihr vor, ihren Mutterpflichten nicht nachgekommen zu sein, und ihre Tochter klagte ihrerseits über eine schlechte Behandlung; sie behauptete, daß Mia Farrow sich anders gibt als sie tatsächlich ist – auch, was ihre Rolle als Mutter betrifft. Mia Farrow hat gesagt, daß die Ereignisse dieser Zeit eine verheerende Wirkung auf sie gehabt hätten. Als der Skandal ausbrach, befand sich der Transit-Pluto im Quadrat zu ihrer Sonne, welche ihrerseits im Horoskop in der Halbsumme Venus/Saturn und Saturn/Neptun steht. Hierin liegt die graphische Beschreibung all dessen, was Mia Farrow in dieser Zeit erlebt hat. Sie erscheint als die unschuldige Partei in den Vorfällen, als das Opfer – mit Venus/Saturn/Neptun ist dies nur zu offensichtlich. Wenn wir aber einen Blick auf die Transite werfen, merken wir, daß es um etwas sehr Wichtiges geht, was sie aus diesen ganzen unerfreulichen Vorkommnissen lernen sollte. Woody Allens Anklage, daß sie eine schlechte Mutter sei, ist die schwerwiegendste Beschuldigung, die es für sie gibt. Sie hat gute Gründe dafür, sich verletzt und mißverstanden zu fühlen – wenn sie aber in der Rolle der Unschuld verharrt, wird sie nicht verstehen, welchen Anteil sie an den Geschehnissen hat. Es wurde berichtet, daß Mia Farrow sich nun wieder in therapeutischer Behandlung befindet. Mit den Transiten von Pluto (Quadrat) und Saturn (Konjunktion) zur Sonne ist tatsächlich eine günstige Zeit gegeben, sich selbst und das, was sie will, in Frage zu stellen. Sie kann jetzt in einen tieferen Kontakt mit sich selbst kommen und einen Sinn dafür entwickeln, wer sie wirklich ist.

Mia Farrow macht auf den ersten Blick einen eher harmlosen Eindruck; ihre Rivalinnen und Feinde aber charakterisieren sie als eigensinnig und berechnend. Ihr Horoskop mit der Betonung der Zeichen Wassermann und Steinbock und dem stark aspektierten Saturn legt nahe, daß sie recht haben. Mia Farrow beschreibt ihren Vater als sehr eigenwillig (Sonne im Zeichen Wassermann), sehr streng (Sonne im Anderthalbquadrat zu Saturn) und weichherzig zugleich (Sonne im Anderthalbquadrat zu Neptun). Wir können davon ausgehen, daß sie diese Eigenschaften auch selbst verkörpert.

Das vielleicht Interessanteste an Mia Farrow sind ihre Widersprüche. Sie erscheint selbstbeherrscht und selbstbewußt (Mond/Saturn). Ihre vielen Kinder dürften Ausdruck ihres Bedürfnisses sein, gebraucht zu werden. Nachdem die Beziehungen zu Previn und Allen zu Ende gegangen waren, adoptierte sie weitere Kinder. Es hat den Anschein, daß sie immer dann, wenn sie sich zurückgewiesen fühlt, neue Kinder aufnimmt. Die Tatsache, daß sie auch behinderte Kinder adoptiert, stützt die Theorie, daß sie ihre eigenen unerfüllten Bedürfnisse auf diese Kinder projiziert und sich damit zu heilen versucht.

Mia Farrow hat eine Partnerschaft geführt, in der sie und der Partner nicht zusammen wohnten. Es steht zu vermuten, daß dabei ihr Bedürfnis nach Unabhängigkeit (Sonne in Wassermann, Venus im Widder) und die Verleugnung des Wunsches nach größerer Nähe und Unterstützung (der Steinbock-Mond in Opposition zu Saturn) die entscheidende Rolle gespielt haben. Immerhin ermöglichte diese Konstellation es ihr auch, im Zuhause die vollständige Kontrolle zu bewahren. Und dabei war sie doch zusammen mit jemandem, der sie formte und ihr half, Ruhm zu erwerben. Vielleicht hat sie ihrem Ehrgeiz persönliche Opfer gebracht (Mond im Steinbock, Sonne im 10. Haus, Mars im Steinbock am MC). In ihrem Wesen besteht eine komplexe Dynamik zwischen ihrem Wunsch nach Unabhängigkeit und der Verleugnung der Bedürfnisse nach Nähe und Intimität auf der einen und ihrem Wunsch nach Anerkennung auf der anderen Seite. Und vielleicht hat Mia Farrow die Erfahrung gemacht, daß es letztlich ein zu hoher Preis war, den sie hat zahlen müssen.

Die Transite und Progressionen, die zu Beginn der Beziehung zu Woody Allen bestanden, zeigen, wie ehrgeizig und zielstrebig sie damals gewesen war. Es gab Transite zu den «männlichen» Planeten

(Sonne, Mars, Jupiter, Saturn und das MC waren angesprochen – siehe die Graphik auf Seite 253). Des weiteren stand die progressive Sonne in Opposition zu ihrem Jupiter und im Sextil zu ihrem Mars und MC. Ein Zitat aus dem Buch *The Technique of Prediction* von Ronald Davidson demonstriert, was die progressive Sonne im Aspekt zu Jupiter bedeutet:

> *Die Gelegenheit für Ehrungen und Würdigungen. Das Erreichen von Zielen, die über lange Zeit verfolgt wurden – gefördert vielleicht durch die wohlwollende Unterstützung einflußreicher Menschen. Beförderung und finanziell vorteilhafte Entwicklungen. Erhöhter sozialer Status. Kann – vor allem im Horoskop der Frau – Heirat bedeuten.*

Zur progressiven Sonne im Aspekt zu Mars schreibt Davidson:

> *Anregung von Energie und Leidenschaft. Die Möglichkeit, durch energische Aktionen und Wagnisse die eigenen Interessen voranzutreiben. Die Stimulierung von Leidenschaft und Gefühlen kann – insbesondere im Horoskop der Frau – eine Heirat bedeuten.*

Zur progressiven Sonne im Aspekt zu MC finden wir folgendes:

> *Betont das Bedürfnis, etwas zu erreichen sowie den Wunsch nach Unabhängigkeit und Aktivität. Bringt Gelegenheiten, sich um etwas verdient zu machen, den Ehrgeiz zu befriedigen oder der Bestimmung nachzukommen. Häufig Hilfe von Höherstehenden. Oftmals gesteigertes Prestige.*

Es hat sich um eine günstige Zeit für Mia Farrow im Hinblick auf ihre Karriere gehandelt. Woody Allen konnte ihr dabei sehr behilflich sein.

Wenn wir die Transite, die zu ihrem Horoskop bestanden, im einzelnen betrachten, sehen wir, daß 1979 Uranus im Quadrat zu ihrer Sonne stand; als die Beziehung begann, hatte es zwischen der Sonne und dem Transit-Pluto ein exaktes Trigon gegeben. Damit standen Fragen im Zusammenhang mit Veränderungen, Wachstum und Entwicklung auf der Tagesordnung. Beim Ende der Beziehung war der exakteste Aspekt ein Quadrat zwischen dem Transit-Pluto und der Sonne. Pluto-Transite haben in gewisser Weise etwas von einem Ritual an sich. Das Trigon stellt dabei eine vergleichsweise sanfte Gelegenheit dar – verglichen mit dem nächsten Aspekt des Zyklus, dem Quadrat, das den unausweichlichen Zwang bedeutete, sich mit der eigenen Person auseinanderzusetzen. Vielleicht können wir sagen, daß dies um so stärker beim Quadrat-Aspekt galt, weil Mia Farrow das Trigon nicht genutzt hatte. Ihre Beziehung zu Woody Allen schien, von außen betrachtet, in Ordnung zu sein; wenn wir aber in Betracht ziehen, wie problematisch das Ende war sowie, zu welchem Zeitpunkt es sich ergab, können wir nur konstatieren, daß sie den Test der Pluto-Transite nicht bestanden hat. Vielleicht hatte die Beziehung, soweit es Mia Farrow betraf, ihren Zweck erfüllt, und vielleicht war das Ende deshalb so schmerzhaft, weil Mia dies nicht wahrhaben wollte.

Der Transit-Uranus stand zu Beginn der Beziehung im Sextil zu ihrem Mars, Jupiter und dem MC, was unerwartete Gelegenheiten für das Vorankommen in der Welt bedeutet sowie möglicherweise einen Konkurrenzkampf mit der Mutter (zu diesem Zeitpunkt hatte sie noch sieben Kinder). Dieser Transit verdeutlicht, wie aufregend und stimulierend sie Woody Allen zu dieser Zeit gefunden haben muß.

Die gleichen Horoskop-Faktoren wurden – wenn auch auf andere Weise – vom Transit-Saturn ausgelöst. Dieser stand im Trigon zu ihrem Mars und MC und in Konjunktion zu Jupiter. Saturn-Transite sind eine Zeit der Beschränkung, sie fordern Konsolidierung und Disziplin, und häufig sind sie begleitet von wichtigen äußerlichen Ereignissen. Mia Farrow dürfte in dieser Zeit eine genaue Vorstellung von ihren langfristigen Zielen gehabt haben, und sie dürfte sich darüber im klaren gewesen sein, wie diese zu verwirklichen waren.

Der Transit-Jupiter stand im Sextil zum Geburts-Saturn – hier kam es also zu einem hilfreichen und unterstützenden Einfluß. Es handelte sich für sie tatsächlich um eine optimale Gelegenheit, an der Verwirklichung ihrer Ziele zu arbeiten. Wenn wir es zynisch sehen, könnten wir sagen, daß die Verbindung mit Woody Allen einen großen Karrieresprung für sie bedeutete – was aber nicht heißen soll, daß sie nichts für ihn empfunden hat. Allerdings war Mia Farrow in dieser Zeit in erster Linie auf ihre Karriere ausgerichtet.

Es gab einen Transit, der der Überlieferung gemäß mit dem Sich-Verlieben in Zusammenhang gebracht wird: Der Transit-Neptun stand im Sextil zur Sonne. Dies ist ein Anzeichen dafür, daß Mia Farrow zu dieser Zeit für Gefühle von Idealismus und Ekstase sowie den Drang nach Transformation und dem Mysteriösen offen war. Allerdings kann sich dieser Transit auch in einem Zustand der Konfusion auswirken, in dem die vorherige klare Sicht auf das Selbst einer neuen, auf das Übernatürliche ausgerichteten Identität Platz macht.

Als die Beziehung begann, standen in der Progression Mia Farrows Mond und die Venus in Konjunktion zueinander, was zum Ausdruck bringt, daß sie sich glücklich und erfüllt gefühlt haben dürfte. Diese Progression war aber nicht von langer Wirkung. Von größerer Bedeutung ist, daß der Progressions-Merkur sich dem Quadrat zum Geburts-Mond genähert hat. Dies belegt, wie stimulierend – sowohl in mentaler als auch in emotionaler Hinsicht – diese Zeit für sie gewesen ist. Jetzt nahmen neue Ideen für sie Gestalt an, jetzt wurde ihr altes Glaubenssystem von ihrer Gefühlswelt herausgefordert. Diese Konstellation zeigt auch, daß sie nun die Möglichkeit hatte, etwas in ihrem Leben zu verändern.

Als am Ende der Beziehung die Medien von dem Skandal berichteten, kam es neben dem Quadrat zwischen dem Transit-Pluto und der Geburts-Sonne, auf das wir bereits eingegangen sind, nacheinander zu folgenden Aspekten durch den Transit-Merkur: Opposition Merkur, Konjunktion Pluto, Trigon Venus, Sextil zu Uranus und Neptun. Mit diesen nicht lange dauernden Aspekten war das Drachen-Muster aus dem Geburtshoroskop betont. Wenn der Transit-Merkur im 4. Haus über Pluto läuft und dazu noch das Große Trigon im Element Luft aktiviert, kann es sein, daß Familiengeheimnisse – die möglicherweise Tabuthemen wie Inzest betreffen – bekannt werden. Es hat den Anschein, als habe Mia den Zeitpunkt der Freigabe dieser Informationen an die Medien bewußt gewählt. Jedenfalls war dies der Bruch der Beziehung zu Woody Allen.

Der progressive Merkur spielte ebenfalls in dieser Zeit eine Rolle. Er stand im Quadrat zum Geburts-Mars und -MC – was ihr vielleicht den Mut verliehen hat, an die Öffentlichkeit zu gehen. Um es noch einmal zynisch zu betrachten: Vom Blickpunkt der Karriere aus handelte es sich abermals um einen gut gewählten Zeitpunkt, und es ist davon auszugehen, daß der Skandal ihrer beruflichen Laufbahn keinen Schaden zugefügt hat.

Wir haben bereits angeführt, daß kurz nach Ende der Beziehung der Transit-Saturn auf Mia Farrows Sonne im 10. Haus zu stehen kam. Saturn-Transite zur Sonne bedeuten oftmals schwierige Zeiten, in denen sich viele Hindernisse auftun. Jetzt waren die Gerichte eingeschaltet worden, und Mia Farrow hatte sich, wie berichtet wurde, wieder in therapeutische Behandlung begeben. Wir können davon ausgehen, daß es eine Zeit der Innenschau gewesen ist, in der Mia Farrow Bilanz gezogen hat über sich selbst. Sie dürfte sich viele Gedanken über ihre Situation sowie über Pläne für die Zukunft gemacht haben.

Die Progressionen der Zeit der Trennung zeichnen ein positives Bild, was Veränderungen betrifft. Im Januar 1992 fiel der progressive (Voll-)Mond auf ihre Venus/Neptun-Opposition. Wenn es in der Progression zu einem Vollmond kommt, bedeutet das einen Höhepunkt im Leben, eine Zeit der Erfüllung. Daß dies der Anfang vom Ende ist, widerspricht dem nicht. Für Mia Farrow verkörperte dieser progressive Vollmond einen Höhepunkt im Hinblick auf all das, was ihre Venus/Neptun-Opposition bedeutet. Diese beschreibt ihre künstlerischen Fähigkeiten, die sie zu einer herausragenden Schauspielerin machen. Wichtiger aber im Hinblick auf das Scheitern der Beziehung: Sie zeigt auch die Fähigkeit, in einer Fantasiewelt zu leben und enttäuscht zu werden in der Liebe und zu enttäuschen. Mia Farrow hat die Fähigkeit, das zu glauben, was sie glauben will. Vielleicht war es dieser Transit, der das Ganze platzen ließ, vielleicht war es ihr nun nicht länger möglich, den Kopf in den Sand zu stecken und die Augen davor zu verschließen, was aus der Beziehung geworden war. Diese Progression, zusammen mit dem Pluto-Transit zur Sonne, hat es ihr ermöglicht, zum Schlag auszuholen und sich von den Illusionen freizumachen, die sie sich solange bewahrt hatte.

Die Beziehung zwischen Woody Allen und Mia Farrow illustriert anschaulich, was Projektionen für eine Beziehung bedeuten können. Für Mia Farrow war das Ende aus dem Grund so schmerzhaft, weil sie sich zuvor der Erkenntnis verschlossen hat, daß die Beziehung ihren Bedürfnissen nicht gerecht wurde. Mia Farrow hat sich ein falsches Bild von sich selbst gemacht, und es hat den Anschein, als wüßte sie heute weniger denn je, wer sie wirklich ist. Eines der größten Probleme der Beziehung war es wohl, daß das falsche Selbstbild, das Mia Farrow von sich vermittelte, Woody Allen in einem so starken Maße beeindruckte. Er war davon fasziniert, weil er selbst in seinen Gefühlen Frauen gegenüber zwiespältig eingestellt ist. Mit seinem jüdischen Hintergrund wollte und fürchtete er zugleich die Verbindung zu einer sehr mütterlichen Frau – wie sie Mia Farrow für ihn verkörperte. Er war jetzt willens gewesen, eine tiefe Verbindung einzugehen, und er wählte eine Frau, die ihn nicht zu bedrohen schien. Daß er sich auf das falsche Selbstbild von Mia Farrow einließ, verurteilte die Beziehung vom ersten Augenblick an zum Scheitern.

Daß die beiden jetzt vor Gericht in eine erbitterte Auseinandersetzung verwickelt sind, bestätigt, daß die Beziehung nicht so gut gewesen ist, wie angenommen worden war. Nicht jede Trennung verläuft unter derart aufsehenerregenden Umständen – wir müssen hier vermuten, daß über lange Zeit negative Gefühle unterdrückt worden waren. Beide hatten im Hinblick auf die gemeinsamen Ziele mehr Kompromisse geschlossen, als gut gewesen war – die Beziehung diente dazu, ihren Ehrgeiz zu befriedigen. Mia Farrow, so wird gesagt, hat sich die Frage gestellt, mit wem sie da eigentlich zwölf Jahre zusammengewesen sei. Es hat sie einige Zeit gekostet, sich von ihren Projektionen zu lösen – vielleicht aus dem Grund, daß die Beziehung in vielerlei Hinsicht gut für sie war. Die Wut, die jetzt zwischen den beiden zum Ausdruck kommt, beweist vielleicht, wie wenig realistisch sie sich in ihrer Beziehung gesehen haben. Allerdings ist sie möglicherweise auch eine Reaktion auf die tiefe Enttäuschung im Hinblick darauf, was beide ineinander investiert haben

Alle Beziehungen, die mit dem Sich-Verlieben anfangen – wie es auch bei Woody Allen und Mia Farrow mit an Sicherheit grenzender Wahrscheinlichkeit der Fall gewesen war – bergen ein hohes Maß an Projektionen in sich. Wenn zwei Menschen sich wirklich in aller Liebe näherkommen wollen, wenn sie die Stärken und Schwächen des anderen und seine Andersartigkeit wirklich zu erkennen bestrebt sind, müssen sie sich ihre Projektionen allmählich bewußt machen und diese überwinden. In diesem Sinn können wir unser wahres Selbst durch Beziehungen realisieren. Die Würdigung des wahres Selbstes des anderen hat vielleicht nicht mehr das Glanzvolle, was im Moment der Sich-Verliebens auftritt – im Gegensatz zu diesem aber ist es etwas, das für immer Gültigkeit behalten kann.

Bibliografie

Arroyo, Stephen: »Astrologie, Psychologie und die vier Elemente«. Rowohlt Taschenbuch, Reinbek 1991
– »Astrologie, Karma und Transformation. Die Chancen schwieriger Aspekte«. Hugendubel Verlag, München 1980
– »Astrologie und Partnerschaft«. Heyne Taschenbuch, München 1991

Carter, Charles: »The Astrological Aspects«. Essex 1983

Cunningham, Donna: »Astrologie und spirituelle Entwicklung«. Verlag Hier & Jetzt, Hamburg 1994 (Oktober)

Eichenbaum, Luise: »Was wollen die Frauen?«. Rowohlt Taschenbuch, Reinbek 1986

Epstein, Edward: »Mia Farrow. Eine Biografie«. Quadriga Verlag, Wien 1993

Fromm, Erich: »Die Kunst des Liebens«. Ullstein Taschenbuch, Berlin 1989

Greene, Liz: »Saturn«. Hugendubel Verlag, München 1981
– »Schicksal und Astrologie«. Hugendubel Verlag, München 1985
– »Sag mir dein Sternzeichen, und ich sag dir, wie du liebst«. Ullstein Taschenbuch, Berlin 1986

Hand, Robert: »Das Buch der Horoskopsymbole«. Hugendubel Verlag, München 1990
– »Das Buch der Transite«. Hugendubel Verlag, München 1984
– »Planeten in Composite«. Hugendubel Verlag, München 1991

Harding, Michael: »Die Feinanalyse des Horoskops«. Edition Astrodata 1992

Hite, Shere: »Hite-Report. Das sexuelle Erleben des Mannes«. Gondrom Verlag, Bindlach 1990
– »Hite-Report. Das sexuelle Leben der Frau«. Gondrom, Bindlach 1990

Kirby & Stubbs: »Solare und Lunare. Die Deutung von Jahres- und Monatshoroskopen«. Verlag Hier & Jetzt, Hamburg 1993

Lax, Eric: »Woody Allen«. Heyne Taschenbuch, München 1993

Lunsted, Betty: »Transite - Gezeiten des Lebens«. Urania Verlag, Neuhaus 1987
– »Planetenzyklen als Anzeiger innerer Entwicklungen«. Urania Verlag, Neuhaus 1987

Marks, Tracy: »Astrologie der Selbst-Entdeckung. Eine Reise in das Zentrum des Horoskops«. Verlag Hier & Jetzt, Hamburg 1989
– »Dein verborgenes Selbst. Das Mysterium des 12. Hauses«. Verlag Hier & Jetzt, Hamburg 1991

Sasportas, Howard: »Astrologische Häuser und Aszendenten«. Knaur Taschenbuch, München 1987
– »Uranus, Neptun, Pluto im Transit«. Knaur Taschenbuch, München 1991

Von Babs Kirby und Janey Stubbs ist ebenfalls im Verlag Hier & Jetzt erschienen:

Solare und Lunare

Die Deutung von Jahres und Monatshoroskopen

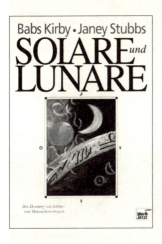

Babs Kirby / Janey Stubbs
Solare und Lunare
Die Deutung
von Jahres- und Monatshoroskopen
290 Seiten, broschiert,
ISBN 3-926925-11-6

Solar- und Lunarhoroskope sind hervorragende Instrumente zur astrologischen Prognose. Sie zeigen die in einem Jahr oder Monat dominierenden astrologischen Einflüsse und geben uns die Möglichkeit, im Wissen um zu erwartende Tendenzen unser Leben bewußter und sinnvoller zu gestalten.

Dem Leser wird gut verständlich und Schritt für Schritt dargelegt, wie Solare und Lunare zu berechnen und zu interpretieren sind. Durch Fallbeispiele vermitteln Babs Kirby und Janey Stubbs, wie unterschiedliche Prognosetechniken in eine detaillierte Interpretation einfließen können, wobei auch die Wiederkehr-Horoskope von Merkur, Venus und Mars einbezogen werden.

Die ausführlichen Deutungsrichtlinien geben diesem Buch den Charakter eines Nachschlagewerkes.

Babs Kirby hat im Jahr 1984 ihr Diplom an der «Faculty of Astrological Studies» erworben. Seitdem arbeitet sie als professionelle Astrologin. Janey Stubbs studierte ebenfalls an der «Faculty of Astrological Studies».

Astrologie bei rororo «transformation»

Dane Rudhyar erklärt «Das astrologische Häusersystem» (9128 ★ DM 12,80/öS 99/ sFr 13,80) für Anfänger und Fortgeschrittene.

8594 ★ DM 14,90
öS 116 / sFr 15,90

Die hier vorgestellte Interpretation der 360 Tierkreisgrade beantwortet alle wichtigen Fragen des Lebens.

9148 ★ DM 14,90
öS 116 / sFr 15,90

8579 ★ DM 10,90
öS 85 / sFr 11,90

«Erkenne dich selbst»: Die Einführung in die esoterische Astrologie gibt einen Einblick in die eigene Seele.

Stephen Arroyo zeigt, wie man astrologisches Wissen im Rahmen der Psychotherapie einsetzen kann.

7995 ★ DM 14,90
öS 116 / sFr 15,90

Louise Huber hat eine Meditation entwickelt, durch die man die zwölf Tierkreiszeichen in sich selbst erleben kann.

8517 ★ DM 8,80
öS 69 / sFr 9,80

Die psychologische Astrologie bietet die Chance, unbewußte Blockierungen aufzulösen, sich selbst zu verwirklichen.

9552 ★ DM 14,90
öS 116 / sFr 15,90

Diese Einführung für Anfänger verweist auf verschiedene Wege, um die Astrologie als Ganzes zu verstehen.

Der Verlag **Hier & Jetzt** beschäftigt sich ausschließlich mit «der Königin der esoterischen Wissenschaften» – der Astrologie.

Unser Interesse gilt den Autorinnen und Autoren, die den psychologischen Ansatz in der Astrologie abrunden beziehungsweise über ihn hinausgehen und auch spirituelle Elemente mit in ihre Arbeit einbeziehen. Dazu gehören:

Stephen Arroyo, Tracy Marks, Karen Hamaker-Zondag, Donna Cunningham, Babs Kirby & Janey Stubbs, Doris Hebel, Dane & Leyla Rudhyar, José Luis S. M. de Pablos, Alexander Ruperti, Alan Leo u.a.

Unsere Bücher gibt es in jeder Buchhandlung – oder direkt beim Verlag.

Fordern Sie unseren ausführlichen Gesamtprospekt an.

Verlag Hier & Jetzt – Erzbergerstr. 10 – 22765 Hamburg

HOROSKOP~
SERVICE

Wir fertigen für Sie genaueste astrologische Berechnungen jedes gewünschten Horoskops. In excellenter, differenzierter, 5-farbiger Ausführung. Auf weißem Papier im Format DIN A4.

Geburtshoroskop *(einschl. Chiron)* farbige Zeichnung und farbiges Aspektarium.

Solar *(Jahreshoroskop)* Sekundengenaue Wiederkehr der Sonne zur Geburtsposition.

Lunar *(Monatshoroskop)* Sekundengenaue Wiederkehr des Mondes zur Geburtsposition.

Transite *(ein Jahr; mit Jupiter, Saturn, Uranus, Neptun, Pluto)*
Transitliste: Listenausdruck. Viele Informationen, Eintritt der Transit-Planeten in Radix-Häuser usw.

Partnerschaftshoroskop *(Vergleich zweier Horoskope)*
Direkter Partnervergleich: Zwei Horoskope werden »übereinandergelegt« (farbig).
Composit: Aus zwei Horoskopen wird ein Halbsummenhoroskop errechnet (farbig).

Sekundärprogressionen *(ein Tag nach der Geburt entspricht einem Lebensjahr)*
Progressionen im inneren Kreis, Geburtshoroskop im äußeren Kreis (farbige).

Sowohl »Koch-Häuser« als auch »Placidus-Häuser« sind in jedes Horoskop eingezeichnet. Andere Häusersysteme (Campanus, gleiche Häuser etc.) auf Wunsch möglich.
Bei fehlenden Zusatzangaben bezüglich Monat oder Jahr gehen wir immer vom laufenden Monat und Jahr aus.

Je Horoskop oder Transit-Jahr stellen wir Ihnen DM 15,-- in Rechnung. Für Partnerschafts- und Progressionshoroskope berechnen wir je DM 20,--. Versandpauschale 5,-- DM.

Folgende Angaben benötigen wir von Ihnen:

1. Ihre Adresse, **2.** Genaue Geburtszeit, **3.** Geburtsort und -land (bei kleineren Ortschaften nächstgrößere Stadt), und **4.** Zusatzangaben. Bei Solaren: welches Kalenderjahr; hauptsächlicher Aufenthaltsort; bei Lunaren: welcher Monat; hauptsächlicher Aufenthaltsort; bei Transiten: das gewünschte Jahr; bei Progressionen: für welches Jahr, wenn *nicht* ab aktuellem Datum. **5.** welches Häusersystem wenn *nicht* »Koch«,

6. Lieferung erfolgt nur bei Vorauszahlung der Rechnungssumme zuzüglich 5,-- DM Versandpauschale je Auftrag per V-Scheck oder Überweisung:
Hier & Jetzt GmbH: Hamburger Sparkasse, Konto 1042-214 195, BLZ 200 505 50.

Bestellungen adressieren Sie an: Hier & Jetzt, Erzbergerstr. 10, 22765 Hamburg.
Sie können uns auch anrufen (040/395 784) oder faxen (040/39 00 733).